‘익숙한 것과의 결별’ 그후

구본형, 내 삶의 터닝 포인트

'익숙한 것과의 결별' 그후

구본형, 내 삶의 터닝 포인트

초판 1쇄 인쇄일 2018년 12월 10일
초판 1쇄 발행일 2018년 12월 14일

지은이 변화경영연구소
펴낸곳 도서출판 유심
펴낸이 구정남·이헌건
마케팅 최진태

주소 서울 은평구 통일로 684 서울혁신파크 미래청 1동 303B(녹번동)
전화 02.832.9395
팩스 02.6007.1725
URL www.bookusim.co.kr
등록 제2017-000077호(2014.7.8)

ISBN 979-11-87132-31-8 13320
값 15,000원

(CIP제어번호: CIP2018040364)

'익숙한 것과의 결별' 그후

구본형, 내 삶의 터닝 포인트

글 변화경영연구소

머리말

간절히 원해 모신 스승

이 책을 막 펼쳐 든 그대, 당신에겐 멘토 즉 스승이 계신가요?

송나라 때 양시와 유초는 스승으로 섬기던 정호가 죽자 학식의 깊이가 그에 못지않은 그의 동생 정이를 스승으로 모시고자 찾아갑니다. 그 댁에 도착해 보니 때마침 정이, 명상을 하고 있던지라 두 사람은 선 채로 정이를 기다립니다. 이윽고 명상을 마치고 눈을 뜬 정이는 혹여 자신에게 방해가 될까 조용히 기다리고 서 있던 두 사람의 발치에 그동안 내린 눈이 한 자나 쌓여 있음을 보게 됩니다.

이 일화는 '정씨 집의 문 앞에 서서 눈을 맞는다'는 정문입설(程門立雪)의 고사로 유래되어 제자가 스승을 구하는 자세의 좋은 예로 전해지고 있습니다. 스승을 구한 양시와 유초는 후일, 정문의 4대 제자로 손꼽을 만큼 큰 학문적 성과를 이루었습니다.

생애, 한 사람의 스승을 만나는 일은 어떤 것일까요? 간절히 구한 그 스승이 내 삶의 무의미를 유의미로, 어둡고 부정적으로 보이던 세상을 긍정적으로 바라볼 수 있도록 전환하는 데 지대한 영향을 끼쳤다면, 우리에게 행운이 함께한 것이라고 할 밖에요.

일상은 일간신문의 빼곡한 활자처럼 여백 없이 돌아가는데, 도대체 왜 무미하고 지리멸렬한 매일을 살아내야 하는지 알 수 없을 때 우리는 '존재'의 근원적 의미에 대해 질문하게 됩니다. 이 책은 그와 비슷한 질문을 품고 있던 이들이 한 사람의 스승을 만나 터닝 포인트, 즉 삶의 가치와 기쁨은 물론 생의 지도를 다시 그리게 된 이야기를 담고 있습니다.

구본형 변화경영사상가

그 스승은 『익숙한 것과의 결별』 외 19권의 저서를 펴내고 구본형변화경영연구소를 설립, 작고하기 전까지 8년여간 제자들을 키워내며 수많은 강연을 했던 변화경영사상가 구본형입니다.

누군가는 평생을 개울, 바로 코앞의 자신의 일만 걱정하다 이 생을 하직하고, 누군가는 바다, 나아가 태평양을 보고 드넓은 바다에서 일어나는 일을 연구하다 이 생을 떠납니다. 그 차이는 과연 무엇일까요? 저 또한 개울의 여울을 보고 걱정하는 이였기에 감히 말씀드린다면 그것은 관점의 차이에서 비롯됩니다. 오직 내 가족, 나만 걱정해 늘 전전긍긍 걱정과 두려움을 안고 살다 시야가 넓어지며 타자를 궁금해하게 되고 나아가 함께 성장을 연구하게 되는 것, 이윽고 관점이 전환되며 기어이 내 생의 전체를 '조망'하게 되는 관점의 차이.

독자 여러분에게 이 책이 어떤 질문의 즉답이 되어주지 못할 수도 있습니다. 그러나 우리가 인간의 격을 회복하는 데 공부와 스승이 왜 필요하고 그 멘토의 역할은 어떠해야 하는지 볼 수 있습니다. 또 그 과정을 통해 구본형과 함께한 12명의 제자들이 어떻게 터닝 포인트를 만나게 됐는지도 함께 느끼고 생각해볼 수 있을 것입니다. 무엇보다 길을 잃을 때마다 길이 되어 주셨던 구본형 선생의 잠언이 지금 간절한 길목에 서 있는 그대에게도 길이 되어 주기를 갈망합니다.

그는 과연 존재했을까

한 사람이 길을 물으며 답을 구해 먼저 가고, 그가 간 길을 따라 즐거이 질문하며 그 대답을 찾아가는 길, 그것이 '함께'의 힘이 아니던지요? 우리가 함께한 시간은 그 과정과도 같았습니다.

최근 어느 자리에서 존경하는 교수님이 "소크라테스는 과연 존재했을까?"란 조크를 던져서 좌중은 모두 웃었습니다. 그리곤 "지금까지 우리가 소크라테스를 기억할 수 있는 건 연구를 멈추지 않았던 그의 제자들 덕이 아닐까?"라는 말씀으로 이어졌습니다.

디오니소스 극장으로 가던 플라톤이 군중이 운집한 아고라 광장에서 소크라테스의 강연을 듣고 감명을 받아 제자가 되기를 청했습니다. 하지만 그를 제자로 받아들이는 대신 심포지온, 즉 향연의 동행을 요청했던 소크라테스, 그리고 플라톤의 뒤를 이은 아리스토텔레스. 이방인으로 20년 동안 플라톤의 아카데미아에서 공부했던 아리스토텔레스는 '입만 다물면 좋은 제자'라는 말을 스승에게 들었을 정도로 열띤 토론을 하며 공부했던 연구생이었습니다. 앞서 교수님의 말씀처럼 플라톤의 초월적인 이데아를 이해하는 것을 넘어 그 한계를 연구한 아리스토텔레스와 같은 제자들 덕에 그 철학자들의 면면이 이어져 온 것이지요.

아리스토텔레스는 인간의 덕에 두 가지가 있다고 말합니다. 이론적 덕, 다시 말해 지혜나 지식을 함양하여 닦는 덕과 실천적 덕, 본능적인 충동을 가늠할 수 있는 이성의 지배력이 그것입니다. 또한 그는 인간 최고의 선은 행복이고 모든 살아 있는 생명체는 타고난 능력을 최대한 발휘할 수 있을 때 행복에 도달한다고 말합니다.

어떤 일을 잘하게 될 때까지 담금질하는 과정에서 혹시 고통을 느끼고 있다면 무척 힘이 되는 말이 아닐 수 없습니다. 우리가 가진 능력을 발현시켜 나아가는 과정이 곧 기쁨이라는 것을 느낄 때 '행복'이라는 덕의 가장 좋은 상태, 영혼의 고양까지 이를 수 있다는 아리스토텔레스. 그는 『니코마코스 윤리학』에서 자신에게는 가장 좋은 친구가 둘 있는데, 멘토인 플라톤과 참된 진리라고 했습니다.

제자가 기억하는 스승, 구본형

이 책의 초고를 쓰며 저는 제자로서 무엇으로 스승을 기릴 것인가를 내내 생각했습니다. 아마도 스승님이 곁에 계시다면 저의 우문에 이렇게 말씀하시겠지요.

"내게서 배운 것을 더 확장시키되 그 모든 과정에 즐거움이 동행하게 하라."

돌아보면 스승은 제가 분별을 잃고 고삐를 풀 때, 안전장치와도 같았습니다. 그러니 좋은 스승 한 분을 만나는 것은 평생을 빚지는 것과 같습니다.

내 생애 멘토가 있었는데, 그가 구본형이었다고, 이 생을 떠날 때 저도 이야기할 수 있을 것입니다. 저는 오늘도 스승의 저서에서 빛나는 한 구절을 길어 올립니다.

> 뱀의 상징성 중에서 가장 유용한 개념은 성장하기 위해 허물을 벗는다는 것이다. 허물을 벗지 못하면 이들은 죽는다. 여러 번의 허물벗기를 통해 이들은 커간다. 성장은 긍정적 변화의 대표적인 형태이다. 뱀에게 탈피라는 변화는 삶과 죽음의 문제다. 하면 좋은 것이 아니고 탈피하지 못하면 죽고 마는 것이다. 그러므로 뱀의 부정적 이미지에도 불구하고 지혜로움의 상징이 되었다.
>
> – 구본형, 『낯선 곳에서의 아침』 중에서

허물을 벗기 위해 평생을 연구하여 많은 이들의 길이 되어 준 그의 말처럼 우리 인간에게도 변화는 필수요소가 아닐까요? 기자 시절, 처음 그를 만났을 때 '다수의 평범한 사람들에게는 변화보다 항구성을 유지하는 것이 더 어렵지 않느냐?'라는 제 질문에 즉답을 하진 않으셨지만, 이후 저는 일의 의미를 찾을 때 초인의 에너지가 생성된다는 것, 그것이 곧 변화임을 변화경영연구소에서 배웠습니다.

스승에게 갚을 수 없게 되어버린 이 빚, 이제 내 곁의 사랑하는 이들에게 잊지 않고 갚을 도리밖에 없습니다. 그러므로 저를 비롯한 구본형변화경영연구소 제자들은 미미하나마 스승의 가치를 전하는 일을 하고 있다고 여겨봅니다.

이 책의 기획을 제안받고 이것이 스승을 기리는 일인가를 오래 생각했습니다. 스승께서 수십 명의 훌륭한 제자들을 키워 내셨으므로 이 책의 필자들, 12명의 제자들이 책을 엮는 것이 한편 부끄럽지만 오직 한 가지만 생각하고 책을 펴내기로 했습니다. 그것은 좋은 책이 천 년을 넘어 전해지며 고전이 되듯이 그의 공헌을, 참말을 전해야 한다는 거였지요. 다른 방식으로 스승의 가치를 전하고 계실 선후배 연구원들에게 누가 되지 않도록, 힘껏 전하고자 했습니다. 또한 스승과의 인연을 회상하며 쉽지 않았을 원고를 꾸린 12명의 공동 저자 연구원들과도 우정의 인사를 나눕니다.

마지막으로 좋은 책을 출판하고자 늘 고심하시는, 이 책의 기획을 제안해주신 유심출판사 두 분, 대표님께도 고마운 인사를 전합니다.

간혹 제가 다른 길로 가고 있다고 생각되면 "너 그러면 안 돼"라며 고삐를 잡아주시던 말씀이 무척이나 그리운, 햇살 눈부신 하오에, 먼 타지에서.

마흔에 익숙한 곳에서 길을 떠나 수많은 이들의 낯선 길이 되어 준, 변화경영사상가 구본형을 기리며.

정 예 서 드림

목차

용기의 발견

- 구 해 언 -

[구본형, 내 삶의 터닝 포인트]

바다에 뛰어들 용기를 준 아빠, 구본형

모든 예술가는 자신의 작품 속에 메시지를 담는다. 자유, 사랑, 인간성, 지혜, 정직함, 환경, 반전, 문명비판 등 자신의 감각으로 경험한 시대와 사건을 바탕으로 메시지를 선정하고, 그것을 가장 잘 전달할 수 있는 방식으로 표현한다. 그렇다면 작가 구본형의 메시지는 무엇일까? 여러 가지가 있겠지만 나에게 가장 영향을 미친 것은 그분의 책 속에서 발견한 '용기'였다.

세상에 아빠를 알렸던 첫 책 『익숙한 것과의 결별』은 불타는 시추선 위에 서 있는 앤디 모칸(Andy Mochan)이라는 한 남자에게서 시작한다. 그는 갑판에서 죽음을 기다리는 대신 '살 수도 있는 아주 작은 가능성'을 믿고 어두운 바다로 뛰어내렸고, 살아남았다. 사고 이후 그는 16년을 더 가족들과 함께했다. 20년간 평범한 직장인이었던 저자는 이 멋진 이야기로 시작하는 책을 내고 '변화경영전문가'로의 새 삶을 걸어갔다.

퇴사는 상상만으로도 즐겁지만, 갑판에서 바다에 뛰어드는 것처럼 커다란 두려움을 동반한다. 가장 큰 두려움은 경제적 문제일 것이다. 월급의 달콤함을 완전히 끊어버리고 새로운 일을 시도하는 것은 말 그대로 너무나 익숙했던 생활과 완전히 결별하는 것이기에 변화에 필요한 정신적·경제적 준비가 필요하다. 그럴 때 가장 필요한 덕목은 '용기'일 것이다.

사전에서는 '용기'의 뜻을 '사물을 겁내지 않는 기개, 씩씩하고 굳센 기운'이라고 규정한다. 변화를 꿈꾸지만 현실이 따라주지 않을 때 인간은 빛을 잃고 그저 주어진 대로 하루를 살아간다. 어제와 똑같은 오늘이 반복되는 삶 속에서는 누구도 자신의 가치를 발견하기 어렵다. 반복되는 삶은 타성이 있어서 갑자기 변화시키려고 하면 상당히 큰 반향이 생긴다. 그 반향은 주로 두려움을 건드리곤 한다. 두려움은 '모든 것을 걸고 변화하려 했는데, 예전으로 돌아가면 어떡하지? 또 실패하면 어떡하지?'라고 속삭인다. 그때는 두려움을 딛고 마음먹은 것을 밀고 나갈 수 있는 힘이 필요하다.

왜 '용기'가 내게 가장 와 닿았을까?

아빠의 책에 담겨 있는 수많은 메시지 중 왜 '용기'가 나에게 가장 큰 울림을 주었을까? 여러 이유가 있겠지만 나는 다음의 세 가지를 가장 큰 이유로 꼽는다.

첫 번째는 내가 지금 일상적 불안감을 지니고 살아가는 직장인이기 때문일 것이다. 올해 나는 입사 7년차 회사원이다. 기획부서여서 일이 몰릴 때는 몸이 힘들고, 일이 적을 때는 마음이 힘들다. 사내 업무평가는 괜찮은 편이지만, 이제껏 평범한 능력치를 가지고 살아왔고, 요즘처럼 어려운 시기에 필요가 없어지면 언제든 잘릴지 모른다는 막연한 불안감을 가지고 회사생활을 해왔다. 가끔 회사 출입 게이트에서 ID카드가 잘 읽히지 않으면 '벌써 잘린 건가'라는 농담 섞인 속마음이 튀어나오곤 했다.

또한 나의 성격적 약점 때문일 것이다. 나는 소심하고 겁이 많은 편이어서 작은 문제에도 멘붕이 오는 경우가 많다. 의견을 제시하거나 가벼운 이야기를 할 때도 곧잘 '다른 사람들에게 비난받을지 모른다' '이런 이야기를 하면 갑자기 분위기가 싸해지거나, 나를 싫어하게 될 것이다' '그렇게 되면 자존심을 몹시 구길 것 같다'라고 생각하곤 한다.

그래서 그런지 나는 아빠의 책에서 '용기'와 관련된 대목이 끌렸다. 내가 매우 신경을 쓰지만 실체는 없는 두려움에 좀 더 의연하게 직면해서 스스로를 있는 그대로 받아들이고 싶었다. 그래서 문제보다는 해결책을 찾는 데 집중하고 싶었다. 그 과정에 용기는 필수적인 덕목이었다. 아빠의 책을 혹은 아빠를 떠올리면 마음이 차분해지는 효과가 있었다. 마치 아빠가 "그건 말해보기 전까지는 모르는 일이지. 네 의견이 괜찮은 것일 수도 있고, 의견 자체는 완벽하지 않아도 다른 사람들에게 중요한 실마리가 될 수도 있는 거니까. 다른

몽골의 어느 이름 모를 이정표 앞에서.
이정표만 있고 길은 없는 드넓은, 몽골의 초원은
불안해하면서 직접 가볼 수밖에 없는 막연함을 주었다.
예상치 못한 위기가 닥칠 수 있다는 것, 그러나 또 그것이
즐거움이라는 것을 아빠와의 여행이 일깨워주었다.

사람들을 설득시키기 전에 스스로 왜 그 의견이 괜찮은 의견인지 이유를 한번 생각해보자"라고 안심시키는 것 같았다.

마지막으로, 아빠의 책이라 나와 작가를 더 쉽게 동일시하게 되었던 것 같다. 부모님이 내리는 멋진 결정은 주변 사람들보다 자식들에게 더 큰 반향을 주는 것 같다. 아빠가 자랑스럽고, 또 그런 사람의 딸이라는 것이 기쁘며, 내게 큰 어려움이 닥쳤을 때 더 현명한 결정을 내릴 수 있도록 참고할 수 있는 좋은 선례라고 느껴진다. 부모님의 유산이란 재산을 뜻하기도 하지만, 이와 같은 태도를 뜻하기도 한다. '아빠라면 어떻게 하셨을까' 라는 질문을 통해 나는 좀 더 용기를 가지고 침착하게 문제를 있는 그대로 바라보게 된다.

발견 과정

물론 처음부터 용기라는 키워드를 가지고 아빠의 책을 읽은 것은 아니다. 아빠와 아빠의 제자들에게서 배운 글쓰기를 통해서 가능했다. 올해 4월, 아빠의 5주기에 맞춰서 나는 추모집, 『아빠 구본형과 함께 일상에서 빛나는 나다움 발견하기』란 책을 냈다. 아빠와의 추억이 담겨 있는 여러 장면들과 장소들, 식물과 책, 아빠가 내게 써주신 편지들을 모아 그것들이 어떤 의미였는지를 하나하나 되짚어보는 책이다.

이 책을 쓰는 과정에서 나는 아빠와 함께 있었던 멋진 풍광들을 기억해냈고, 그것들을 글로 썼다. 머릿속에 작은 조각으로 떠다니던 추상적인 것들이 구체적인 장면과 해석으로 정리되었다. 그중 많은 풍광들이 내가 낙담해 있을 때 용기와 자존감을 되찾을 수 있는 실마리를 주고 있다는 것을 알게 되었다. 특히 더 이상 아빠가 곁에 계시지 않는 것이 내게 큰 문제가 아니라는 것을 마음으로 이해하게 되었다. 작년까지 아빠의 기일은 무거운 슬픔이 깔려 있었는데, 올해는 이 책 덕분인지 아빠의 부재보다는 아빠의 사랑에 더 초점을 맞춰 기일을 맞이할 용기가 생긴 것 같았다.

여러 사람에게 책에 대한 피드백을 받았다. 그중에서 나를 가장 기쁘게 했던 것은 나와 비슷하게 아버지를 잃은 사람들의 이야기였다. 구본형이라는 사람을 알고 좋아했던 사람들뿐 아니라, 인생에서 커다란 역할을 차지하는 아버지를 잃은 사람들에게도 위안을 줄 수 있어서 다행이라고 여겨졌다.

용기의 원천

아빠는 다양한 부분에서 용기를 길어 올렸다. 첫 번째는 책이었다. 그러나 아빠는 한 번도 나와 언니에게 "책 좀 읽어라"라고 잔소리를 한 적이 없었다. 그저 1년에 서너 번 정도 딸들에게 추천하고 싶은 책이 생기면 새벽에 몰래 책상 위에 올려놓으셨다.

또한 좋은 책을 읽고, 작가와 주인공의 말과 행보에서 배울 점이 무엇인지, 그것을 어떻게 아빠 자신에게 적용했는지를 책에 쓰셨다. 아빠는 좋아하고 자주 인용하는 책을 늘 작업하는 책상에 두었다. 아빠의 책을 읽다 보면 거기 나오는 책과 그걸 쓴 작가가 궁금해졌다. 나는 그렇게 몇 명의 작가를 처음 알게 되었다. 그리고 살면서 마주치는 다양한 어려움 속에서 어떻게 방향을 잡을 수 있는지 알려주고, 용기를 북돋아주는 작가들이 특히 강렬하게 나의 마음을 사로잡았다.

조셉 캠벨의 책들은 신화를 원래 좋아하던 나에게 영웅의 여정을 내 삶에 접목시켜 보라는 아이디어를 주었다. 신화라는 집단 무의식을 통해 내 삶 속에서도 영웅을 일으켜 세우는 작업을 시도해보라는 것이다. 영웅의 여정은 여러 단계가 있지만 대개 소명을 받고, 조력자를 얻어 시련을 이겨낸 다음 보상을 가지고 집으로 귀환하는 코스를 보인다. 예를 들어 오디세우스가 고향인 이타카로 귀환하는 신화를 읽어보면 여러 난관이 그의 앞길을 가로막는다. 원하는 결과를 성취하는데, 그 과정은 결코 만만하지 않다. 그러나 중간중간 돌부리에 걸려 넘어지더라도 다시 일어서서 앞을 향해 걷도록 신화는 우리를 선동한다는 것을 캠벨은 알려주었다.

한편, 피터 드러커는 헬스 트레이너처럼 이상과 현실 사이를 연결할 수 있는 다리를 놓아주었다. 그는 직접 용기에 대해 말하고 있지는 않지만, 이상적인 프로의 구체적 모습을 제시해주며 신참 지식근로자가 지금보다 더 높은 곳을 목표로 설정할 수 있도록 이끌어준다. 피터 드러커의 책들은 회초리 같다. 그의 글을 읽으면 내가 시간이나 성과 업무 관리를 100% 잘하고 있다는 생각이 들지 않기 때문이다. 반면 '어떻게 하면 더 잘할 수 있지?'라는 필요가 생긴다. 지식근로자도 기업처럼 시간, 업무, 성과를 관리하도록 권하는 그의 문체는 건조하지만, 그 이면에는 성과를 내는 근로자가 되기 위한 방법을 알려주는 친절함이 숨어 있다. 죽는 날까지 일할 수 있게 된 세상에서 어떻게 프로로 살 수 있는지를 알려주는데, 이것은 성실함과 창의성을 충분히 발휘하여야 도달할 수 있는 경지라는 것을 그의 책은 보여준다.

대학에 입학했을 때 처음 『프로페셔널의 조건』이란 멋들어진 이름의 책을 읽었지만 그것을 삶에 끌어와 적용할 수 있다는 힌트를 얻은 것은 아빠를 통해서였다. 사실 아빠와 피터 드러커는 분야가 약간 다르지만 조직적 차원에서 관리하던 성과나 변화를 개인적 차원에서도 적용할 수 있다고 주장하는 면에서 많이 닮아 있다.

라이너 마리아 릴케는 1800년대 말에 태어난 오스트리아 시인이다. 그의 글은 아주 점잖고, 차분하며, 따스하다. 천천히 마음에 다가온다. 내가 뭘 해야 할지 잘 몰랐을 때 릴케의 편지는 질문을 잊지 않고 계속 품고 다니면 언젠가 그 답을 찾을 수 있을 거라고 말해주었다. 또 첫 원고가 막혀 글이 며칠 동안 나가지 않을 때는, 결국 내 손으로 모두 써야 하는 그 고독한 시간이 진정성을 발견하는 기회임을 가만히 알려주었다. 차분하게 자신을 들여다보고, 스스로에게 질문하며 답을 찾아가는 것이라고 했기 때문이다.

카잔차키스는 자유라는 인간의 속성에 주목했다. 어떤 것에도 얽매이지 않는, 대지의 탯줄이 아직 연결되어 있는 듯한 조르바라는 인물을 통해 '자유의지'를 지닌 인간을 그려낸다. 그의 멋진 묘비명에 적힌 대로, 두려워하는 것도 바라는 것도 없는 인간성만이, 그 진정성만이 인간을 이끌어 줄 수 있을 것이다. 『그리스인 조르바』의 소심한 화자의 시선에서 그려진 조르바를 떠올려보면 내키는 대로 사는 것 같지만 삶 전체를 관통하는 철학을 가지고 있다. 곰곰이 생각해보면 변화하기 위한 용기는 자유로운 시각을 가지고 있어야만 찾을 수 있을 것이다. 좁은 시야를 가지고서는 인생의 고비마다 뾰족한 수가 떠오르지 않는 경우가 많다. 그러니 인간에게 주어진 자유라는, 모든 것을 끊어내는 시도는 자신의 삶에 없어지지 않는 용기를 가져다 주게 된다.

아빠가 용기를 찾은 또 다른 원천은 여행이었다. 여행을 다니는 동안 아빠는 여행지와 관련된 중요한 인물의 사적을 꼭 돌아보셨다. 아빠가 돌아가시기 1년 전 석가탄신일 연휴에 우리 부녀는 남도 여행을 갔는데, 그때 아빠는 나를 데리고 고금도 충무사를 찾았다. 5월의 명랑한 햇빛 아래에서도 충무사는 어딘지 황량한 느낌이 들었다. 찾아오는 사람도 거의 없었다.

고금도의 이순신 사당은 아빠의 여행기 『떠남과 만남』에도 나온다. 그 여행기 속에서 아빠는 "이 장소는 마음의 가장자리를 뭉그러뜨리고 들어오는 깨끗한 슬픔을 가지고 있었다"라 적었다.(아빠는 그것을 파토스라고 불렀다.) 그 책이 2000년도에 출판되었으니, 10년의 간격을 갖고 다시 찾은 셈인데, 부분 보수는 되었을지 몰라도 아무도 없다는 점과 어딘가 쓸쓸한 느낌이 드는 곳이라는 것은 변하지 않았다. 그러나 그 슬픔 때문에 황급히 자리를 뜨고 싶지는 않고, 사당을 올라가는 돌계단 어디쯤 잠시 앉아 조용한 파도소리를 들으며 그 안에 침잠하고 싶게 만들어주었다. 나는 그때 '이순신'이 영웅의 이름이 아니라 한 인간의 이름이라는 것에 주목하게 되었다. 원래 잘나서 조선의 수호신이 된 것이 아니라, 지독한 현장 탐방과 연구를 통해 다다를 수 있었던 것이다. 고독함, 실패에 대한 막대한 두려움 속에서도 용기를 잃지 않고 승리를 불러들였다는 것을 나는 그제야 심각하게 받아들였다. 그 후 임진왜란 시기의 역사와 이순신 개인의 역사에 관심을 갖고 서적을 찾아보고, 사적을 방문하게 되었으니 이 여행이 아주 중요한 모티브가 되어 준 셈이다.

또 아빠와 나에게 중요한 용기의 근원이 된 여행지는 지리산이었다. 아빠는 첫 책 『익숙한 것과의 결별』을 지리산에서 한 달 동안 단식을 하며 쓰셨다. 단식기간 동안 아빠의 질문은 이것이었다. '만약 밥에서 자유로울 수 있다면, 나는 무엇을 하고 싶은가?' 직장인으로서 20년간 살면서 생계의 원천인 월급에 익숙해진 자신에게 되묻는 작업을 하셨던 것이다. 외국계 기업 직장인에서 1인 기업가로 바뀌기 위한 용기를 아빠는 지리산에서 보낸 한 달 간의 휴가에서 발견하셨다.

그때 해답을 얻은 과정을 아빠는 두 딸에게 편지로 쓰셨다. 편지에서 아빠는 말했다.

"…… 너희들은 너희 세계를 향해 커 나가고, 아빠는 아빠의 세계 속에서 '매일 조금씩' 나아지는 무엇인가를 만들고 싶다. 그래서 이곳을 떠나게 될 때, 내 삶이 괜찮은 생이었다고 스스로 생각할 수 있게 되기를 바란단다."

20년 후, 아빠는 생애 마지막 몇 달을 보낸 병실에서 언니에게 "딸아, 내 삶은 그런대로 아름다운 인생이었다"라고 말씀하셨다. 바라는 대로의 삶, 말하는 대로 이루어졌던 아빠의 삶은 깊은 여운을 주어, 아직도 아빠의 이 편지를 읽을 때마다 마음이 뒤흔들린다.

내가 지리산에 간 이유는 40대 초반이었던 아빠만큼의 절박함은 아니었다. 하지만 나 역시 미래에 대한 두려움과 녹록지 않은 현실 앞에 주눅이 들어 있었다. 이런 현실을 좀 더 내가 바라는 방향으로 잘 이끌 수 있었으면 하는 절실함이 있었던 것 같다. 스스로 원하는 것을 말할 수 있는 용기. 자신의 목소리를 듣고 그것을 주장할 수 있게 되기를 바랐다. 그리고 앞으로 인생을 더 낙관적으로, 덜 진지하게, 조금 더 끈질기게 살아가겠다고 생각했다. 남이 시키는 대로만 살지 않겠다고 다짐했다.

그 뒤 아주 드라마틱한 변화가 일어난 것은 아니었지만, 그래도 30대에 접어들어 책을 내고, 직장생활 속에서도 내가 좋아할 수 있는 일을 찾아내고, 주변 사람들과도 즐거운 관계를 유지하며 꽤 괜찮은 삶을 영위하고 있다. 불만스러운 점이 없다고 할 수는 없겠지만 안정된 삶의 모양이 내가 바라는 방향으로 나아가게 된 데에는 지리산에서의 시간이 중요한 역할을 해주었다고 생각한다.

아빠가 용기의 영감을 얻은 곳은 이야기였다. 아빠는 이야기를 수집하는 사람이었다. 어디서든 멋진 이야기를 우연히 만났을 때 그것을 잘 기억해두고, 다른 사람에게 말할 수 있도록 정리해두었다. 그리고 그것들을 책에 쓰셨다. 아빠의 책들은 대부분 이야기로 이루어져 있다. 책의 콘셉트에 따라 정도의 차이는 있지만, 이야기를 가지고 이끌어나가는 책들이 꽤 많은 비중을 차지한다. 『사람에게서 구하라』 『세월이 젊음에게』 『깊은 인생』 『미치지 못해 미칠 것 같은 젊음』 『구본형의 신화 읽는 시간』 『그리스인 이야기』 등 이야기들을 재료로 아주 멋지고 따뜻하게 풀어 나간 책들이 참 많다. 또 내가 아주 좋아하는 책들이기도 하다.

내가 어렸을 때에도 몇 가지 좋은 이야기들을 뽑아 두었다가 함께 읽곤 하셨다. 우리는 '스톡데일 패러독스'나 '인디언들의 들소 사냥법'과 같이 생각해볼 여지가 많은 흥미로운 이야기들을 함께 읽곤 했다. 아빠가 책에 인용한 이야기들이 담긴 책들은 아빠의 책상 위에 올려져 있었는데, 아빠의 신간을 읽고, 그 책들도 연달아 읽고 나면 책이 쑤욱 흡수되는 것처럼 느껴졌다.

아빠가 발견한 멋진 이야기 중 우리 가족을 모두 사로잡았던 책은 레이첼 나오미 레멘이란 의사의 『할아버지의 기도』다. 저자가 어릴 적 랍비였던 외할아버지의 축복과 대화, 일화들이 어떻게 자신의 삶과 일에 영향을 주었는지가 주요 골자인데, 세상의 평가 잣대가 아니라 있는 그대로의 자신의 강점을 발휘하여 살게 되는, 아주 용감하고 감동적인 이야기들이 많이 담겨 있다.

다른 차원으로 올려주는 가치들 앞에 열려 있어야 한다는 것은 용기의 중요한 포인트다. 이 감각을 잃어버리는 순간 나는 매우 위축되고, 나의 개인적 경험은 힘을 잃고 인구통계학적 답변의 일부로 전락해버리기 때문이다. 그러나 그것만이 다른 사람을 설득할 수 있는 방법인 건 아니다. 그런 용기를 나는 이 책을 통해 배웠다. 엄마와 언니, 나 모두 이 책을 매우 좋아해서 여러 번 읽고 조카들에게도 이야기를 해주곤 한다.

마지막으로 아빠는 식물들을 기르며 다채로움을 인정할 수 있는 용기를 얻기도 했다. 예전에 우리가 함께 살던 홍지동 집에는 정원과 작은 텃밭이 있었다. 아빠는 이 둘을 모두 일구었다. 봄이 오면 제철에 맞는 꽃들을 정원에 심고, 텃밭에 씨를 뿌리고, 물을 주고, 덩굴이 올라갈 수 있는 길을 만들어주셨다. 하루의 반나절은 정원이나 텃밭에 계셨다. 꽃과 나무를 원래 좋아하기도 했지만, 식물을 가꾸면서 이 푸릇한 생명체들에게서 생명력과 생존전략을 배우기도 했던 것 같다. 식물을 성장시키려면 식물의 특성을 인지하고 거기에 맞는 조치를 취해주어야 한다. 우리집에 심어져 있던 으아리, 능소화, 이탈리안봉선화, 수국, 모란, 철쭉, 목련, 장미, 느티나무, 노각나무, 층층나무, 관음죽, 배롱나무 모두를 각자가 필요한 방식으로 매년 돌보아주면서 이 식물들이 아무것도 없던 빈 땅에서 어떤 전략으로 생존을 향해 가는지를 가장 가까이서 바라보신 셈이다. 글을 쓸 때도 이런 다양하고 열린 시선으로 새로운 것을 받아들이고, 인정하고, 자신의 것들과 융화시키는 것에 두려움보다는 즐거움으로 참여할 수 있었던 것 같다.

용기를 얻고 무엇이 변했나?

아빠에게서 용기를 얻고 나는 몇 가지 가치에 대해 예전보다는 좀 더 유연한 태도를 갖게 되었다. 첫 번째는 실수에 대한 시선이 많이 자유로워졌다. 나는 나의 실수를 매우 심하게 자책하는 안 좋은 버릇이 있었다. 같은 일을 몇 번씩 반복하는 비효율적인 과정을 정말 안 좋아하기 때문이다. 아무리 준비한다고 해도 빠트리는 것이 생기게 마련이고, 이상하게 물건을 어디 두고 오는 날이 생기기 마련이다.

그러나 이제 그런 실수는 언제나 있을 수 있고, 자신을 쪼아봤자 이미 엎질러진 물이라는 생각으로 좀 너그럽게 받아들이는 편이다. 또, 실수를 통해 조심해야 할 포인트를 대비해가든지, 비슷한 실수를 했을 때 어떻게 하면 좋을지, 몰랐던 것을 배울 수 있는 기회라고 생각하곤 한다. 이를 통해 문제가 생길 것 같은 부분은 미리 여러 번 챙기는 것을 습관으로 만들려고 노력했다. 장소를 이동하기 전에 머물렀던 자리를 천천히 살펴본다든지, 꼭 챙겨야 하는 중요 물건 세 가지를 정해서 수시로 확인해본다든지 하는 노하우를 통해 실수를 줄이려 노력하고 있다.

여름휴가를 떠나기 전 여권 갱신을 깜빡한다거나, 여행 중에 손가방을 도둑맞아 돈과 여권을 몽땅 잃어버리는 일은 언제 어디서나 일어날 수 있는 일이다. 그때 자책만 하고 있으면 아무것도 해결되지 않는다. 열심히 검색해서 가장 빠르게 여권을 갱신할 수 있는 관공서를 알아보거나 여권을 분실했을 때의 대처방법을 찾는 것이 오히려 도움이 된다.

두 번째는 시련을 대하는 자세다. 어려운 일이 닥쳤을 때 짜증이나 화를 내는 대신 이를 통해 성장할 수 있는 기회를 만났다고 스스로를 다독이게 되었다. 고난은 누구에게나 오는 것이다. 그러나 카운터펀치를 맞고 나동그라져 있어서는 아무것도 변하지 않는다. 시련은 언젠가 예고 없이 또 찾아올 텐데, 그때도 이렇게 그동안의 평화를 소중히 여기지 않았던 것을 후회하며 지내고 싶지 않았다. 오히려 이번 일을 계기로 매뉴얼을 정하고 준비해두면 이후에 비슷한 일로 고생할 때 길잡이가 되어 좀 더 쉽게 해결할 수 있게 될 것이다.

고통이 클수록 배움이 세게 온다. 지금까지 어떻게 살았는지 되돌아보고, 이제부터 무엇을 하면 좋을지 전면적으로 검토하게 되고, 내가 원하는 것, 가야 할 방향이 더욱 명확하게 보인다. 정말 큰 시련은 내적 성장을 가져온다.

만약 아빠가 계셨다면 나는 아직도 책을 내지 못한 평범한 직장인으로 남아 있었을 거라고 생각한다. 아빠가 돌아가시고, 그 빈자리가 너무나 크게 느껴지고, 그나마 남아 있던 아빠와의 추억과 유품들마저 사라지게 되면서 그분을 기억하기 위한 작업들을 시도했다.

아빠가 아직 계셨다면 나는 변화경영연구소 연구원 과정을 하지 않았을 것이다. 아빠가 연구원 과정을 운영하셨던 10년 동안 나는 연구소의 즐거운 모임에는 참석했지만 수업은 한 번도 끝까지 참여했던 적이 없었다. 설사 그 기간이 15년이 되었던들 내가 수업을 들으려 했을까? 책을 필사적으로 읽으려고 하지도 않았을 것이고, 책 출간을 목표로 개설된 아빠 제자들의 수업도 남을 위한 것이라고 생각했을 것이다. 그러나 아빠의 부재와 더불어 나는 절실한 동기를 얻게 되었고, 그것이 좀 더 생산적인 곳에 내 시간을 쏟게 만들었다. 시련이 오는 것을 환영하거나 기념하는 파티를 열지는 않겠지만, 막상 그런 불행들이 닥쳤을 때 회피하기보다는 받아들이는 것이 더 현명한 대응법이다.

그 이외에 나는 '나다움'을 드러내는 것에 용기를 사용하기로 마음먹었다. 첫 책을 쓰면서 내가 가장 어려움을 느꼈던 부분은 '나의 개인적인 이야기를 담은 책이 무슨 의미가 있는가?' '의미가 있다면 어디까지 책에 담을 것인가?' 하는 것이었다.

첫 번째 질문에 대해 먼저 답하자면, 에세이류 책은 그다지 내 취향이 아니었다. 특히 동시대에 살고 있는 작가의 에세이를 내 돈 주고 산 적은 거의 손에 꼽을 정도다. 그런데 그런 걸 쓰자니 심리적 제동이 상당히 많이 걸렸다. 다른 사람의 글을 읽을 때마다 꾸준히 반복된 '나의 시대는 시시하다' '개인적 사건은 별 의미가 없다'고 여겨왔던 시선이, 나의 기억과 경험에 대한 스스로의 평가 속에도 섞였다. 독서의 편식은 기억의 편식으로 이어졌다. 이런 제동은 글을 풀어 가는 데 가장 큰 장애물이 되었다. 어떤 내용을 쓰겠다고 구상을 하고 실제 글쓰기에 착수할 때마다, 생각보다 글로 풀어 낼 수 있는 부분이 많지 않다는 것을 느끼곤 했다. 그래서 용기라는 망치를 들고 이런 편견을 깨뜨리면서 글을 완성해 나갔다.

글을 쓰려면 다른 방법이 없었다. 내가 옳다고 생각하는 경계 밖에 잠자고 있던 나의 역사들이 기회를 얻을 때마다 뛰쳐나오겠다고 외쳤다.

한편 책에 담을 개인적인 이야기의 범위 또한 자연스럽게 정해졌다. '아빠와 함께 있을 때 내가 느꼈던 주관적인 느낌이 분명히 다른 사람들에게는 똑같이 전달되지 않을 텐데, 그래도 여전히 이 책을 독자들이 읽을 가치가 있을까?'라는 질문에 스스로 시원한 답을 주지는 못했다. 그런 걱정이 커져서 글쓰기를 중단하면, 눈앞에 아빠와 있었던 일들이 아른거렸다. 그래서 아예 원고를 중단할 수도 없었다.

나는 생각나는 일들을 포스트잇에 몇 단어로 적고, 그것을 내게 중요한 순서대로 줄을 세운 다음 하나하나 차례대로 글을 썼다. 결론을 말하자면, 사실 걱정할 필요도 없는 걱정들이었다. 내가 글로 쓴 것 중에 다른 사람들이 과도한 정보(too much information)라고 여기는 것은 전혀 없었다. 책에 쓰인 것을 빌미로 나를 놀림감 삼는 일도 없었다.

오히려 아빠를 그리워하고 아빠에 대해 더 이야기를 나누고 싶어 하는 사람들과 만날 수 있는 다리가 되어 주었다. 무엇보다 내 책이 나온 뒤 내면에서 많은 것들이 풀려나는 듯한 느낌을 받았다. 용기를 낸 보상으로 나는 내가 스스로 쓴 책을 얻었다. 나는 이 책을 낸 것을, 지금까지 살면서 가장 잘한 일로 생각한다. 이 책에서 도움과 위안과 희망을 보는 사람은 다른 누구보다도 나였다.

책을 내며 자신의 경험을 있는 그대로 받아들이는 작업을 진행했다. 그런 뒤 정말 좋게 변한 것은, 다른 사람들의 생각에도 관심을 갖게 되었다는 것이다. 그동안 등한시한 것이 몇 개 있는데, 하나는 SNS고 두 번째는 동시대 작가가 쓴 책, 마지막 하나는 베스트셀러였다. 나는 정말 트렌드에는 관심이 없었다. 그런데 책을 내고 나자 다른 사람들의 생각이 궁금해졌다. 다른 사람들은 어디에 관심이 많은가? 다른 작가들은 어떤 부분을 중요하다고 생각하는가? 또 어떻게 자신이 포착한 것을 풀어내서 많은 사람들의 공감을 얻는가? 그런 질문들에 대해 들을 준비가 된 것이다.

또 다른 계기도 있었다. 책을 내고 처음으로 변화경영연구소와 관련이 없는 독서모임에 책에 대한 이야기를 강의하러 간 적이 있었다. 내 인생 처음으로 한 강의였다. 직장인들이 역삼역 근처에서 결성한 독서모임이었는데, 모여서 하는 이야기가 일반 회사원들과 전혀 달랐다. 책 덕분이었다. 동시대의 책을 함께 읽으면서 폭넓은 이야기를 할 수 있는 기회가 된다는 것이 내게는 아주 멋지게 다가왔다. 사실 지인들과 나눌 수 있는 이야기들은 일상생활에 관련된 것이 대부분이다. 회사 사람들과 만나면 회사 이야기를 하고, 취미가 비슷한 사람들은 온라인에서 만난다. 그런데 오프라인에서 책에 대해서 이야기할 수 있는 모임을 만든다? 취향만 맞는다면 상당히 괜찮은 접근방식이었다. 누군가와 만나 이야기할 재료로 책을 대한다면, 동시대 이야기를 하는 것이 가장 훌륭하다. 트렌디한 책일수록 더 다양한 사람들과 이야기할 수 있다는 점이 신선하게 다가왔다.

그렇게 대중적인 책에 관심을 갖게 되면서 나는 독서모임에 가입하고 SNS 계정을 열었다. 내 또래와 다른 사람의 생각을 들어보는 게 정말 신선하고 재미있었다. 또한 이제는 여러 가지 SNS 플랫폼을 다양하게 써보고 있다. 포스팅을 꾸준히 하는 게 쉬운 일은 아니지만, 그래도 누군가가 '좋아요'를 눌러주면 그렇게 보람찰 수가 없다. 내가 좋아하는 것을 계기로 더 많은 사람들과 만날 수 있게 되는 것이 이렇게 즐거운 일인지 전에는 몰랐다. 그러나 아주 약간의 용기를 통해 전환된 것들이 나비효과처럼 내 삶의 더 넓은 분야에 영향을 주니 더욱 즐겁게 지낼 수 있는 여지가 생겼다.

용기는 어떻게 찾는 것인가?

돌아가시기 전, 아빠는 잠시 집에서 요양을 하셨다. 자신의 병세가 깊어지고 있다는 것을 예감한 아빠는 어느 날 저녁 나를 불러 『관자』라는 책을 함께 읽자고 하셨다. 그러나 나는 아빠가 돌아가실지도 모른다는 너무나 커다란 두려움에 사로잡혀 아빠가 말씀하시는 '이야기를 고르는 기준'이 어떤 것인지 잘 이해하지 못했다. 아빠를 잃는다는 것은 내가 가장 두려워하는 일이기 때문이었다. 언젠가는 벌어질 일이었지만 말이다.

몽골의 평원에서. 아빠와 함께 갔던 여행은 늘 푸르른 시간이었다. 강렬하게 가슴을 무찔러 들어오는 아름다움 속에 우리는 함께 존재했다. 소중한 기억은 내게 용기를 남긴다.

나는 두꺼운 책의 페이지마다 적힌 모든 글자를 읽었다. 그때는 어떤 부분이 요약할 가치가 있는 것인지 분간하기 어려웠다. 그날 밤부터 아빠의 병세가 악화되어 다시 구급차에 실려 병원으로 들어가셨다. 이후 아빠는 말을 하는 것도 몹시 힘들어하셨다. 결국 수업은 그 한 시간이 마지막이었다.

한동안 그 일을 잊으려고 노력했지만 쉽지 않았다. 우리에게 조금만 더 시간이 있었다면, 나는 더 좋은 글을 쓸 수 있지 않았을까 하는 생각이 났다. 결국 나는 아빠의 제자들과 책에 의존해 내면 탐구와 글쓰기와 독서를 팠다. 내 첫 책을 내고 나서야 나는 『관자』를 함께 읽고자 했던 아빠의 의도를 깨달을 수 있었다.

글을 쓰기 위해 다른 책을 읽을 때는 모든 것을 기억해야 할 필요는 없다. 다만 내가 쓰고 싶은 글의 핵심 메시지가 무엇인지 아는 것이 중요하다. 자신에게 의미 있는 메시지들과 긴밀하게 연관되어 있는 부분을 책에서 찾아내야 하는 것이다. 그렇게 수집된 메시지들은 내 책을 쓸 때 든든한 동료가 된다. 인용문은 예시로, 근거로, 정리로, 시적 표현으로 사용할 수 있다.

내가 아빠에게서 '용기'를 읽어낸 것은 지금의 내게 가장 필요한 것이기 때문이다. 마치 『오즈의 마법사』에 나오는 도로시의 친구, 겁쟁이 사자처럼 말이다. 내게 찾아온 불행 앞에서도 어깨를 펴고 똑바로 마주보고 싶다. 그리고 그것을 내 방식대로 요리해서 생각지도 못했던 모험과 배움으로 바꾸고 싶다. 그러기 위해서는 무엇이 옳고 무엇이 그르다고 말할 수 있는 용기가 필요했다. 그것은 스스로 많이 읽고 질문하고 깊게 생각해야 말할 수 있는 것이었다.

두려움은 많은 것을 보지 못하도록 눈을 가린다. 시계추처럼 성공과 실패 사이를 왕복하면서 흘러가는 인생에서 시야가 좁다는 것은 대단히 위험한 일이다. 정작 중요할 때 바보 같은 선택을 해서 후회하지 않도록, 과거를 성찰하며 새로 배울 것들을 골라내고 그것을 적용하면서 삶을 살아 나가는 것만이 우리가 할 수 있는 유일한 길이다. 자신의 길에 자신을 갖고 용기를 무기 삼아 살아 나가야 한다.

아빠가 딸에게, 딸이 아빠에게

아빠에 대한 책을 내고, 내게 가장 많은 질문을 한 사람들은 딸을 가진 아빠들이었다. 딸이 커 갈수록 아빠와 대화하는 것 자체를 부담스러워하고, 같은 공간에 있는 것도 달가워하지 않는다는 것이다. 특히 사춘기 딸을 둔 아빠들은 어떻게 말을 시작해야 할지 잘 모르겠다며 어려움을 호소했다. 딸과의 관계가 어려운 분들에게 딸이 아빠를 위해 쓴 추모집이 신선한 의미로 다가왔던 모양이었다.

그런 이야기를 듣고, 우리 아빠는 어떤 아빠였는지 곰곰이 생각해보았다. 우선 내가 어떤 딸이었는지 돌이켜보았다. 나도 나름 사춘기를 겪었고, 고3일 때는 몹시 예민해서 부모님에게 마구 소리를 지르기도 했다. 대학에 가서는 해보고 싶었던 것을 다 하면서 집에는 만날 늦게 들어왔다.

고민이 생기면 주로 엄마에게 먼저 털어놓고, 엄마가 아빠에게 전해주곤 했다. 그 이후 아빠와 함께 고민상담을 하곤 했다. 고민상담이라고 해봐야 아빠가 나의 고민에 대해 생각해본 답변을 들려주는 식이었다. 그러면 나도 약간 시간을 들여 아빠의 답변을 나의 상황과 맞춰보고 따르거나 내 방식을 따로 찾거나 했다. 그래도 아빠와 이야기를 하거나 함께 지내는 것이 싫지는 않았다.

질문의 답을 찾아 나가다 보니 언니가 해준 이야기가 생각이 났다. 언니가 어렸을 때 아빠와 둘이 외출한 적이 있었다. 혜화동에 있는 극장에 당시 최신 개봉한 디즈니 애니메이션 『인어공주』를 보러 갔다고 했다. 언니는 인어공주가 너무 마음에 들었다. (지금도 언니가 가장 좋아하는 디즈니 애니메이션이다.) 극장을 나오며 아빠가 언니에게 재미있었냐고 물었다. 언니는 "응, 너무 재미있어서 또 보고 싶어"라고 대답했다. 아빠와 언니는 바로 매표소로 가서 같은 만화영화를 한 번 더 보고 집에 갔다는 이야기다. 어린 딸이 신이 나서 아빠 손을 잡고 극장을 나서는 모습이 그려지지 않는가?

아빠가 1990년대의 다른 아빠들에 비해 몹시 친근했다는 걸 나는 잘 이해하고 있다. 그러나 그 핵심은 딸들과 함께 아주 멋진 장면들을 나누었다는 것에 있을 것이다. 딸들이 아주 어렸을 때부터 초등학생이 되고, 사춘기를 거쳐 대학생이 되고, 사회인이 될 때까지 아빠는 늘 함께 서 있는 멋진 장면을 간직하려고 노력했다.

물론 나는 함께 일하고 있는 선배들과 동료들을 통해 많은 아빠들이 아이들을 매우 소중하게 생각한다는 것을 알고 있다. 또 그들의 삶이 녹록지 않음을 지금의 일터에서 목격하고 있다. 같은 어린이 애니메이션을 두 번이나 봐주는 아빠는 그렇게 흔치 않을 것이다. 나조차 그런 순간이 왔을 때 그렇게 할 수 있을지 확신이 서지 않는다.

책을 쓰면서 아빠를 자주 떠올렸다. 우리가 함께였던 시간들 덕분에 참 행복했다고, 아빠가 가르쳐주고 알려주었던 것들, 남겨주고 가신 사람들 덕분에 한 사람 몫의 인생을 열심히 내 방식대로 실험해보고 있다고, 용기를 낼 수 있었다고 전하고 싶다.

–

구해언

구본형변화경영연구소 10기 연구원이자 11기 꿈벗

아빠를 매우 사랑했던 둘째 딸이자 제자였다.

7년간 대기업 전자회사에서 기획 업무를 하고 있다. 좋아하는 일을 하면서도 먹고살 수 있다는 것을 보여주신 아빠를 기억하며, 내 삶도 나의 속도와 모양에 맞게 살고 싶다.

연구원 수업과 회사 업무로 갈고 닦은 기획력을 바탕으로 올해 4월 첫 책 『아빠 구본형과 함께 일상에서 빛나는 나다움 발견하기』를 출간하며 직장인 작가의 길을 걷겠다고 다짐했다.

아름다운 길 연구가!
나를 딛고 넘어서라

- 김 성 주 -

[구본형, 내 삶의 터닝 포인트]

아름다운 길 연구가 김성주가 구본형 선생님께 보내는 편지

그리운 선생님, 안녕하세요? 그곳 하늘에서의 생활은 어떠신가요? 이곳에서 하셨던 것처럼 하늘에서도, 변화경영에 대해 연구하고 그 결과를 주위에 나눠주고 계시겠지요? 그윽한 음성으로 전하는 장면이 눈에 선하게 그려집니다. 늘 곁에 계실 줄만 알았던 선생님과 편지로만 소통하니, 선생님의 부재가 새삼 느껴집니다. 편지를 쓰면서 잠시나마 선생님과 함께 시간을 보내고 있는 느낌입니다.

직업적 전환기를 거쳐 남도여행 길을 기획·진행하다

선생님이 쓰신 『깊은 인생』에 간디 얘기가 나오지요? 그는 1등칸 기차표를 갖고 있었지만, 유색인종이라는 이유로 그곳에서 쫓겨났습니다. 마리츠버그 역에서 하룻밤을 보내게 된 그 사건은 간디가 시시한 변호사에서 위대한 지도자로 전환되는 계기가 되었습니다. 저 역시, 선생님과의 만남이 그 전환의 계기가 되었습니다.

선생님의 책을 보고, 구본형변화경영연구소를 알게 되었고, 2007년 우연한 기회에 오프라인 모임에 나가면서 구성원들과 교류했습니다. 그동안 꿈꾸었던 변호사가 아닌, 다른 삶도 있지 않을까 하는 의문을 처음으로 가지게 된 시기였습니다.

2007년 12월, 선생님이 운영하는 꿈벗 프로그램에 참가했습니다. 직업적 꿈을 모색하는 변화의 시간을 갖는 프로그램이었지요. 앞으로 하고 싶은 직업 세 가지를 하나의 공통분모 안에 넣는 시간이 가장 인상적이었습니다. '여행가&여행진행가+여행강사+여행철학을 글로 표현하는 사람' 이 세 가지에 모두 여행이라는 키워드가 들어 있었습니다. 허무하게도, 변호사라는 직업은 그 세 가지 안에 끼지 않았습니다. 그렇게 해서 법조인은 제 꿈의 직업이 아님이 확인되었습니다.

"행선지는 『떠남과 만남』에 나오는 지역 중에서 마음대로 잡으시게. 새로운 골목을 들쑤시고 다녀도 좋네. 개정판에 추가하면 되니까. 잘 짜서 알려주시게."

2008년 초에 선생님의 저서 『떠남과 만남』이, 을유문화사에서 재출간 계획 중에 있었지요. 선생님이 제게 보낸 저 이메일 기억나세요? 제게 남도여행 기획을 맡기는 게 주 내용이었지요. 나머지는 일정과 참가팀에 대한 부수적인 설명이었습니다. 여행 운영에 대한 모든 걸 맡긴 것이었지요.

이미 오래전부터 우리 땅 곳곳의 숨은 공간까지 꿰고 있었기에, 그 미션은 설렘이었습니다. 참가자가 길과 풍경을 온전하게 향유하는 방법은 무엇인가? 2박 3일의 여행을 위해, 신명을 다해 제 모든 것을 쏟아부었습니다. 여행 기획을 하며, 새로운 심장이 다시 뛰는 듯했습니다.

법률사무실에서 근무하면서, 사법시험 준비를 하면서 느끼는 것과는 전혀 다른 설렘이었습니다. 현장에서 필요한 콘텐츠를 포함한 여행기획서는 30여 장을 넘겼습니다. 제 여행기획서를 열어본 이들의 반응인데, 선생님도 궁금하시죠?

"성주씨는 여행에 관한 한, 미친 열정을 가졌군요."

"이메일 열어보고, 깜짝 놀랐어요. 상상도 못한 것이었는데요."

선생님의 반응도 다시 한번 보여드릴게요.

"크아~! 좋다. 성주야, 지난번 벌교여행에서 본 것들은 건너뛰고, 새로운 곳에 시간을 더 쓰자."

이렇게 답을 하셨죠.

"그러게요, 당연히 새 풍경에 시간을 써야지요. 제가 선생님 마음을 전부 안다니까요."

저는 이렇게 화답했지요.

선생님은 저의 최초이자 최상의 여행고객이었습니다. 제가 이끈 공간의 의미, 이끄는 이유, 그곳에서 전하려는 메시지를 별다른 설명이 없더라도, 직관과 직감으로 아는 분이셨습니다. 선생님처럼 제 여행을 온전히 향

연구원 1차 수업을 하기 전에 찾아간 숨겨진 남한강가 풍경에서 물소리 명상 중인 연구원들.

유하는 사람을, 앞으로도 만나기는 쉽지 않을 듯합니다.

- 여행에 미친 녀석을 만났다. 김성주는 정말 여행에 미친 녀석이다.
- 선생님은 성주 형의 여행을 무척 좋아하고 즐겼어. 그래서 실험적인 여행 퍼포먼스도 가장 먼저 따라해 주셨던 것 같아.
- 새로 선발된 연구원의 첫 수업을 하러 속초로 가기 전, 중간에 여행지를 들러서 간 적이 있었어. 그때 형이 남한강으로 이끌었어. 형이 지도책만을 보고 남한강의 한 귀퉁이로 간 적이 있었지. 명 풍경으로 예측한 남한강가의 언덕으로, 형은 바람만큼이나 빠르게 한달음에 달려갔지. 형은 주위를 둘러보며 잠시 고개를 끄떡였어. 그때였어. 그걸 바라보시던 선생님은 '찾았다. 찾았어. 성주가! 사냥개가 사냥감을 찾은 듯이 달려드는 것을 봐라. 야, 멋있어 보

이지 않니?'라며 흥분을 감추지 못하고 말씀하셨어.

- 성주 그 녀석은 개코야 개코, 숨어 있는 멋진 공간을 기막히게 찾아낸단 말이지.

주변 사람들의 후일담에서, 여행을 품고 사는 저에 대한 그리고 제 여행에 대한 선생님의 마음을 느꼈습니다. 간간이 제게 주신 코멘트는 굵고 짧았지요. 그게 커다란 관심과 애정이었던 걸, 둔감한 전 그땐 미처 몰랐습니다.

지적 창조자가 너무 바쁘면 안 되는 이유

선생님은 『마흔세 살에 다시 시작하다』에서 "강연은 쏟아내는 작업이다. 쏟아내는 것이 들어오는 것보다 많으면 이내 밑천이 딸리게 마련이다. …… 지적 영역에서 일하는 사람들은 그래서 너무 바쁘면 안 된다. …… 늘 새로운 이야기, 새로운 텍스트를 창조할 수 없다면 강연자는 스스로를 교살하는 셈이다"라고 하셨습니다. 강의 횟수가 상당히 늘어나고 있는 상황에서 이 말씀이 요즘처럼 무찔러 들어오는 적은 없었습니다.

선생님의 그 말씀을 기억하기에, 강의 준비에 바쁜 와중에도, 다소간의 여유와 새로운 창조를 위한 딴짓을 게을리하지 않았습니다. 그럼에도 워낙 긴 기간 동안 쏟아내는 강의를 했기에, 인풋에 대한 심한 갈증을 느끼고 있었습니다.

신화학자 조셉 캠벨은 우드스탁의 숲속에 숨어 살며, 책을 읽고 연구를 하는 5년여의 시간을 보냈습니다. 선생님이 자주 언급하던 사례지요. 저 역시 긴 호흡의 인풋이 절실합니다.

선생님은 한 인터뷰에서 "일주일에 3일 정도는 강연을 하고, 2일 정도는 제멋대로 생활하고, 짧은 여행도 가고, 나머지 2일은 가족들과 같이 보내고 있어요. 대략 일주일에 한 번 정도는 좋은 사람들(제자들)과 함께 술을 먹는 것 같아요"라고 하셨습니다. 저도 여행가로 시작하면서부터 그런 직업적 지표를 추구했습니다.

하지만, 강의와 탐방 콘텐츠를 계속 쌓아가야 하기에, 지금까지는 그렇게 온전히 하지 못했습니다. 이제 선생님의 그 지향점을 놓치지 않으려 합니다. 이제는 어떻게 연중 일정을 효과적으로 경영할 것인가 고려하는 시점입니다. 매년 4월 15일부터 11월 15일까지 8개월은 집중 업무 시기로 삼아, 이 시기에 의뢰받은 강의나 탐방을 넣으려고 합니다. 11월 16일부터 4월 14일까지는 창조적 인풋의 시기로 삼으려 합니다. 글을 쓰고, 연구하고, 여행하는 시간 속에서 잡아낸, 창조의 결과물을 세상에 내놓을 겁니다.

선생님이 일러둔 1인 기업가 개별화 실전 팁

"업무상 중요한 자리에는 지도책을 갖고 다녀라"

선생님, 제 지도책이 제 능력과 열정을 증명하는 도구로 적절하다고 판단하셨지요? 저는 선생님의 그 조언을 확장시켰습니다. 동기부여와 공감을 끌어내기가 쉽지 않은 청소년·대학생·군인을 상대로 강의를 할 때는, 지도책을 들고 가서 실물을 직접 보여주고 시작하기도 합니다. 그러면 단번에 관심과 집중을 끌어낼 수 있습니다. 더 나아가 다 쓴 볼펜 리필심 사진, 겹겹이 쌓아둔 메모카드 박스 사진, 그동안 모은 기차표 사진, 무전여행 행

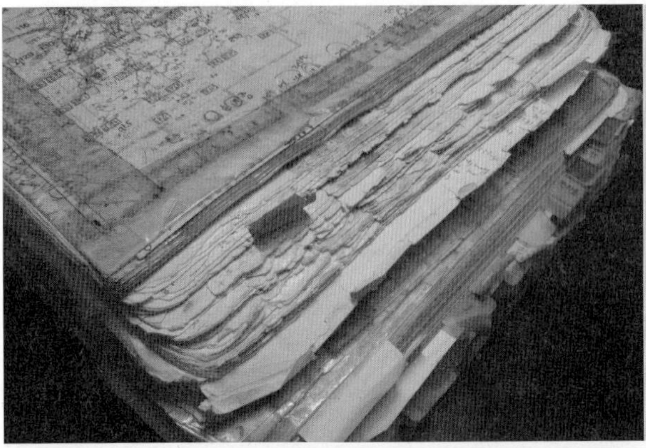

보고 또 봐서,
종이가 부서질
정도로 낡은 지도책.
이런 지도책이 서가
한 켠에 가득하다.

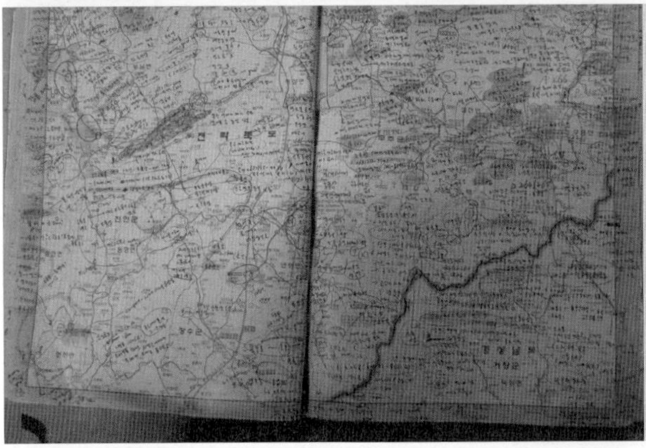

우리 땅의
아름다운 길과
풍경을 빼곡히
기록하고 있다.
길 위에서 만난
것을 세세하게
기록했다.

지도책을 한 권,
한 권 또 한 권씩
기록해 나갔다.
5년 정도가 지나면
더 이상 수선을 할
수도 없을 정도로
낡아진다. 그럴 땐,
새로 한 권을 사서
사용하는데,
1~2년이면 다시
수선을 해야 할
정도가 된다.

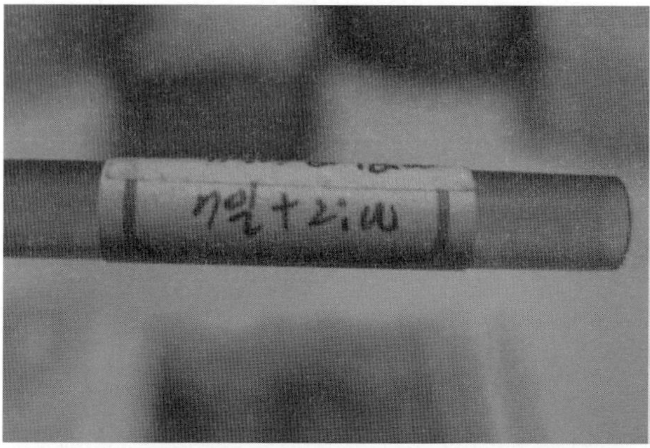

통상 평균 10일 전후로 볼펜심 한 개를 쓴다. 길어야 14일 이내다. 지금은 날짜를 기록하지 않는다. 그저 10여 일에 한 번씩 심을 간다. (언제 닳을지 모르기에 예비 볼펜심도 늘 지참한다.)

2008년도에는 한 해에 40여 개의 볼펜심을 썼다. 1개당 평균 9.1일이 걸렸다. 여행가의 길을 시작한 초창기에 더 많이 썼는지, 활발한 활동을 하는 지금이 더 많이 쓰는지 구분할 수 없다.

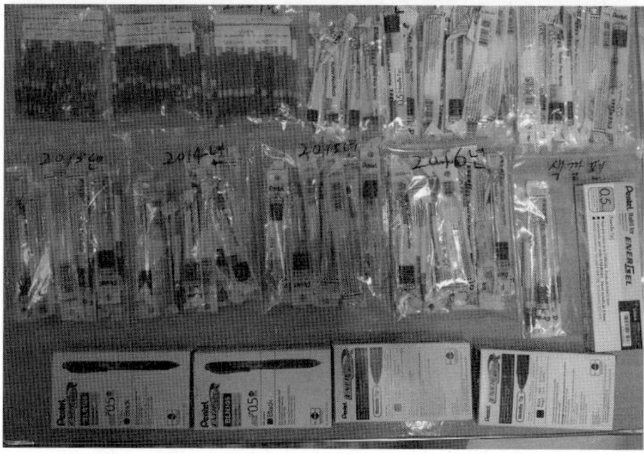

다 쓴 리필심을 연도별로 보관하고 있다. 2010년부터는 시작일과 마친 날을 견출지에 따로 기록하지 않고 보관만 하고 있다.

선지판 사진, 서가에 가득한 서류 분류 파일 사진을 보여줍니다. 면접 통과가 필요한 그들에게 '열정에도 증거가 있다'며, 면접장에서 보여줄 열정의 증거를 만들라고 역설합니다.

선생님이 가슴에 박히는 1년에 두어 날

온전히 열정을 쏟아부어야 여행을 예술작품으로 만들 수 있습니다. 그런 후에 오는 희열감이 온몸을 감쌉니다. 그런데, 강의나 탐방을 마친 후 지치기는커녕 오히려 더 생생하기만 합니다. 다음은 그러고 나서 제가 받는 피드백입니다.

'여행, 미룰 수 없는 자유-여행인문학' 강의 수강자 소감

- 여행에 대한 새로운 인식과 전환! 여행의 진정한 맛을 느끼게 한 시간이었습니다.
- 멈추었던 여행을 다시 떠나게끔, 신발끈을 동여매고 싶은 마음을 불러일으켰습니다.
- 여행의 마침표가 아닌, 새로운 여행의 첫걸음을 떼게 한 계기가 되었습니다.
- 여행을 통해 새로운 눈으로 세상을 보게 되었습니다.
- 길 여행과 물 여행, 음식과 술의 여행인문학은 내면에 꽁꽁 묶여 있던 자유를 이끌어 냈습니다.
- 김성주 선생님의 강의를 듣고, 지금까지 평생 동안 했던 여행이 겉핥기 여행이었다는 심정입니다. 이번 시리즈 강좌를 계기로 제대로 된 여행으로 들어가는 문을 열어 젖히겠습니다.

'여행, 미룰 수 없는 자유-서울&근교&우리 땅 여행' 탐방 참가자 소감

- 서울의 숨은 공간의 면모, 새로운 면모가 감동적이었습니다.
- 오늘의 이런 행복이 제 삶 속에 조금 더 자주, 깊이 들어와주길 꿈꿔봅니다.
- 길 위에서 듣는 자연에 비유한 삶의 이야기들이 깊은 울림으로 다가왔습니다.
- 길 위에서만, 그곳에서만 들을 수 있는 살아있는 지식이 가슴에 들어온 날이었습니다.
- 김성주 선생님과 함께하는 길 위의 인문학이 매년 계속되기를 간절히 바랍니다.
- 왜 '길 위의 인문학'인지, 그 생생한 의미와 가치를 깨닫게 한 탐방이었습니다.
- 잠시 삶을 돌이켜보는 여행 시간, 새로운 나로 새 인생을 시작하고 싶게 한 탐방.
- 김성주 선생님이 이끌고 간 길과 풍경이 꿈속에서 눈에 선하게 보일 것 같아요.

이렇게 근래에 가장 큰 성취를 이룬 날은 맥주를 한잔합니다. 환희에 복받치지만, 동시에 걸어가야 할 먼 길에 대한 지난함과 조급함이 교차되며 선생님이 떠오릅니다. 고만고만한 성취가 아니라, 일대 도약을 할 정도의 큰 성취를 이루었을 때 주로 떠오릅니다. 선생님은 이럴 때 어떤 말씀을 해주실까를 상상하며, 선생님의 부재에 빈 가슴을 느낍니다. 마치 오랜만에 시험에서 100점을 맞았는데, 자랑하러 달려갈 엄마 아빠가 없는 초등학생 아이의 마음 같습니다. 그런 헛헛함을 못 이겨, 선생님을 생각하면서, 순식간에 끄적인 글을 전합니다.

1년에 두어 날

- 김성주

어제의 나를 뛰어넘은 날
성취의 정점에 다다른 날
그런 날은 새벽까지 잠 못 이루네

그런 날은
그가 가슴에 박히는
1년에 두어 날

그는 스스로 길이 돼라 했지만
홀로 걸으며 감당하기에
길은 멀고도 버겁다

눈물을 흘리고 난다고
길이 확연히 보이는 게 아닐 터
눈물이 사무칠수록
길은 더 혼미해지는 것만 같다

눈물로 뿌연 시야를 씻어낼 수 있었다면
애시당초, 새로운 길은 아니었으리

그가 걸어간 궤적에

숨겨진 실마리를 찾아

길 없는 길을 계속해서 나아가리

스승을 뛰어넘어, 스승을 빛나게 하리라

선생님은 『마흔세 살에 다시 시작하다』에서 "스승은 등불이 되어 우리를 인도하지만, 어느 순간 우리는 그 불을 끄고 칠흑 같은 암흑 속에서 별이 쏟아지는 것을 보게 되길 바란다. 제자가 자신의 마음속에서 별빛을 보게 하는 스승만이 위대한 스승이다. '스승을 욕보이는 제자는 바로 영원히 스승을 빛나게 하는 자'다"라고 말씀하셨습니다. 돌아가시고 나서 이 말씀이 계속 머릿속에 맴돌았습니다. 동양의 의성인 허준이 스승 유의태를 딛고 넘어섰듯이, 저도 그러고 싶습니다.

'여행, 미룰 수 없는 자유-여행인문학' 50강이 TV 인문학 특강에서, 일반 대중의 지대한 관심을 받으며 회자될 때를 상상합니다. 제 여행철학이 세상의 관심을 불러일으킬 때, 사람들은 이렇게 말할 것입니다.

"아름다운 길 연구가 김성주에게 스승이 있었대."

"그의 스승이 누구야?"

"구본형? 그게 누군데?"

"변화경영전문가로 세상에 나와, 변화경영사상가로 불리다가, 변화경영의 시인으로 돌아가신 분이라네."

"그런 분이라면 책이 있을 텐데? 그것도 많이 있을 것 같은데?"

네이버 실시간 검색어에 선생님의 이름이 뜨고, 예스24나 교보문고에서 선생님의 책이 검색되고, 구본형변화경영연구소의 인터넷 서버가 다운되는 날을 그려봅니다. 선생님의 유고작 21권이, 잠시라도 일반인 대중의 손에 다시 쥐어지는 날, 그리하여 선생님이 다시 세상에 회자되는 날을 상상합니다. 선생님, 세상이 부르면, 이곳에 잠시 소풍 와 주시겠지요?

선생님을 뛰어넘는 것이 수련의 최고 단계가 될 것입니다. 얼마가 걸릴지 모르지만, 스승의 수련 강도와 빈도, 질과 양을 넘어서는 어느 순간, 스승을 능가하는 그 변곡점에 서게 되겠지요. 그때가 바야흐로 와버렸을 때, 그때 오셔서, 어깨를 토닥여주시며 생전의 그윽한 음성으로 "성주야, 애썼다. 나를 넘어섰어. 자랑스럽다"라고 말씀하시겠죠.

그리하여, 생이 다하는 날! 선생님이 변화경영의 사상가로, 변화경영의 시인으로 생을 마쳤듯, 저는 여행학의 실제적인 창시자로, 여행의 시인으로 생을 마칠 것입니다.

선생님, 그날이 올 때까지, 제가 발굴한 아름다운 길과 풍경 위에서 아주 가끔씩 뵙게 되겠지요. 하지만, 사실은 …… 아주 오랫동안 못 뵙겠지요. 그때까지 …… 오랫동안 …… 안녕히 …… 계십시오.

구본형 선생님이 성주에게 보내는 편지

성주야, 잘 지냈니? 난 이곳에서 정말 잘 지내고 있단다. 변화가 필요 없을 정도로 좋은 곳이지. 아이러니하게도, 변화경영의 시인인 내가 변화가 필요 없는 곳에서 살고 있단다.

올해 유난히 찾는 곳이 많아 일이 많아진 성주에게 축하와 격려, 응원의 메시지를 보낸다. 매년 네게 '여행인문학-여행, 미룰 수 없는 자유'를 의뢰하는 곳이 많더구나. 해마다 너를 찾는 기관이 늘고 있구나. 해마다 재구매율과 추천율이 높아지니 정말 기쁘구나. 그동안 뿌린 피와 땀의 흔적이, 민들레 씨앗처럼 곳곳에 퍼졌기 때문일 거야.

성주야, 그곳을 갑작스레 떠나와서, 남겨진 제자들에게 하고픈 말을 충분히 하고 오지 못해 못내 안타까웠단다. 성주에게도 전할 말이 무척이나 많았는데, 하지 못하고 떠나왔구나. 이렇게 그곳 세상으로 편지를 쓸 기회가 주어져서, 그때 하지 못한 말을 전하련다. 이 편지가 네가 여행의 길로 들어선 후의 11년을 한번 돌아보는 계기가 되면 좋겠다.

성주에게 남도여행을 맡긴 이유, 이후 연구원 면접여행

성주의 첫인상은, 무리를 뛰쳐나온 표범의 눈빛이었다. 새로운 삶에 대한 갈증과 어디로 갈 것인지를 간절히 찾는 모습이었다. 눈빛은 진지했고 절실해 보였다. 법의 길은 네 예술가적 성향을 자극하지 못하는 것 같았다. 그런데도, 그쪽을 버리지 못하고 있었지.

어떤 모임에서 보아도 너는 늘 메모하는 모습이었어. 2007년 12월 초에 꿈벗 프로그램을 운영할 때 너와 같은 방에서 잤지. 그날 종일, 자기가 하고 싶은 세 가지 직업에 대해서 고민하는 시간을 가졌지. 너는 잠을 자면서도, 밤사이 직업적 영감이 끊임없이 떠올랐다고 했지. 네가 메모한 포스트잇이, 늦가을의 낙엽처럼 잠자리 옆에 수북했지. 그리고 그해 12월 중순에, 성주의 여행 기획으로, 몇몇 제자들과 섬진강과 벌교 일대를 들쑤시고 다녔지. 그때 너의 지도책을 보았어. 끊임없는 탐구적 메모와 하나가 된 너를 보았지. 아름다운 길을 따라가며 이어지는 풍경에 감탄을 했던 여행이었단다.

성주야. '구본형 선생님이, 왜 내게 『떠남과 만남』 재출간 남도여행 총괄 기획을 맡겼을까?'라고 궁금해한 적이 있었지? 지도책과, 순간을 놓치지 않는 메모, 흥과 끼를 가진 너는 그걸 수행할 자질이 있었다. 특히 그 지도책이 모든 것을 말해주고 있었다. 너의 지도책은 대한민국의 거의 모든 길을 가본 듯 보였다. 너는 '가봤던 길 하나하나가 실핏줄 속에 흐른다'라고 했었지. 얼마나 여행과 길에 열정을 가져야 그리 되는 것이겠느냐? 내향 성격인 나는 네게 드러내서 말하지는 않았지만, 그 지도책은 정말! 요즘 말로 '깜놀'이었어.

신중한 나는 줄곧 유심히 너를 지켜봤지. 지켜볼수록 내 직관은 '김성주는 여행 자체다' '성주는 이미 여행을 천직으로 품고 있는 거야'라고 말했지. 그래서 나는 실패할 리 없는 유쾌한 실험을 한 것이었단다. 그래서 『떠남과 만남』 재출간 여행 기획과 운영을 성주에게 맡기기로 결심했단다.

성주야, 섬진강&벌교 여행, 남도 여행은 내 여행 명장면으로 남아 있는데, 추가할 게 더 있다. 빠트리면 안 되는 것이지. 네가 기획한 제천 청풍호 여행 기억나지? 연구소에서 처음으로 연구원 선발 시 1차 면접을, 걸으면서 보는 것으로 구상했단다. 네게 코스를 선정하고 진행할 곳을 알려달라는 이메일을 보냈다.

> "성주야, 연이어 2~3시간 걸을 수 있는 곳이면 좋겠다. 풍경이 펼쳐지는 곳, 물이 있으면 더 좋겠고, 흙길이면 더할 나위 없을 거야. 하나의 코스로 안 되면, 한 코스를 추가해서 좀 더 연장해도 된다. 기획해서 알려주게."

하나만으로도 어려운데, 몇 가지가 동시에 충족되어야 하는 불가능에 가까운 조건이었지. 이 땅에 이런 코스가 있을지는 모르겠지만, 그래서 결과도 큰 기대를 하지는 않았다. 더구나 속초까지 가야 하는 시간과 동선을 함께 고려해야 했기 때문이지. 그래도 성주가 최소한 가장 근접한 대안 여행지를 제시할 것으로 기대는 했었단다. 그런데, 너는 명확히, 단호하게 한마디로 말했지. "모든 조건에 들어맞는, 대한민국의 유일한 적합지는 청풍호를 따라 걷는 흙길뿐입니다." 면접과 여행이 조화롭게 어우러진, 말 그대로 면접 '여행'이었다. 마구마구 행복한 시간이었단다.

문화체육관광부 주최 공공도서관 길 위의 인문학! 성주가 빛을 발하는 곳

성주야, 문화체육관광부가 주최하는 공공도서관 '길 위의 인문학' 프로그램에 해마다 참여하고 있지? 나도 강사로 참여하고픈 욕구가 일어날 정도로 매혹적이더구나. 내가 그곳에 있다면, 성주는 경영학과 여행에 인문학을 접목시킨, 스승과 제자의 앙상블 강연을 기획했겠지? 네가 그 프로그램에 강사로 참여하는 것이 자랑스럽다. 내가 경영에 인문학을 접목시켜서 새로운 길을 만들었듯이, 너는 여행에 인문학을 연결시킨 독특한 네 여행세계를 만들어 가고 있구나.

1인 기업가로 활동하는 제자들의 활동을 지켜보러 갈 땐, 특별히 정성껏 메모를 한단다. 네 강의에서 인상적으로 들었던 메시지를 적어봤다. 아래의 메시지 결론을 끌어내기 위해 여행의 철학과 정보, 기술을 요소요소에서 던지는구나. 그간의 여행 경험과 수집한 사례, 오랜 연구결과가 토대가 된 것이겠지.

- 끝으로 가라! 세상의 아름다움은 끝에 있다. 그곳에는 소외되고 버려진, 잊혀진 아름다움이 있다. 그곳에는 오랜 세월 그대를 기다리고 있는 낯선 아름다움이 있다.
- 샛길의 유혹에 굴복하지 않고는 명장면을 얻지 못한다. 돌아 나올 걸 감수해야 가슴에 박혀 드는 풍경 하나를 만날 수 있다.
- 여행은 때문에가 아니라, 그럼에도 불구하고 떠나는 것이다.
- 여행은 시간이 있어 가는 것이 아니라, 시간을 내서 가는 것이다.
- 여행, 스스로의 의지로 선택한 자유 영역의 확대.
- 갇히지 않았음에도 불구하고 원하는 때에, 원하는 곳으로, 원하는 방법으로 떠날 수 없다면, 나아가, 원하는 방식으로 인생을 살 수 없다면, 갇혀 있는 수감자와 다르지 않을 것이다.
- 바람이 분다 떠나야겠다. 바람이 불지 않는다. 그래도 떠나야겠다.
- 부자가 될 수는 없어도, 부자처럼 즐길 수는 있다. 여행, 신(神)이 가꾼 작품을 감상하는 시간.
- 여행! 공간의 일교차, 시간의 일교차를 경험함으로써 깊은 인생의 맛과 멋을 만드는 시간.

- 흐르는 물이 썩지 않듯이, 흐르는 삶은 썩지 않는다. 여행, 흐르는 삶 속으로 유유히 들어가는 것.
- 겨우겨우 흐를 것인가, 거침없이 흐를 것인가? 일상에 막힌 삶을 순환시키는 것 그것이 여행이다. 여행, 일상과 비일상을 넘나들며 삶을 순환시키는 행위.

다른 무엇보다도 '길 위의 인문학'은 네 세계를 펼칠 좋은 장(場)이다. 여행이라는 분야만큼 '길 위의 인문학'과 잘 어울리는 분야도 없을 것이다. 게다가 그걸 잘 연결하고 있지 않느냐? 그 씨앗은 섬진강&벌교 여행과 남도 여행에서, 남한강 여행과 청풍호 면접 여행에서 이미 발아되었지. 그 씨앗이 이제 큰 나무로 성장하고 있구나. 앞으로 거대한 나무가 되고, 머잖아 큰 숲을 이룰 것이야.

성주의 차별화 필살기 몇 개

네가 발굴한 길과 공간에 인문적 성찰을 던지는 게 성주가 하는 일이지. 그와 더불어, 공간에 시적 감성을 함께 불어넣는구나. 시는 무심한 공간에 생명과 빛깔을 더하지. 11년 전에 나와 함께한 여행에서는 단순히 시를 낭송했지. 하지만 제법 그 공간과 시간에 적절한 시를 선별했었어. 그런데, 이젠 시를 이렇게 저렇게 주무르고, 그 시에 해석과 재해석을 더하는 솜씨가 예사롭지가 않구나. 최근엔 시 2~3편을 연속으로 읽어주어, 감동의 끝자락까지 몰고 가는 시 메들리까지 구현하는구나.

나는 시인처럼 살고 싶어 했기에, 제자의 시 퍼포먼스를 보는 것이 이곳의 소소한 낙이란다. 너는 여행을 점점 시로 만들어 가고 있구나. 여행이 시

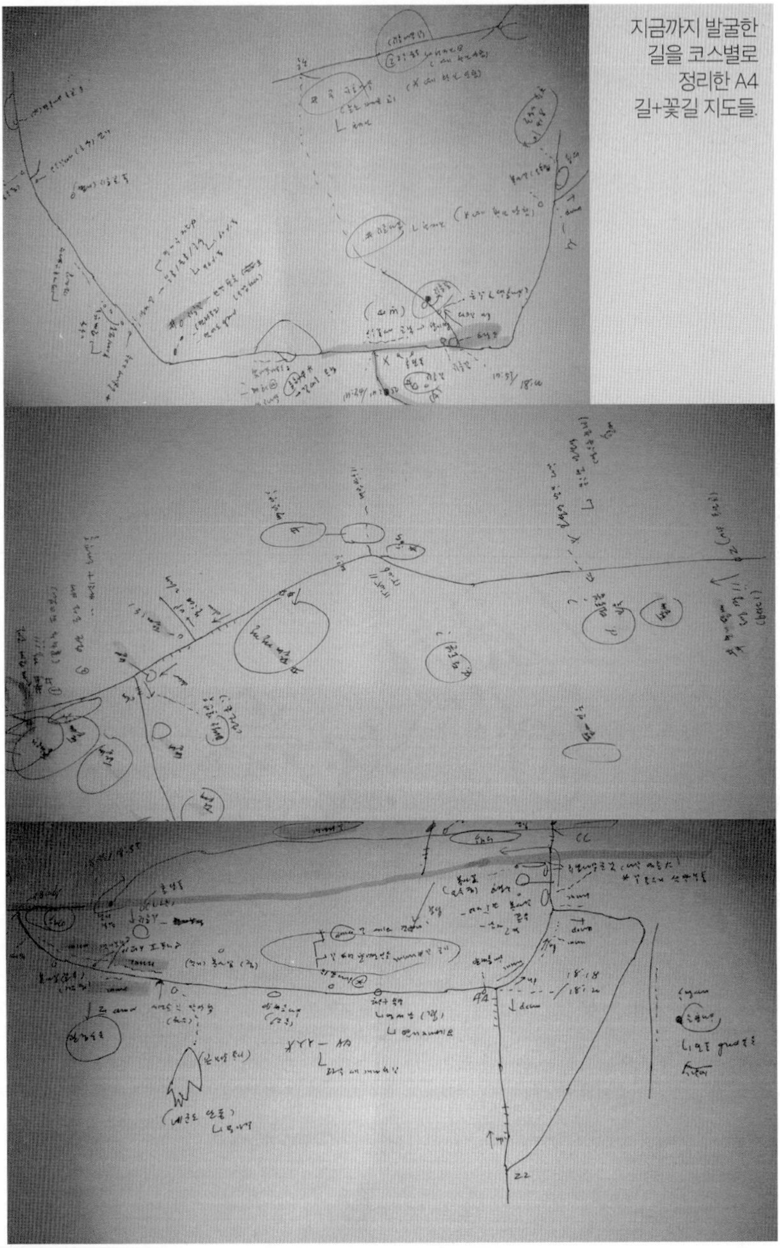

지금까지 발굴한 길을 코스별로 정리한 A4 길+꽃길 지도들.

가 될 수 없다면, 무엇이 될 수 있겠니. 사람들에게 시 같은 여행을 경험케 해서, 인생을 시처럼 살게 하는 것이 너의 비전이 아니겠느냐.

성주는 매년 시기별, 공간별로 A4 용지에 길 지도를 만들고 있구나. 그렇게 길을 그리고, 이야기를 넣고, 진행한 기록이 서가 가득히 꽂혀 있구나. 특히, 봄꽃길 지도는 상당히 인상적이란다. 너는 대수롭지 않게 생각하는 것 같아. 하지만, 그건 탁월한 아이디어이고, 엄청난 노력의 산물이라 생각한다. 누가 그걸 그릴 생각을 하겠니? 절정의 꽃 시기에, 최상의 꽃 루트로 참가자들을 이끌어, 심장에 박히는 감동을 한아름 저격하고픈 너의 의지가 아니면 불가능한 것이 아니겠느냐. 꽃길을 시기별로 체크하고, 답사하고, 기록하는 그런 지극함이 공간에 하나의 빛깔을 더하는 것이지. 네가 여행 탐방에서 꽃을 다루는 이유는, 참가자의 인생과 행복이 꽃처럼 피어나길 바라는 마음이겠지. 나는 벚꽃을 좋아하기에, 네가 그린 서울과 근교, 지방의 벚꽃길 지도를 보면, 언제 한번 4월에, 그곳 세상으로 나가고 싶은 마음이 간절해진단다.

아, 참, 성주야! 강의에 대한 코멘트를 빠트릴 뻔했구나. 여행이란 무엇인가? 길을 따라가는 여행, 물을 따라 흐르는 여행, 서울 여행 등을 강의하고 있지? 그런데 이제는 세상이 알고 싶어 하는 새로운 분야에 여행을 접목시켜, 이제껏 없던 강의 주제를 만들어내는 실험을 하고 있구나. 지식의 전달을 넘어서 지식을 재해석하고, 꿰고, 엮는구나. 숲과 여행인문학, 음식과 여행인문학, 문학과 여행인문학, 시와 여행인문학 등이 그것이지. 점점 더 연결 주제를 넓혀갈 예정이지?

여행을 예술로 승화시켜 가는 성주에게

나는 일찍이 "하나에 전념하라. 이것이 바로 경영의 기초인 '선택과 집중'이다. 이때 무엇을 선택하더라도 그 수준은 예술적 경지를 추구해야 한다. 예술이란 사물을 더 잘 만드는 것이다. 예술은 필요를 넘어선다. 더할 수 없는 경지, 완벽을 향해 나가야 한다. 그러면 그 일이 무엇이든 그 사람은 그 분야의 예술가가 된다. 예술이야말로 가장 화려한 변모의 체험이다"라고 썼다. 여행을 예술로 승화시키고자 하는 너의 의지를 알고 있다. 여행을 예술로 승화시키려면, 여행을 세상의 기존 틀에 넣어서는 할 수 없는 것이지.

나는 『깊은 인생』에서 깊은 인생으로 들어가는 세 가지 문을 다뤘다. 깨우침의 문-견딤의 문-넘어섬의 문. 너는 11년 전에 진정한 꿈이 여행이라는 것을 깨우쳤다. 11년의 세월을 거치며 단단해지고 있지. 이제는 막바지 견뎌냄의 과정을 거치면서, 동시에 넘어섬의 단계로 나아가고 있는 것 같구나.

깨우침이 다가 아니다. 깨우침 후에 지루한 반복을 견뎌내지 못하거나, 단순한 반복으로만 채우는 사람이 얼마나 많으냐? 견딤의 과정을 거쳤으니 남과 경쟁하지 않는 자, 자신의 어제와 경쟁하는 자, 어제의 반복을 뛰어넘어 괄목상대하는 자, 그를 일컬어 예술가, 창조자라 할 것이다. 모든 위대성은 이런 과정을 거쳐야 하는 것이기에.

성주가 강의나 탐방을 성공리에 마치면, 기관 담당자들은 으레 '고생하셨습니다' '수고하셨습니다'라는 말을 하지. 그런 말에 성주가 답하는 말을 들었다. "고생했다에는 힘이 드는, 하기 싫은 것을 해치웠다는 뉘앙스가 담겨 있습니다. 저는 이 강의(탐방)를 하면서, 한 번도 고생이라고 생

메모카드 1,000장을 쓰는 데 채 한 달이 안 걸린다. 2~3주 만에 다 쓰기도 한다.

각한 적이 없었습니다. 저는 참가자가 '여행에 대한 새로운 시선과 성찰을 얻게 해주셔서 감사합니다'라고 하는 말을 더 좋아합니다." 성주야, 나 역시 한 번도 나의 지적 소통을 고생이라고 생각한 적이 없듯이, 천직을 걷는 너 역시 그러한 것은 당연한 것이지. 천직을 찾은 자가 가지는 느낌일 것이다.

성주야, 새로운 길은 어렵고 외로운 길이다. 외롭고 어려운 길을 걷지 않고서 위대함이 만들어질 수 있겠느냐? 틀을 차용하는 것이 아니고 새로운 틀을 만드는 사람이 겪는 길이기에. 성주야, 내면의 빛나는 강점에 기대어 매일 나아가고 있지? 나는 항상 네가 가는 길을 지켜볼 것이다.

울릉도 S자길.

책 없이 걸어간 기나긴 여정, 그 견뎌냄의 시기를 이제 꿰거라

법률사무소를 나오기 전에, 죽기 살기로 한 달간 책을 쓰고 나오라고 말했었지. 책 없이 1인 기업가의 세계로 뛰어든 성주가 많이 걱정되었기 때문이다. 총 한 자루 들고 수천 수만의 적진으로 들어가서, 임무를 완수하고 살아 돌아와야 하는 신참 병사를 보는, 노련한 장군의 심정이라고 해야 할까? 모임에서 너를 볼 때마다, 책을 쓰라고 그렇게 수차례 말을 한 것이다. 내향적인 내 성격으로 본다면 정말 많은 독려와 재촉을 한 셈이지.

"성주야, 빨리 꿰라." "네가 죽으면, 무덤 위에 정리하지 않은 메모와 함께 묻을 거다."

팔당호&다산 둘레길.

무덤을 가득 채우고도 남을 너의 방대한 메모를 해마다 한 권의 책으로 엮어 낼 때가 온 것이다. 이제는 성주가 더 잘 알지? 여행 강의와 탐방을 통해 세상에 던진 말 메시지를, 글 메시지로 오롯이 담아내라. 1인 기업가에게는 특히, 글이 길이다. 축적된 연구를 거치고, 길의 현장을 담아낸 책들로 앞으로의 삶을 쌓아가라. 그 책들은 네게 새로운 길을 열어줄 것이다.

성주야, 너는 여행 문화의 신기원을 열어 갈 것이다

11년 전 네가 참가한 꿈벗 15기 프로그램에서 나는 새로운 시도를 했다. 참가자가 꿈꾸는 미래의 명장면으로 날아가, 개연성 있는 상상력으로 풀어주는 미래 소설을 써주는 것이었지. 성주가 여행가의 길을 말하는 것을 듣고, 상상력을 발휘해서 썼다. 내가 써준 글을 듣고, 기쁨에 벅차했던 성주의 표정을 생생히 기억한다. 여행가로서의 미래를 미리 경험한 사람의 얼굴이었지.

성주야, 이제 너는 11년 전의 그 상상을 거의 현실로 채워가고 있구나. 성큼성큼, 탄탄히, 시나브로 이뤄가는구나. 새로운 여행을 강의하고, 길 위의 현장을 이끌고, 그걸 콘텐츠로 엮어내는 삶을 조화롭게 만들어 가고 있구나.

그럼, 성주야 부디 건강도 잘 챙기면서 나아가거라. 성주가 나를 뛰어넘어, 세상이 나를 다시 부르는 날, 우리 그때 보자. 아마도…… 오랫동안…… 안녕히…….

아름다운 길 연구가 김성주, 그는 여행 문화의 신기원을 열어 갈 것이다

– 변화경영의 시인 구본형

그는 메모광이다. 잠자면서도 메모를 한다. 그리고 메모는 그가 어디에 있든 그의 현재를 기록하는 도구였다, 여행의 순간들은 메모를 통해 사라지지 않고 그의 심장에 간직된다. 그는 말하자면 여행학이라는 것을 만들어냈다. 그저 '어디를 가서 무엇을 먹으면 좋다'를 말하지 않는다. '여행이란 무엇인가?' '어디로 떠날 것인가?' '어떻게 떠날 것인가?' '어떻게 여행지 공간을 향유할 것인가?' 등을 인문적 사유로 풀어 낸다.

그는 사람들을 이끌고 그가 개척한 세상의 끝으로 데려간다. 그는 '세상의 아름다움은 끝에 있다'라고 선언한다. 공간과 풍경이 주는 기이함과 황홀함 속에서, 사람들이 일상을 떠나 그들만의 장대한 여정에 오를 수 있도록 자리를 펴준다. 마치 우리가 대자연의 한 아름다운 풍광 속에 텐트를 치고 하룻밤을 자고 싶어 하듯. 그 역시 아름다운 그 풍광이 사람들의 마음속을 휘몰아칠 때, 새로운 인생을 위한 탐험에 나설 수 있도록 선동한다. 그의 여행 프로그램은 이런 사람들로 채워졌고, 그들은 삶과 행복에 대해 성찰해야 할 과제를 품고 현실로 돌아온다.

그는 책을 써 내려갈 것이다. 『여행, 미룰 수 없는 자유』 『여행은 세상의 모든 길로 들어가는 것이다』 『내 영혼은 물을 따라 흐르고 싶어 한다』 『여행은 진정한 길 위의 인문학이다』 『서울 여행인문학』 『대한민국 여행인문학』 『음식과 여행인문학』 『숲과 여행인문학』 등은 새로운 형태의 여행철학서로 평가될 것이다. 이로써 그는 새로운 장르의 여행을 개척한 선구자가 될 것이다. 사람은 언제나 그 자신의 선구자다, 김성주도 그런 사람의 하나다.

\-

김성주(아름다운 길 연구가)

구본형변화경영연구소 여행기획·진행·강의 + 꿈벗 15기

여행과 길에 인문학을 접목시킨 '여행, 미룰 수 없는 자유-여행인문학' 프로그램으로 '여행을 통한 진정한 삶과 행복'의 메시지를 전하고 있다. 새로운 직업을 창직(創職)한 사람으로, MBC·연합뉴스·한국직업방송·현대자동차그룹TV·KTV·OBS 등의 방송과 언론에 출연했다. 한국관광공사 '네티즌이 가보고 싶은 국내 여행지 후보 선정' 자문위원을 역임했으며, 현재 서울자유시민대학 인문학 강사로 활동 중이다. 김성주여행연구소(cafe.naver.com/travelart)를 운영하고 있다.

마흔세 살에
다시 사랑하다

-박 미 옥-

[구본형, 내 삶의 터닝 포인트]

그리운 스승께

뜨거운 여름입니다. 사상 최대의 폭염이라는 이 더위를 견딜 수 있는 것은, 그보다 더한 뜨거움을 다루고 살았던 시간 덕이겠지요? 오늘도 온몸에서 폭죽이 터지는 듯한 기쁨과 함께한 하루였습니다. 12기 연구원들의 네 번째 오프 수업이 있는 날이었거든요.

지금까지 그 어디에서도 치유받지 못하고 남몰래 견뎌오던 내면의 통증과 대면하는 그들과 함께하는 시간이 마냥 즐겁기만 한 것은 아닙니다. 하지만 자기치유의 단서를 하나씩 발견해가는 그들의 모습을 볼 때마다 뭐라 표현할 수 없는 충만감이 밀려옵니다. 굳이 설명을 덧붙이자면, 말할 수 없이 아름다운 자연경관과 마주할 때와 가장 비슷한 느낌인 것도 같습니다. 가능한 한 삶 속으로 자주 초대하고 싶은 순간들임이 분명합니다.

한때 사부님께서는 이 고단한 일을 왜 벌이셨을까를 진심으로 궁금해하던 시절이 있었습니다. 다 큰 성인들, 그것도 스스로를 '부적응자'라고 진단하는 이들에게 '창조적'이라는 옷을 입혀 거두는 과정이 결코 만만해 보이지 않았거든요. 하지만 이젠 어렴풋이 당신의 마음을 짐작할 수 있을 것도 같습니다.

어제보다 더 아름다운 존재로 거듭나는 제자들을 발견하는 순간의 희열이 그 모든 고단함을 단숨에 지울 만큼 엄청났기 때문이겠지요? 그들이 치러내고 있는 그 어두운 시간이야말로 열망하는 그 삶을 위해 반드시 거쳐야 할 과정이라는 것을 믿고 계셨기 때문이기도 할 테고요. 그러나 그 무엇보다 결정적인 이유는 바로 이 일이야말로 당신이 살아온 삶이 당신에게 주어진 목적이었음을, 다시 말해 당신이 바로 이 일을 위해 세상에 보내진 존재임을 받아들이셨기 때문일 겁니다.

당신을 만난 지도 벌써 10년, 그간의 시간들이 그저 달콤하기만 했던 것은 아니었습니다. 내면의 소리를 따라가는 여정은 오히려 세상이 제시한 길 위에서 버티던 시간들보다 더 고단하게 느껴지기도 했습니다. "이런 거라고 미리 말해주셨어야죠. 그리 황홀한 그림만을 보여주신 거 반칙 아닌가요? 이리 힘든 줄 미리 알았더라면 결코 '내 자리'를 떠나오진 않았을 거라고요!" 후회하며 당신을 원망했던 시간도 짧지는 않았습니다.

그렇게 한참을 부대끼던 어느 날, 당신의 손을 잡고 따라나선 그 순간부터 제가 했던 그 모든 선택들이 그리도 그리워하던 '나다운 인생'을 만들어가는 최선의 과정이었음을, 그리고 바로 제가 서 있는 이 자리야말로 진짜 '나를 위한 자리'임을 알아차리게 되었습니다. 그리고 오늘, 온몸에서 폭죽이 터지는 황홀한 기쁨을 맛보아 버렸으니 오랫동안 망설이던 또 하나의 선택을 막을 수가 없을 듯합니다. 어쩌겠어요. 운명이 이끄는 대로 또 한 걸음 걸어 들어가 보는 수밖에. 그래서 싫다는 거냐고요?

설마요. 세상과 자신에 대한 원망과 미움으로 가득 차, 한순간도 평화롭지 못하던 10년 전의 제가 어찌 이런 순간을 맞을 수 있게 되었는지 그

변화가 그저 놀랍고 신기할 뿐입니다. 어떻게 이런 변화가 가능했을까요? 당신은 대체 제게 무엇을 하신 건가요?

"그걸 네가 알지, 내가 어찌 알겠느냐?"

당신의 음성이 들리는 듯합니다.

오늘은 이 질문에 스스로 대답해보려 합니다. 제 고백이 10년 전 저와 같은 절박함으로 길을 찾고 있는 이들에게 작은 도움이라도 된다면, 그리하여 당신께 받은 한없는 사랑을 조금이나마 세상에 되갚을 수 있다면 더없는 기쁨이겠습니다.

이렇게 살 수도 없고 이렇게 죽을 수도 없는 서른다섯 워킹맘의 선택

안정적인 직장과 평화로운 가정은 안팎으로 불안이 넘쳐나던 20대의 저를 지탱해주었던 희망의 빛이었습니다. 그것만 손에 넣으면 지긋지긋한 불안에서 벗어날 수 있으리라 믿었기에 그 치열했던 시간들을 버틸 수 있었고, 10년 후 마침내 그 꿈을 현실에서 누리게 되었습니다. 그런데 이상하게도 행복의 조건들을 모두 갖추었지만 저는 하나도 행복하지 않았습니다. 세상에서 가장 불행한 사람을 뽑는 컨테스트가 있다면 가뿐히 1등이라도 할 자신이 있을 정도였습니다.

자연스럽게 '도대체 뭐가 문제일까?'라는 질문이 생겼고 답이 될 만하다 싶은 것들은 닥치는 대로 읽고 듣고 실험했습니다. 그렇게 한동안 좌충우돌하다 보니 명료한 포인트에 이르렀습니다. 일터를 택한 결정적 이유가 안정된 평생직장이었다는 것치고는 어이없게도 정말로 평생 다닐 수 있을 만큼 자신에게 어울리는 일터인지에 대한 고민을 단 한 번도 하지 않았다는 자각이었습니다. 하지만 뾰족한 수가 있을 리 없었습니다. 당시 제 나이 서른넷, 뱃속에는 둘째가 무럭무럭 자라고 있었습니다. 일단 아이를 낳을 때까지만 버텨보자 했습니다.

'이대로 참으며 살 것인가? 이제라도 스스로에게 기회를 줄 것인가?' 고민은 출산하고 집에 있으면서 본격적으로 시작되었습니다. 그때 만난 책이 『익숙한 것과의 결별』이었습니다. '불타는 갑판, 확실한 죽음에서 가능한 삶으로'라는 다소 선동적인 프롤로그도 확 꽂혔지만, 그럼에도 불구하고 "당장 꿈을 찾아 떠나라"라는 무책임한 제안이 아니어서 더욱 마음에 들었습니다. 살고 싶은 삶을 만들기 위해 "서 있는 바로 그 자리에서 하루에 딱 두 시간이면 된다"라고 했습니다. 그 정도는 얼마든지 가능해 보였습니다.

두 시간의 마법이었을까요? 꾸준히 당신의 책을 읽어가는 동안 마음 속에는 전에 없던 희망이 자라기 시작했습니다. 깜깜하기만 하던 터널의 저 끝에서 희미하나마 불빛을 발견한 느낌이었습니다. '마흔세 살에 다시 시작해서 이리 풍성한 삶을 이룬 사람도 있는데 고작 서른다섯에 지레 포기하다니, 말도 안 되지. 딱 1년만 기회를 주자. 1년 동안 그의 곁에서 스스로에 대해 공부하다 보면 적어도 지금의 일터가 내게 맞는 일인지 아닌지 정도는 판단할 수 있겠지. 거기까지만 와도 다음 선택이 한결 편안해지지 않을까? 육아휴직 1년은 경력에서 빠지지도 않잖아. 물론 약간의 리스크야 어쩔 수 없겠지만 그래도 무방비상태로 세월만 보내면서 감수해야 하는 리스크만 하겠어?'

생각이 여기까지 정리되자 자연스럽게 행동이 따라왔습니다.

그렇게 저는 서른다섯에 당신의 제자가 되어 생전 처음으로 '나는 무엇을 잘할 수 있는가? 나는 무엇을 좋아하는가? 내가 꿈꾸는 삶은 어떤 모습인가?'라는 질문과 마주하는 시간을 보내게 되었습니다.

영혼의 응급실에서

당신과 함께 제 자신을 공부하며 단절과 고립에 대한 공포가 제 통증의 근본적인 원인이라는 것을 알게 되었습니다. 그들을 기쁘게 하지 못하면 버려질 것만 같은 두려움은 저를 잠시도 평화롭게 내버려두지 않았습니다. 너무 넘쳐서도 안 되고 모자라서도 안 되었습니다. 기준은 늘 그들이었으니까요.

제가 남들과 좀 다른 방식으로 생각한다는 것을 알게 된 순간부터 문제는 더욱 심각해졌습니다. 저도 모르게 생각한 대로 행동하게 될까 봐 무서웠습니다. 그 순간 세상의 밖으로 내동댕이쳐질 것만 같았습니다. 제게 주어진 선택지는 하나였습니다. 그 생각 자체를 봉인해버리는 것이었습니다. 세상이 인정한 방식으로 생각하려고 필사적으로 노력했습니다. 그리고 어느 정도 성공했다고 안심해보기도 했습니다. 하지만 그 빛나는 성공이 제게 준 것은 위안이 아니었습니다. 어느새 저는 세상과도 저 자신과도 단절된, 철저하게 고립된 섬이 되어 있었습니다.

이제 와 돌이켜보니 당신의 제자가 되었던 것은 외로움에 지친 저의 마지막 몸부림이었던 것 같습니다. 당신, 그 절박함을 알아보셨던 거죠? 이대로 두면 정말로 죽을 수도 있겠다는 경보가 여기저기에서 울려대던 그 시절, 당신이 제 손을 잡아주지 않으셨다면 저는 지금 어떤 삶을 살고 있을까요? 겉으로 아무 문제 없어 보이던 입사 동기가 두 아이를 남겨두고 스스로 삶을 버리는 선택을 했다는 소식을 접했을 때, 슬픔 다음에 밀려온 감정은 안도감이었습니다. 그녀가 아니라 나였다고 해도 이상할 것이 아무것도 없다고 느꼈으니까요.

당신은 알고 계셨을까요? 당신은 제게 스승이기 이전에 생명의 은인이었다는 것을. 만약 모르고 계셨다면 이제라도 고백하고 싶습니다. 연구원 과정은 제게 적절한 순간에 나타나준 '영혼의 응급실'이었다는 것도요. 응급처치를 받고 본격적인 치료를 시작하는 것이 치명상을 입은 환자가 할 수 있는 가장 현명한 선택이듯 제게 연구원 과정은 그야말로 피할 수 없는 선택이었습니다.

하지만 그리 아팠다면 진짜 병원으로 갔어야 했던 것 아니냐고요? 그럴 수도 있습니다. 하지만 이제는 감히 확신할 수 있습니다. 제가 앓았던 바로 그 질병을 치유하기 위해 가장 필요한 처방은 이 세상에 오직 한 사람, 저 자신만이 들을 수 있는 내면의 소리에 귀 기울이는 절대적 시간과 그 어두운 길을 이미 경험한 이의 따뜻한 지지와 격려 그리고 같은 아픔을 가진 동료들과 나누는 교감의 체험이라는 것을요.

'필요한 모든 것은 내 안에 다 있다.' 그렇게 당신 곁에서 1년을 지내는 동안 도저히 믿지 않을 수 없게 되었습니다. 1년간 저를 지나간 모든 것들은 알고 나면 너무나 당연하지만 알아차리기 전엔 도무지 받아들일 수 없었던 이 엄중한 진실을 전하는 메신저였으니까요. 그리고 졸업여행에서 동기들과 함께 지난 1년을 나누는 시간, 또 하나의 소중한 진실과 마주할 수 있었습니다.

불완전하고 미숙해 부끄럽기만 하던 저 역시도 누군가를 위한 충실한 메신저 역할을 하고 있었다는 것을 알게 되었던 겁니다. 일부러 꾸미지 않

스승의 『떠남과 만남』을 들고 떠난 6기 연구원 졸업여행.
남도의 길 위에서 우리는 한없이 따뜻했고 더없이 자유로웠다.(2011년 3월)

아도 '있는 그대로의 모습'만으로 다른 사람을 기쁘게 할 수 있다는 것이 신기하기만 했습니다. 벅찬 깨달음의 순간이었습니다. 이제는 살 수 있을 것 같았습니다. 아니 살고 싶었습니다. 더 정확히 말하자면 '다르게' 살아 보고 싶었습니다.

새로운 현장으로

그렇게 조금씩 기운을 차리면서 비로소 아이들이 눈에 들어왔습니다. 지치고 아프다는 핑계로 낳기만 했지 제대로 사랑해주지 못했던 아이들, 사는 것이 너무나 힘들어 포기하고 싶었을 때 그래도 어떻게든 살아봐야겠다는 마음을 먹게 해준 아이들이었습니다.

아이들과 시간을 보내면 보낼수록 '엄마인 저의 행복은 어쩔 수 없이 아이의 행복에 달렸다'는 것을 절감하게 되었습니다. 아이들 곁에 머물며 그들에게 충분히 사랑받는 느낌이 무엇인지, 온전히 받아들여지는 느낌이 어떤 것인지를 온몸으로, 온 영혼으로 전해주고 싶다는 열망은 날로 커져만 갔습니다. 그렇게 그들이 자신들의 세상을 살아나갈 수 있는 든든한 기반을 만들어주는 것이야말로 제가 할 수 있는 가장 가치있는 일이며 가장 하고 싶은 일이라는 것을 받아들이게 되었습니다. 그제야 버겁기만 하던 육아가 재미있어지기 시작했습니다.

더불어 그동안 마지 못해 겨우 급한 불 끄는 방식으로 수행하던 주부 역할도 새롭게 다가왔습니다. 사랑하는 아이들을 건강하고 행복하게 기르기 위한 터전을 일구고 가꾸는 귀한 일이라는 것을 알게 된 것입니다. 그렇게 어쩔 수 없이 감당해야 하는 굴레였던 가정은 어느새 의미와 재미가 하나 된 더없이 소중한 현장으로 변해 있었습니다.

엄마의 필살기

그러나 막상 일터를 떠날 생각을 하니 걱정이 밀려왔습니다.

'지금까지 일이 정체성의 거의 전부였던 나 같은 사람도 과연 그렇게 살아가는 것이 가능할까? 운이 좋아 그리 할 수 있다 쳐도 아이들이 저마다의 세상으로 떠난 이후의 남은 삶을 감당할 수 있을까?'

그때부터 다시 새로운 연구가 시작되었습니다. 현업을 활용해 천직 수련을 하자는 당신의 필살기 모듈을 가정이라는 현장에 적용하면 승산이 아주 없을 것 같지 않았습니다.

가장 잘할 수 있는 기술, 당신은 그것을 '필살기'라고 불렀습니다. '필살기'는 승리의 급소를 걷어차는, 죽여주는 기술입니다. 동서고금을 막론하고 '죽여준다'는 것은 표현의 끝입니다. '모든 것을 넘어서는 탁월함'에 대한 가장 서민적 표현이기도 합니다. 그러니까 이 표현에는 평범한 재능을 가진 보통 사람이 내일 죽을 듯이 오늘을 살아야 겨우 얻을 수 있는 경지의 기술이라는 인류 보편의 경험적 지혜가 담겨 있는 셈입니다.

그래서 평범한 사람들에게 '필살기'는 현실보다는 '꿈'에 가까운 영역이며, 그 꿈을 현실로 만들어낸 이들을 '영웅'이라고 부르곤 합니다. '필살기'를 얻게 될 때 비로소 열리게 된다는 業을 '하늘이 내린 직분', 즉 '천직'(天職)이라 부르는 것도 같은 맥락이겠지요?

그렇다면 역시 엄마와 주부라는 역할을 소화하기에도 벅찬 저에게 천직이란 도저히 '이룰 수 없는 비현실적인 희망'일 뿐인 걸까요? 역시 제게 주어진 선택지는 일터와 가정을 오가며 어디에도 충실하지 못한 삶을 버티거나, 일과 아이 둘 중의 하나를 포기해야 하는 것뿐인 걸까요?

결론부터 말하자면 당연히 그럴 리 없습니다. 하지만 바로 그 지점에서 넘어져 한참을 일어날 엄두도 못 내고 망연자실해 있었던 것은 사실입니다. 그러던 어느 날이었습니다.

"필살기, 필살기, 죽이는 기술이란 말이지. 죽여주는 기술, 그런데 대체 누구를 죽여준다는 거지? 그래, 아마도 고객이겠지? 그렇다면 모든 것을 넘어서는 탁월함의 경지란 모든 고객, 다시 말해 모든 관계에서 먹힐 만큼 탁월한 '관계의 기술'이란 말이잖아. 정리하면 내가 그리 탐내는 '천직'도 결국은 나와 세상이 만들어낼 수 있는 가장 아름다운 관계의 다른 표현이라는 결론! 그렇다면 천직 수련이란 바로 '관계의 필살기' 다시 말해 '사랑의 기술'을 연마해가는 과정에 다름이 아니다."

벌떡 일어서지 않을 수 없었습니다. 저는 이미 그리도 원하던 천직 수련을 위한 최적의 현장을 갖고 있었던 겁니다. 다시 말해 저를 마음껏 꿈꾸지 못하게 하는 굴레라고만 생각하던 '현실의 관계'들이야말로 가장 나다운 방법으로 세상을 여는 '사랑의 기술'을 단련할 수 있는 수련장이라는 것을 알게 된 것입니다.

나의 세상이 열리는 순서, 愛身愛家愛國愛天下

매트릭스의 한 장면이 제 삶 속으로 들어오는 느낌이었습니다. 모든 수수께끼가 풀리던 순간, 화면에 비처럼 내리던 녹색 코드의 배열. 아무리 애써도 맞출 수 없던 삶이라는 퍼즐 조각들이 저절로 제 자리를 찾아가기 시작했습니다.

그제야 당신과 함께했던 1년이라는 시간의 의미가 선명하게 떠올랐습니다. 저는 그 시간 동안 뿔뿔이 흩어져 있던 저를 둘러싼 관계의 물동이들을 순서대로 배열하고, 가장 가까운 관계이자 가장 작은 세상인 '나 자신'이라는 물동이를 채워가고 있었던 겁니다. 어느 정도 시간을 보내자 가정이라는 현장이 눈에 보이기 시작했던 것도 같은 맥락에서 설명할 수 있습니다.

선배 엄마들의 경험이나 제 아이들의 성장 속도를 감안할 때 작은 아이가 초등학교 고학년이 될 때까지 한동안은 가정이라는 현장에 집중해야겠다고 마음먹게 되었습니다. 물론 정확한 시간은 제가 아니라 아이들이 정하는 것이겠지만요.

제가 일터를 떠나 '인생으로의 두 번째 여행'을 시작한 것이 서른다섯이었으니 예정대로 된다고 해도 꼬박 10년을 명실상부한 사적 영역인 '애신애가'(愛身愛家) 단계에 머물게 되는 셈이네요. 일반적인 관점에서 보자면 한창 일해야 할 시간대에 말입니다.

하지만 소중한 사람들을 흠뻑 사랑하다 보면 어느새 다음 세상의 문이 열리는 축복받은 시스템 안에 이미 들어와 있다고 생각하니 마음이 든든했습니다. 제 문제를 풀어내기 위한 연구와 실험들을 정리해 같은 어려움을 겪는 엄마들에게 희망을 줄 수도 있다고 생각하니 사명감마저 느껴졌습니다. 그렇게 새로 찾은 현장을 누리는 시간이 쌓여갔습니다. 인생의 진정한 기쁨은 자신이 가장 중요하게 여기는 목적을 위해 자신을 사용하는 것이라는 버나드 쇼의 말을 온몸으로 체험하는 시간들이었습니다.

욕망과 두려움 사이

그래도 불안하지 않더냐고요? 불안하지 않았다면 거짓말이겠지요? 솔직히 고백하자면 다 그만두고 아무 일도 없었던 것처럼 직장으로 돌아가 그냥 적당히 참으면서 버텨보려고 시도해보기도 했습니다. 그래서 어찌되었냐고요? 그것이 가능했다면 지금 이 자리에서 당신께 편지를 쓰고 있을 일은 없었겠지요?

휴직 기간이 조금씩 연장되어 4년을 꽉 채울 즈음 저는 분명히 직장을 그리워하고 있었습니다. 한때 '대안'이라고 여겼던 이 세계가 생각했던 것보다 훨씬 호락호락하지 않다는 것을 알아차렸을 무렵이었습니다. 엄마들과 제 연구와 경험을 나누는 일도, 당신과의 약속을 지키기 위해 유고집 『구본형의 마지막 수업』을 엮어내는 것도 그야말로 만만치가 않았습니다. 돌이켜 생각해보면 새로운 길 위에 들어선 초심자로서 당연히 치러야 했을 통과의례였지만, 마음만 먹으면 언제든 돌아갈 곳이 있다는 생각을 하자 마음이 흔들리기 시작했습니다.

'재미있지는 않았지만 그래도 거기엔 내 자리가 있었는데……. 지금이라도 얼른 돌아가자! 돌아갈 직장이 없다면야 할 수 없는 일이지만 멀쩡한 직장을 두고 굳이 사서 고생을 할 이유가 없지 않은가?'

한창 중요한 시기, 밖에서 보낸 시간이 너무나 아깝게 느껴졌지만 이미 돌이킬 수 없는 일이었습니다. 그래도 그 시간들 덕분에 아이들도 많이 컸고, 가정도 어느 정도 안정되었으니 여기서 더 욕심내지 말자며 스스로를 다독였습니다. 전처럼 '일'에서 승부를 보겠다는 욕심만 버린다면 아이를 기르기에 월급 밀릴 걱정 없고 정년마저 보장되는 여기만 한 일터가 또 있을까 하는 생각도 들었습니다.

들어가서 얼마간은 그럭저럭 재미있게 다녔던 것 같습니다. 무엇보다 월급통장에 찍히는 숫자들이 새삼스럽게 흐뭇했습니다. 하지만 그 흐뭇함조차 느낄 여유를 잃어버리는 데는 그리 오랜 시간이 걸리지 않았습니다. 저는 태어나서 가장 많은 성장을 했다고 믿고 있던 4년이었지만 조직에서 그 시간은 명백한 공백이었습니다. 노골적으로 '놀다 온' 대가를 요구하는 조직의 처사가 억울했지만 제가 할 수 있는 일이라곤 있는 힘을 다해 '당신들이 실수하고 있는 것'임을 증명해 보이는 것뿐이었습니다.

남들보다 앞서가겠다는 욕심이 아니라 오직 살아남기 위해서 직장에 머무는 시간이 점점 길어졌습니다. 조직의 논리에 개인의 거취가 결정되는 상식 속에서 제 삶의 구경꾼이 되어버린 것 같은 느낌이 들었습니다. 그렇게 피로와 회의가 쌓이며 몸과 마음은 급속도로 상해갔습니다. 제 삶의 이유라고 믿고 있던 아이들과 눈 한번 맞출 기운을 낼 수 없을 정도였습니다.

어쩌다 내 삶이 이 지경이 되어버린 걸까?

그러나 도무지 그만둘 용기가 나지 않았습니다. 이미 망가질 대로 망가진 상태로는 퇴직을 한다고 해도 '좋은' 엄마가 될 수 있을 것 같지가 않았습니다. 이런 제가 아이들을 위해 해줄 수 있는 거라고는 어떻게든 일터에서 버텨서, 아니 죽더라도 직장에서 죽어서 조금이나마 경제적인 도움이 되어 주는 거라고 믿을 정도였습니다.

'누구 못지않게 열심히 살아온 40년이었건만 어쩌다 내 삶이 이 지경이 되어버린 걸까?'

스스로 선택한 길을 따라 5년을 보낸 결과가 결국 여기라고 생각하니 제 자신이 한심해서 견딜 수가 없었습니다. 잠들지 못하는 밤이 잦아졌고, 혹 잠이 든다고 해도 호러 영화관에 갇혀버린 느낌이 사라지는 것은 아니었습니다.

그러던 어느 날, 딸아이가 선물이라며 작은 노트를 만들어왔습니다. 노트 위에는 작은 아기토끼가 눈을 감고 있는 엄마 토끼를 멀리서 바라보는 그림이 그려져 있었습니다. 아이의 마음이 그려져 있는 것 같아 가슴이 미어졌습니다. 그날 정말 오랜만에 연필을 들었습니다. 그동안 몸에 차곡차곡 쌓아두었던 스스로에 대한 실망과 미움이 종이 위로 쏟아져 내렸습니다. 그렇게 한참을 미친 듯이 쓰고 나자 간만에 숨이 쉬어지는 느낌이 들었습니다.

'바보. 어떻게 죽은 엄마가 살아있는 엄마보다 더 좋은 엄마일 수 있니? 욕심 내지 말고 가능한 만큼만 살아있는 엄마로 아이들과 함께해 볼 순 없겠니? 어차피 죽을 거라면서 더 잘하지 못할까 봐 걱정하는 건 말이 안 되는 거니까.'

정신이 번쩍 들었습니다. 복직한 지 1년 4개월이 되어갈 무렵이었습니다. 그로부터 직장을 마음에서 완전히 지워내는데 채 두 달이 걸리지 않았습니다.

더 이상을 바랄 수 없는 눈부신 성공

그렇게 퇴직하고 명실상부한 전업주부가 된 지도 벌써 3년차에 접어들었습니다. 잠시 외도가 있었지만 이제 가정이라는 현장에 머문 지도 9년, 그려놓은 로드맵대로라면 내년부터는 그동안 갈고닦은 필살기를 세상을 위해 내어놓을 시기가 되었는데 준비는 잘 되어 가는지 궁금하시다고요?

글쎄요. 솔직히 고백하자면 그 로드맵, 다시 집으로 돌아오면서는 완전히 잊고 있었답니다. 지친 심신을 추스르느라 그런 모색까지 할 기력이 없었던 것이 첫 번째 이유였고, 엄마의 자유시간은 오로지 충전의 시간이어도 좋다고 생각하게 된 것이 두 번째 이유입니다. 다시 말해 영혼을 돌보는 활동이라면 그것이 반드시 가시적인 성과와 연결되지 않아도 무방하다고 생각하게 된 거죠. 엄마의 건강한 에너지야말로 오히려 궁극의 성과임을 알아차리게 되었거든요.

물론 그 로드맵이 아니었더라면 제가 가정이라는 익숙지 않은 현장을 받아들이기는 쉽지 않았을 겁니다. 아이가 성장한 이후의 미래가 함께 보장될 거라는 믿음이 없었다면 그리 오래 집에 머물 엄두를 내지 못했을 테니까요.

말씀드렸던가요? 철들기 시작하면서 '엄마처럼 살지 말아라'는 저도 모르게 제 삶을 이끌던 모토였습니다. 최대한 엄마의 삶에서 멀어지는 것이 엄마의 희생에 제가 할 수 있는 최선의 보답이라고 믿었습니다. '일'은 바로 그 '다른 삶'의 상징이었습니다. 제가 그리 힘들어하면서도 차마 퇴직이라는 단어를 떠올리지 못했던 것은 아이들보다는 엄마에 대한 미안함이 더 컸는지도 모릅니다.

하지만 집으로 돌아온 지 3년이 되어가는 요즘, '희생'만으로 이루어졌다고 믿고 있던 엄마의 시간들에서 다른 빛깔들을 발견해 가고 있는 중입니다. 어린 우리와 함께하던 작은 순간들이 엄마에게도 무엇과도 바꿀 수 없는 소중한 선물이었다는 것. 그렇게 함께 나눈 시간들이야말로 피할 수 없는 아픔을 견딜 수 있게 해준 힘의 원천이었다는 것. 그리고 이 모든 것을 가능하게 해주신 엄마의 삶은 더 이상을 바랄 수 없는 눈부신 성공 그 자체였다는 것을 깨닫게 된 것입니다.

아이를 키우는 과정에서 이후의 삶을 지탱해줄 천직을 얻을 수 있다면 마다할 이유는 없습니다. 하지만 설사 그렇게 되지 못한다고 할지라도 아이들과 보내는 시간의 가치가 훼손되지 않는다는 것을 알게 된 이후 삶의 결이 훨씬 좋아졌습니다.

그러니 어쩌면 그 로드맵은 워킹맘이라는 불타는 갑판 위에서 제가 발견한 구명보트 같은 것 아니었을까요? 그 구명보트가 아니었더라면 감히 갑판에서 뛰어내릴 엄두를 내지 못했을 테니까요. 하지만 보트가 아무리 고맙기로서니 언제까지 어깨에 짊어지고 다닐 수는 없는 법입니다. 그래서야 어렵게 찾은 신대륙을 제대로 즐기기 어려울 테니까요. 게다가 그 로드맵이 아니더라도 아이와 함께하는 시간을 흠뻑 즐기다 보면, 그렇게 그 기쁨들이 무르익어 향기를 품게 되면 어떤 방식으로든 나눌 수 있는 기회가 생기지 않을까요? 거꾸로 아무리 조바심을 낸다 해도 소용없을테구요.

마흔세 살, 다시 사랑을 시작하다

가정이라는 울타리를 넘어 맞이하게 될 세상은 어떤 모습일까? 아니 나는 어떤 사람들과 사랑을 나누게 될까?

신기한 일이었어요. 당신께 편지를 쓰며 한참을 잊고 살던 질문을 되짚어 보고 있던 때였어요. 전화기에 반가운 이름이 떠올랐어요. 5년 전 진행하던 프로그램 '아이를 기다리는 시간'(이하 '아기시')을 통해 만난 엄마였어요.

"언니, 잘 계시죠? 저 요즘 새삼스럽게 '아기시' 하던 때 생각이 많이 나요. 그때 저 정말 많이 힘들었는데, '아기시' 덕분에 고비를 넘을 수 있었던 것 같아요. 새삼스럽지만 고마운 마음은 전하고 살아야 할 것 같아서 전화드렸어요."

그리고 '아기시, 그 이후 5년'이라는 제목으로 A4용지 네 장 분량의 후기를 보내왔습니다.

'아이를 기다리는 시간'은 미숙하던 시절, 제게 다른 엄마들을 도울 수 있는 재능이 있는지 검증해보고 싶어 시도했던 실험이었습니다. 설마 오는 사람이 있을까 싶었는데 막상 공지를 내고 나니 뜻하지 않게 신청자가 모였고, 더더욱 뜻하지 않게 그녀들이 보여주는 폭발적인 반응에 진행하던 제가 오히려 깜짝 놀랄 정도였습니다.

그렇게 한 학기를 보낼 무렵 그녀들은 눈에 띄게 평화로워져 있었습니다. 그녀들의 변화를 지켜보며 그저 믿고 털어놓을 수 있는 공간만 있어도 삶이 한결 가벼워진다는 것을 다시 한번 확인할 수 있었습니다. 딱 한번만 해보고 말 거라던 저는 다음 기수까지 받게 되었고, 전화의 주인공은 바로 그 두 번째 학기에서 만난 엄마입니다.

엉겁결에 새로운 사람을 맞았지만 당시 저는 제 문제만으로도 머리가 터져나갈 것 같았습니다. 엄마들의 엄마 노릇을 하느라 정작 제 아이를 돌볼 기력이 없을 정도인 데다가, 멀쩡한 직장 놔두고 언제까지 자원봉사만 하고 있을 수는 없다는 조바심은 그보다 더 세차게 저를 흔들었습니다.

여기에 번잡스런 내면을 들키지 않으려는 추가의 노력까지 해야 했으니 '아이를 기다리는 시간'은 제게 기쁨이기보다는 버거움으로 기억되는 장면의 하나였습니다.

이제 나는 비벌리 엔젤의 책 『좋은 부모의 시작은 자기 치유다』라는 제목에 하나를 덧붙이고 싶다. '엄마들의 연대'를 말이다. 뭉치면 힘이 세지고, 멀리 가려면 함께 가야 한다. 마지막으로 "주부도, 엄마도 한 인간이야!"라고 크게 외치고 싶다. 따뜻한 '아기시'를 다시 떠올리며, '아기시'로 초대해준 미옥 언니에게 한없이 고맙다.

이런 문단으로 맺는 그녀의 글을 읽어 가며 가슴이 뭉클해졌습니다. 모든 것이 처음이던 초보 엄마의 시행착오를 고스란히 함께 겪게 해 마음 한쪽 미안함을 떨치지 못하는 큰아이에게서 뜻하지 않은 감사편지를 받은 느낌이랄까요. 제 진심을 읽어준 그녀가 고마웠습니다. 그리고 그 감동은 자연스럽게 '서로의 치유와 성장을 도와주는 엄마들의 연대가 있다면, 그렇게 더 많은 엄마들이 엄마로 사는 기쁨, 인간으로 사는 기쁨을 누릴 수 있다면 세상은 얼마나 더 아름다워질까?' 하는 상상으로 이어졌습니다. 설렘이 차올랐습니다.

그러고 보니 당신에게 편지를 쓰기 시작하던 날, 후배 연구원들의 수업을 진행하면서 느꼈던 '온몸에서 폭죽이 터지는 듯한 희열'은 우연이 아닌

'아이를 기다리는 시간' 졸업 파티(2013년 12월). 그녀들과 함께하며 나누는 기쁨이 온몸을 타고 흐르는 깊은 충만감을 알아버리고 말았다.

듯합니다. 나를 사랑하듯, 아이를 사랑하듯, 어제보다 더 아름다운 존재로 거듭나려는 그녀들을 사랑하게 될 것 같은 예감이 밀려옵니다.

9년 전 당신과 함께 찾은 새로운 현장을 받아들이는 것이 쉽지 않았듯, 오늘 당신에게 편지를 쓰며 다시 찾은 또 다음 사랑을 시작하고, 지켜내는 것도 수월치만은 않으리라는 것을 잘 압니다. 하지만 걱정하지 않습니다.

"하고 싶은 대로 하면 그게 네 길일 것이니 그렇게 운명을 찾아갈 것"이라는 당신의 말씀이 제 운명이 되는 과정을 10년이나 온전히 체험했으니까요. 결국 저는 제가 될 수 있는 것, 그렇게 예정된 바로 그 사람밖에는 될 수 없다는 것을 이제는 더 이상 의심하지 않으니까요.

스승께서 바다로 돌아가신 장흥 수문해수욕장에서.(2018년 10월)
오래 품고 있던 바다 같은 그리움을 잠시 내려놓는다.

그러고 보니 '소중한 사람들을 흠뻑 사랑하다 보면 어느새 다음 세상의 문이 열리는 축복받은 시스템' 그토록 열망하던 바로 그 시스템을 저는 이미 누리고 있었네요! 질문을 품고 있다 보면 어느새 그 질문의 답 안에서 살고 있는 자신을 발견하게 될 거라던, 당신께서 늘 상기시켜주시던 시인 릴케의 말은 정말 진실이었나 봅니다.

–

박미옥

변화경영연구소 6기 연구원

30대 중반, 별안간 낯선 물음표들이 장대비처럼 쏟아져 내렸다. 세상의 질문을 처리하느라 바빠 내내 미뤄두기만 했던 내면의 질문들이었다. 그저 살기 위해서 읽고 또 읽었다. 그렇게 책장을 펴고 덮을 때마다 조금씩 발견해간 느낌표들이 쌓여 오늘이 되었다.

그러는 사이 습관처럼 직장과 가정을 오가던 사막 같은 삶에서 내려 육아와 살림, 읽기와 나누기, 요가와 명상으로 깨어있는 시간을 채우고 있다. 변화경영연구소 후배 연구원 교육은 가장 보람을 느끼는 나눔 활동 중 하나다.

엮은 책으로는 스승의 유고집 『구본형의 마지막 수업』이 있다.

가방의 꿈

\- 박 중 환-

[구본형, 내 삶의 터닝 포인트]

가방을 든다.

1997년 12월. 당시 한국 사회는 IMF라는 생소한 이름의 유령이 지배하고 있었다. 도산하는 대기업, 거리를 방황하는 실직자, 취업의 길목에서 좌절하는 사회초년생. 우울한 풍경들이 TV 브라운관과 신문지면을 온통 채웠다. 사회에 첫발을 내딛기도 전에 '대량실업'이라는 자본주의의 그림자와 마주할 수밖에 없었다. 나 자신도 유령의 저주에서 예외가 아니었다. 무수한 서류 탈락의 고배와 면접의 쓴잔이 기다리고 있었다. 취업을 알기 전에 실업의 존재를 알게 되었고, 결혼의 달콤함보다 이혼의 쓰라림을 먼저 배웠다.

"실업, 즉 직장의 상실이라는 위험에 직면하게 되었을 때, 결코 잊지 말아야 하는 점은 이것이 일시적 현상이 아니라는 사실이다. 사회는 새로운 흐름을 만들어내고 새로운 물결은 새로운 직업을 창출해낸다. 하지만 오직 준비되어 있는 사람만을 위한 자리가 된다."

- 구본형, 『익숙한 것과의 결별』 중에서

다행히 고통의 터널은 오래 가지 않았다. 운 좋게 모 미국계 제약회사에 입사할 수 있었다. 기회였다. 놓칠 수 없었다. 신입사원 연수교육은 아침부터 자정까지 쉴 새 없이 몰아쳤다. 생소한 의학용어들은 단세포 구조로 이루어진 나를 괴롭혔다. 교육은 전문적인 의학상식과 제품의 효능, 효과를 기계처럼 암기할 것을 요구했다. 힘든 과정이었다. 그래도 연수원의 시계는 흘러갔다. 교육은 종료되었고, '자대 배치'를 받을 수 있었다.

첫 발령지는 신촌 근처에 있는 작은 사무실. 영업소의 소장은 무척 특이한 사람이었다. 마흔에 가까운 나이였지만, 직급은 대리였다. 나중에 알게 된 사실이지만, 그 영업소는 소장에게 마지막 유배지 같은 곳이었다. 그는 회사가 부여한 마지막 시험대에서 살아남아야 했다. 그렇지 못하면, 내일은 없었다.

소장과의 첫 만남은 서슬 퍼런 눈빛과 무표정으로 시작되었다. 그에게 우리는 하룻강아지와 같은 초급 신병일 뿐이었다. 출근 첫날부터 영업소장의 철혈통치는 예고도 없이 선포되었다. 거침이 없었다. 합리적인 조언과 따뜻한 질책은 리더십 교과서에서나 볼 수 있는 이야기였다. 성과를 내지 못하는 사람은 가차 없이 응징이 가해졌다. 매일 저녁 일과를 마치고 사무실로 복귀를 해야만 했다. 사무실 문 앞에 도착하면, 이미 안에서는 직원들의 비명소리가 들려왔다. 거래처 장부가 날아다니는 것은 예사였고, 옥타브 높은 고성은 피의 장막 같은 분위기를 만들었다. 나 또한 영업소장의 칼바람을 피해 갈 수 없었다. 얼마 지나지 않아 우리는 영업소장에게 멋진 닉네임을 선사했다.

붉은 소장. 그는 동토의 왕국을 이끌었던 스탈린처럼 폭압의 기관차를 멈추지 않았다. 문득 내면에서 질문 하나가 다가왔다. '내가 생존하기 위해

서는 어떻게 해야 할까?' '붉은 소장이 진정 원하는 것은 무엇일까?'

> **"직장인은 일이 기본이다. 일에서 밀리면 설 자리가 없다. 조직 내에서 상사와 어떤 관계를 맺고 있든지 간에 핵심은 업무능력이다."**
>
> **- 구본형, 『더 보스, 쿨한 동행』 중에서**

그렇다면 영업사원의 핵심 업무능력은 무엇일까? 정답을 발견하기까지는 오래 걸리지 않았다. 바로 '성과'(成果)다. 즉 '판매실적'이다. 그랬다. 성과에서 밀린다는 것은, 일에서 밀린다는 것이다. 이 난제가 근본적으로 해결되지 않는 한, 붉은 소장과의 관계는 괴로울 수밖에 없었다.

난 물에 빠진 생쥐처럼 영업현장을 누볐다. 특별한 영업기술도, 경험도 없었다. 전략은 더욱 없었다. 오로지 많이 뛰어다니는 것밖에 없었다. 거래처 의사들과 간호사들에게 눈도장을 찍거나, 인간적인 친분관계를 쌓아놓는 것이 우선이었다.

당시 제약업계는 접대가 판매촉진의 중요한 수단이었다. 접대의 목적은 우선 거래처와의 친밀한 관계 형성이었다. 친밀한 관계는 판매실적과 정비례 관계를 보이기 때문이다. 거래처 접대가 잡힌 날이면, 술에 찌든 상태에서 녹초가 되어 귀가했다. 주말에는 대형거래처 의사와 관계증진을 위해 산을 타야 했다. 하루하루가 전쟁터 같았다.

하지만 부지런함은 나를 배신하지 않았다. 조금씩 성과가 보이기 시작했다. 거래처 원장과의 인간관계는 깊어졌으며, 판매실적 그래프는 우상향을 그려갔다. 그렇게 시간은 찰나처럼 지나갔다.

어느덧 연말, 크리스마스를 앞두고 있었다. 회사는 연말에 1년 성과를 마감했다. 그런데 놀라운 소식 하나가 영업소에 전해졌다. 우리 영업소가 전체 1위를 한 것이다. 붉은 소장의 철혈통치는 그렇게 꽃을 피웠다. 소장의 입가에는 미소가 끊이지 않았다. 그에게 유래가 없는 전리품이 주어졌다. 과장 특진! 생존의 갈림길에 서 있던 붉은 소장 앞에 레드카펫이 깔린 것이다. 전체 1위를 기념하는 회식이 열렸다. 붉은 소장은 세상의 모든 술을 다 마셔버릴 듯 연신 들이켰다. 그리고 불꽃 같은 눈빛으로 우리들에게 이야기했다. 지금도 붉은 소장의 명언을 잊을 수가 없다.

"꽃은 향기로 말하고, 영업은 성과로 말한다."

그는 얼마 지나지 않아 술에 취해 잠이 들었다. 그는 영업을 "가방을 든다"라고 표현했다. 마치 거친 전쟁터에 이골이 난 노병의 푸념처럼 들려왔다. 그 푸념 속에는 사막을 건너는 낙타지기의 고단함이, 차마고도를 횡단하는 마방의 쓸쓸함이 묻어 있었다. 영업이라는 녀석은 그렇게 낯설게 다가왔다.

밥벌이, 태도가 우선이다

"일에 대한 태도가 곧 그 일의 가치를 결정한다. 나는 무슨 일을 하든 그 일을 사랑하는 사람이 좋다."

– 구본형, 『세월이 젊음에게』 중에서

사회 초년병 시절의 이야기를 되짚어보았다. 한 명의 관리자를 부정적으로 묘사한 것 같아 미안한 마음도 든다. 붉은 소장도 처음 영업소를 맡고서 초조했을 것이다. 아무것도 모르는 하룻강아지들을 데리고 마지막 전투를 치른다는 것이 어디 쉬운 일이었겠는가. 군주로부터 버림받은 채 마지막 전장에 선 장수의 비장함은 아니었을까. 분명한 것은 붉은 소장을 통해 강한 영업 마인드를 배웠다는 사실이다. 지금도 '성과'라는 개념이 얼마나 중요한지 뼛속 깊이 각인되어 살아나곤 한다.

새롭게 사회생활을 시작하는 신입사원들이 명심해야 할 것이 있다. 직장인들이 조직생활에서 가장 힘들어하는 것은 단연 '상사와의 갈등'이다. 상사와 갈등을 빚게 되면, 표현하기 힘들 정도로 괴로운 나날이 계속된다. 만약 지금 일하는 상사가 당신의 성장을 돕고 있는 사람이라면, 당신은 이미 행운아다. 그러나 상사가 당신을 힘들게 하더라도 명심할 것이 있다. 회사를 선택할 수는 있지만, 상사를 선택할 수는 없다.

직장생활을 시작하는 후배들에게 꼭 해주고 싶은 말이 있다. 먼저 직속상사가 어떤 사람인지를 파악해야 한다. 그리고 그가 진정 원하는 것이 무엇인지 알아야 한다. 보통 상사가 원하는 것과 조직이 원하는 것은 큰 흐름에서 일치하는 경우가 많다. 왜냐하면 상사는 조직이 선임한 공식적 대리인이기 때문이다. 상사의 대리인 역할에 대해 폄하하거나, 뒷담화할 필요는 없다. 그것이 관리자의 임무이기 때문이다. 상사가 원하는 것을 알아야 한다.

만약 잘 모르겠다면 어떻게 해야 될까? 상사에게 조심스럽게 물어보라. 선임자에 대한 예의를 갖추고, 진지한 대화를 나눠보라. 그리고 회사생활을 잘하기 위해서는 어떻게 해야 하는지 조언을 구하라. 이런 질문을 싫어하는 상사는 없다. 이런 노력 없는 상사에 대한 불만은 철부지 어린아이의 울음과 다름없다. 상사의 미움에서 벗어날 수 있는 유일한 방법은 자신이 처한 상황에서 조직이 원하는 것을 만들어내는 것이다.

어렵게 상사가 원하는 것을 알게 되었다고 치자. 그렇다면 상사가 원하는 것을 어떻게 성취할 수 있을까? 해답은 의외로 간단하다. 가장 우선해야 하는 것은 자신에게 맡겨진 직무 즉, '일'을 사랑하는 것이다.

"사랑하면 알게 되고 알게 되면 보이나니, 그때 보이는 것은 전과 같지 않으리라."

유홍준 교수의 이 문구는 진실이고, 현실이다. 자신의 일을 사랑하는 것이 우선이다. 일부 신입사원들은 이렇게 말하곤 한다.

"이 일은 내가 원하던 일이 아닙니다. 내가 진정 좋아하는 일을 하고 싶습니다."

그리고 홀연히 직장을 떠나거나, 다시 대학원에 입학하거나, 낯선 유학길에 오르기도 한다. 대책 없이 백수가 되는 경우도 있다. 물론 틀린 행동은 아니다. 자신의 적성에 맞는, 자신이 좋아하는 일을 하는 것이 가장 이상적이다.

그런데 묻고 싶다. 당신은 자신의 적성을 잘 아는가? 당신은 자신이 진정 원하는 일을 아는가? 이 질문은 대단히 어려운 주제다. 오랜 시간 '자기탐색'이 필요하다. 더 중요한 것은 자신의 적성을 알기 위해서는 무수히 많은 행동과 경험이 필요하다는 사실이다. 행동하기까지는 당신 자신 안에 무엇이 들어 있는지 모른다. 그래서 무수히 행동하고, 시도하고, 실패해봐야 한다. 이 과정은 어쩌면 평생의 숙제가 될 수 있다.

> "나는 중개업소에서 일을 시작했다. 내가 맡은 업무는 손님을 접대하고 전화를 받아 연결하고 자료를 넘겨주면 타자로 쳐서 문서를 만드는 것이었다. 하찮은 업무라고 생각하지 않았다. 나는 나 자신에게 말했다. 지금 맡은 일에 최선을 다해라. 어떤 사람이든 배울 수 있는 모든 것을 배워라. 각 업무의 한계가 아니라 그 가능성에 집중해라."
>
> – 칼리피오나, 『힘든 선택들』 중에서

HP그룹 최초의 여성 CEO 칼리피오나. 그녀는 선택했다. 자신의 일이 가지고 있는 초라함과 하찮음에 집중하지 않았다. 오직 자신이 맡은 직무의 가능성에 집중했다. 내가 강조하고 싶은 것은 '태도'(Attitude)에 대한 것이다. 태도는 선택의 영역이다. 다시 말하지만 자신에게 주어진 일에 대한 긍정적 태도가 우선한다. 무조건적인 순응을 말하는 것이 아니다. 굴종과 타협을 말하는 것은 더욱 아니다. 자신의 일에 대해 '주인'이 되길 바란다. 그러기 위해서는 회사와 상사 그리고 자신의 관계를 재설정해야 한다. 관계를 재설정하는 첫 단추는 바로 자신의 일을 사랑하는 것이다. 자신의 일을 사랑할 때, 자신의 일을 더욱 잘할 수 있는 '눈'을 갖게 된다. 이 눈은 하찮은 일로만 보였던 일을 새롭게 정의해준다. 새로운 정의는 배움의 욕망을 만들어낸다. 욕망은 행동하게 만들며, 행동은 자신의 일에 대한 전문성을 깊게 한다.

칼날과 칼자루

시간이 흐를수록 영업에 익숙해져 갔다. 거래처 원장들과의 인간관계도 친밀해졌고, 영업성과도 좋았다. 성과의 향상만큼 붉은 소장과 회사의 인정은 높아져 갔다. 하지만 성과는 접대의 숫자와 비례했다. 더 많은 성과를 위해 고객 접대 횟수를 늘려야 했다. 술에 찌든 채 새벽에 귀가하는 것이 일상화되었다. 성과는 높아졌지만, 행복하지 않았다. 젖은 스펀지 같은 일상이 반복되었다. 밥벌이의 무게에 짓눌린 프로메테우스였다.

마음 한구석에는 고민의 씨앗들이 하나둘 쌓여갔다. 접대에 물든 영업문화에 근본적인 회의가 생겨났다. 가치 있는 일을 하고 싶었다. 보람을 느끼고 싶었다. 경제적으로 성공할 수 있는 길은 없는지 끊임없이 반문했다. 그때부터 가슴 깊은 곳에서 '변화의 불씨'가 자라나고 있었다.

> "그때 나는 이미 죽어 있었다. 나는 뜨거운 것을 아무것도 가지고 있지 않았다. 책임과 의무만이 무성한 잡초처럼 내 마음의 벌판에 자리 잡고 있었다. 살아나기 위해서 나는 무엇이든 하고 싶었다."
>
> - 구본형, 『마흔세 살에 다시 시작하다』 중에서

어느 날, 직속 선배로부터 연락이 왔다. 고참 선배의 환송회에 참석하라는 것이었다. 눈썹 휘날리며 약속장소로 이동했다. 이미 술자리는 붉게 무르익어 있었다. 환송회의 주인공은 약밥을 먹은 지 10년이 훌쩍 넘은 베테랑 고참이었다. 그 선배는 회사에서 발표되는 인사발령에서 매번 헛물을 들이켜곤 했다. 최근 인사발령에서도 원하는 결과를 얻지 못했다. 그는 만년 대리였다. 어느덧 회식 자리는 뿌연 담배연기와 술병으로 채워져 갔다. 시계가 자정을 향해 달려갈 때쯤, 고참 선배는 쓰디쓴 한마디를 내뱉었다.

"10년 넘게 정말 열심히 일했는데…… 좀 허무하구먼. 이제는 나가줘야지. 회사가 나가라고 하기 전에, 내가 먼저 나가야지. 마지막 자존심 아니겠어? 그만둔다고 굶기야 하겠어? 다들 내 꼴 나지 말고 두 눈 똑바로 뜨고 열심히 해!"

주위 동료들은 말없이 함께 잔을 들이켰다. 시간은 이미 새벽, 환송회는 상당히 낯선 풍경으로 다가왔다. 조직을 위해 헌신한 사람의 말로치고는 너무 쓸쓸해 보였다. 조직과 개인의 관계에 대해 처음으로 진지하게 생각했다. 생각이 깊어질수록, 풀리지 않는 질문들이 이어졌다.

"고용자에게 매달리지 말라. 그의 선처와 관용을 바라지 말라. 당신의 밥그릇을 그에게 맡기지 말라. 가장 확실한 밥그릇의 확보는 당신이 항상 그것을 가지고 다니는 것이다. 그가 당신을 위해 자기 필요를 충족시킬 수 있도록 하라. 스스로 실업의 가능성으로부터 빠져나와라. 피고용자라는 수동적 위치에 있는 자신을 해방시켜라."

- 구본형, 『익숙한 것과의 결별』 중에서

조직과 개인의 관계에 대해서 한번 생각해보자. 조직은 개인을 필요로 할 때 뜨거운 애정을 표현한다. 높은 연봉과 승진 그리고 복리후생의 달콤함으로 유혹한다. 반대로 조직의 필요가 사라지면, 소모된 건전지처럼 개인에게 이별을 통보한다. 조직은 칼자루를 잡고 있고, 개인은 칼날을 잡고 있는 셈이다. 칼자루를 잡고 있는 조직은 어떻게 하더라도 전혀 칼날에 베이지 않는다. 그러나 칼날을 쥐고 있는 개인은 조금만 움직여도 칼날에 베이게 된다. 칼날에 베인 상처는 치유되기 쉽지 않다. 치명적이다. 하지만 개인에게 선택의 범위는 넓지 않다.

위대한 밥벌이의 운명은 조직을 쉽게 등지지 못하게 한다. 그래서 대부분의 사람은 견디고, 견딘다. 어느덧 세상의 유혹에도 흔들림이 없다는 나이, 마흔이 찾아온다. 고용에 빨간 신호등이 켜진다. 노쇠한 당나귀와 같은 대접을 받기 시작한다. 중년을 맞이하는 사람에게는 젊은 시절 품었던 낭만적인 꿈들은 밥벌이에 치여 사치스런 몽상이 되어버린다. 자신의 한계를 절감하고, 운명이 믿음을 가리게 한다. 누구나 시기는 다를 수 있다. 그러나 반드시 온다.

에스키모의 늑대 사냥

어느 날 지인으로부터 강의 테이프 하나를 선물받았다. "꼭 들어보라"는 부탁과 함께. 운전을 하면서, 자연스럽게 강의 테이프를 틀었다. 테이프 속 주인공은 자신을 변화경영 전문가라고 소개했다. 그는 강연의 화두로 '에스키모인의 늑대 사냥 이야기'를 들려주었다.

"여러분들은 북극의 에스키모인들이 늑대를 어떻게 사냥하는지 아십니까? 그들은 사냥을 위해 늑대를 쫓아다니지 않습니다. 우선 에스키모인들은 늑대가 자주 출몰하는 길목을 찾아 나섭니다. 그 길목에 날카롭게 날이 선 칼 몇 자루를 거꾸로 세워놓습니다. 그리고 늑대들이 좋아하는 고깃덩어리를 칼날이 보이지 않게 꽂아놓습니다. 작업이 끝난 후, 그들은 숨을 죽이며 숨어서 기다립니다. 시간이 지나 늑대들이 모여들기 시작합니다. 의심이 많은 늑대들이 처음에는 주위를 서성거립니다. 하지만 허기에 지친 늑대들은 이내 칼날에 꽂혀 있는 고기를 먹기 시작합니다. 추운 북극의 날씨 속에서 금속에 붙어 있는 고기를 먹게 되면 어떻게 되겠습니까? 늑대의 혀는 금방 감각이 마비됩니다. 결국 늑대들은 날카로운 칼날에 자신의 혀가 베이는지도 모르고 계속 핥아 먹습니다. 자신의 피인지도 모르고……. 결국 늑대들은 나중에 과다출혈로 숨을 거둡니다."

늑대 사냥 이야기를 들었을 때, 온몸에 소름이 돋았다. 배고픔으로 칼날을 핥고 있는 늑대와 내 모습이 오버랩되었기 때문이었다. '변화'라는 단어가 머릿속을 떠나지 않았다. 스스로 내 자신의 미래를 곰곰이 생각해보았다. 이대로 그냥 가기에는 미래가 너무 불투명했다. 답답했다. 길이 보이지 않았다. 고민이 깊어갔다. 고민은 질문으로 이어졌다. 내가 어떤 일을 하고 싶은지 말이다. 질문에 대한 메아리는 쉽게 되돌아오지 않았다.

"변화의 핵심은 자신을 바꾸는 것이 아니라 진정한 자신을 찾아가는 여정이라는 점을 놓쳐서는 안 된다. 자신이 누구인지 처음부터 잘 알고 있는 사람은 없다. 자신은 가장 알기 어려운 대상이다. 이것을 알아가는 것이 인생의 과제다. 점점 자기다워지는 것, 이것이 바로 진정한 변화이다."

– 구본형, 『오늘 눈부신 하루를 위하여』 중에서

뿌연 안개 속에서 질문은 유기체처럼 살아 꿈틀댔다. 그 꿈틀거림은 시간이 흐르면 흐를수록, 내면의 울림으로 다가왔다. 울림은 속삭였다. '주도적인 일을 해봐. 누군가를 위한 일이 아닌, 네 자신의 사업 말이야. 공헌한 만큼 정직하게 보상받을 수 있는 일. 그리고 보람 있고, 가치를 느낄 수 있는 일.' 울림은 다양한 얼굴로 다가왔다. 그리고 내 인생에 변화라는 낯선 친구가 찾아왔다.

자기혁명 그리고 출사

무더운 여름날, 거래처와의 약속이 갑작스럽게 취소되었다. 자연스럽게 더위를 피할 수 있는 곳, 대형서점을 찾았다. 베스트셀러 판매대를 서성거렸다. 그런데 운명처럼 책 한 권이 눈에 들어왔다. 얼마 전 '변화경영'을 강연했던 강사의 저서였다. 자연스럽게 책을 집어들었고, 책장을 넘겼다. 그 책은 가슴속에 잠자던 욕망을 흔들어놓았다.

> "개인의 혁명은 자신의 껍데기를 죽임으로써 가장 자기다워질 것을 목표로 한다. 자기가 아닌 모든 것을 버림으로써 자기로 새로 태어나는 과정이 바로 변화의 핵심이다. 그러므로 변화는 변화하지 않는 핵심을 발견하려는 열정이며, 그것을 향한 끊임없는 움직임이다."
>
> – 구본형, 『그대, 스스로를 고용하라』 중에서

혁명, 얼마 만에 들어본 단어인가? 그는 평범한 직장인들의 자기혁명을 선동했다. 이 짧은 단어는 열정을 잃어가는 젊은 심장 하나를 움직이기에 충분했다. 이후 그의 저작을 모조리 읽어 내려갔다. 불온문서를 몰래 탐독하는 지하운동가처럼, 그의 사상이 온몸에 전염되었다. 평범한 샐러리맨에서 1인 기업가로 변화한 미래의 모습이 마음속에 그려졌다. 호기심은 고민이 되고, 고민은 행동으로 바뀌고 있었다. 변화에 대한 간절함이 익숙한 것과의 타협을 넘어서게 했다. 간절함이 깊어질수록, 장애물은 그리 크게 보이지 않았다. 변화의 욕망은 현실이 되었고, 결국 나는 1인 기업가의 길을 선택했다. 지금도 독립적인 고용형태로 밥을 먹고 있다. 20년 동안 영업현장에 있었고, 지금도 그곳에 있다. 지금은 중소기업의 CEO를 대상으로 세무컨설팅을 하고 있다.

함께 근무했던 유능한 동료 한 명이 있었다. 그는 성공한 세일즈맨이었다. 작은 체구였지만, 다부진 인상의 사람이었다. 안쓰러운 점이 있다면 체격에 비해 가방이 무척 컸다. 보기에도 힘겨워 보였다. 더구나 가방은 무척 낡아 보였다. 하지만 그는 언제나 커다란 검은색 가방을 손에서 놓지 않았다. 보다 못해 "이제 경제적 여유도 있는데, 가방을 바꾸는 게 좋지 않겠느냐"라고 물었다. 내 질문에 그는 미소를 지으며 이렇게 대답했다.

"이 가방은 내가 처음 영업을 시작할 때 생사고락을 함께한 유일한 친구지. 이 가방 하나로 지금까지 내 가족이 먹고살 수 있었잖아. 이 녀석이 얼마나 많은 돈을 벌어줬는지 몰라. 비록 낡고 해져서 볼품은 없지만, 쉽게 바꿀 수가 없더라고. 나에게는 특별한 의미가 있는 녀석이야……."

그에게 가방은 단순한 가방 이상이었다. 그 가방에는 새로운 세계로 떠났던 설렘이 함께하고 있었다. 가방은 우리 모두에게 특별한 의미로 다가온다. 초등학교에 입학하는 병아리들에게는 새로운 배움으로의 출발이, 입시를 앞둔 수험생에게는 합격에 대한 갈망이, 신입사원에게는 성공을 향한 가슴 뛰는 열정이 담겨 있다. 모양과 형태는 다르더라도, 가방에는 우리 모두가 희망하는 천 개의 꿈이 함께하고 있다.

꿈이 없는 가방은 무거운 짐일 뿐이다. 하지만 꿈을 담은 가방은 눈빛이 다르다. 살아 움직인다. 꿈이 있는 사람에게 장애물은 보이지 않는다. 장애물은 꿈을 잃어버린 사람들에게만 보이기 때문이다. 가방은 당신의 꿈을 닮아간다. 가방 속에 오랫동안 꿈을 품으면, 그것은 현실이 된다. 당신을 닮은 소중한 꿈 하나가 필요하다. 이 글은 가방을 들며 배우고 경험한 서투른 기록이다.

> "직장인들이 자신을 계발하는 가장 훌륭한 수련원은 바로 직장이라는 현장이다. 따라서 '지금, 여기, 내가 매일 하고 있는 일상의 업무'를 전략적으로 재구성하고 이를 창조적으로 집중 계발해 '스스로를 고용하는 자'가 되는 것이 가장 현실적이고 우선적인 목표다."
>
> – 구본형, 『나는 이렇게 될 것이다』 중에서

난 이 문구를 좋아한다. 변화는 '공간의 탈주'를 의미하는 것이 아니다. 어떤 이는 변화를 지금의 조직에의 탈출로 이해한다. 그렇지 않다. 진정한 변화는 어느 곳, 어떤 조직인지는 중요하지 않다. 지금 자신이 발 딛고 있는 현장을 새로운 시각으로 재구성하는 것이 진정한 변화다. 어떤 직무, 어떤 조직에 있든지 '스스로를 고용하는 사람'으로 거듭나야 한다. 조직에 몸 담고 있는 사람은 새롭게 자신과 조직의 관계를 재설정하는 것이다. 1인 기업가로서 심리적 계약관계를 맺는 것이다. 그러면 당신은 월급을 받으며, 일에 대한 배움을 얻을 수 있다. 배움이 쌓이면, 자신만의 필살기를 차츰 연마할 수 있을 것이다.

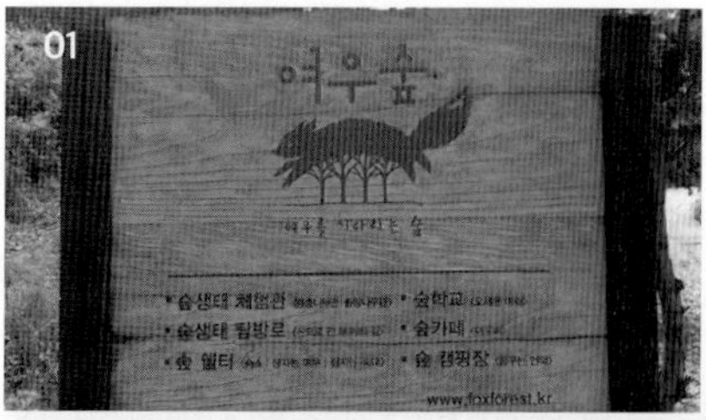

01. 10년 전 연구원 4기들은 충북 '여우숲'에서 수업을 했습니다. 02. 연구원들의 꿈을 담은 타입캡슐을 감나무 아래에 묻었습니다. 03. 10년이 흘렀습니다. 04. 10년 만에 타임캡슐을 만났습니다. 05. 타임캡슐을 만나는 과정은 결코 쉽지 않았습니다. 06. 우리들은 밤새 10년 꿈을 낭독했습니다. 그렇게 밤은 깊어갔습니다.

우리 모두는 자신 안에 '씨앗' 하나를 품고 있다. 아직도 출사를 꿈꾸는 영웅의 씨앗 말이다. 세상 모든 존재는 자신만의 존재 이유가 있다. 이름 없는 들풀도, 눈여겨보지 않는 민들레도 세상에 존재하는 자신만의 목적이 있다. 우리는 지구라는 별에 자신만의 특별한 소명을 갖고 잠시 여행을 온 것인지도 모른다. 우리가 살아 숨 쉬는 모든 순간이 기회이며, 기적이다. 그리고 신비이다. 당신이 겨울잠에서 깨어나 새로운 출사표를 던지는 순간, 세상은 당신을 뜨겁게 포옹할 것이다.

나는 평범하다. 다만 내 짧은 변화의 과정을 잠시라도 나누고 싶었다. 이 글을 통해 한 명이라도 잊힌 출사의 꿈을 다시 품을 수 있다면, 그보다 더 큰 기쁨은 없을 것이다. 나와 같은 평범한 사람들이 지금보다 더 많은 혁명에 대해 이야기할 수 있기를 희망한다. 나는 지금도 평범한 사람들의 화려한 귀환을 꿈꾼다.

-

박중환

구본형변화경영연구소 4기 연구원

20년 동안 영업으로 밥을 먹고 살아왔다. 오랜 시간 매니저 업무를 수행했다. 정규교육을 이수하지 않은, 현장에서 배움을 체득한 '야매' VIP 마케터다.

현재 한국중소기업경영연구소 소장으로, 중소기업 CEO를 대상으로 강의와 절세 상담을 통해 '밥벌이'를 하고 있다. 빈, 담, 강, 세 개구쟁이의 아빠로, 콩여사의 남편으로 재직 중이다.

지은 책으로 『꿈꾸는 가방의 비밀』, 『보험인을 위한 VIP 마케팅 필살기』가 있다.

영업인 대상으로 매주 절세에 대한 칼럼을 쓰고 있다.

나를 다시 태어나게 해주신 분

- 신 재 동-

[구본형, 내 삶의 터닝 포인트]

구본형 선생님과의 인연을 다시 돌아본다. 가벼운 미소가 머금어지는가 싶더니 한편으론 애틋해진다. 한 일간지의 신간 소개 기사를 통해 그분의 존재를 알게 된 이후로 어언 17년이라는 시간이 흘렀다. 기억이 더 희미해지기 전에 선생님에 관한 추억 이야기를 기록으로 남겨두고 싶었다. 이 글은 선생님과의 만남을 통해 변화되어 온 내 삶에 대한 사적인 이야기이자 선생님께 드리는 감사의 글이다.

두 번의 실패

대한민국에 외환위기의 파고가 한창 맹위를 떨치고 있던 1998년 1월 어느 날, 나는 강원도 원주의 10평이 채 안 되는 자취방에 우두커니 누워 있었다. 2년여의 회사생활을 불명예스럽게 마감하는 순간이었다.

입사해서 퇴사하기까지의 장면들이 주욱 스쳐 지나갔다. 그 장면들이 무엇을 의미하는지 나는 이미 알고 있었다. 인정하고 싶지 않았지만 인정할 수밖에 없었다. 실패. 그랬다. 나의 두 번째 회사생활도 그 한 마디로 귀결되었다.

그 회사는 유가공업체로, 나는 제품 생산라인에서 일했다. 24시간 2교대 근무체제였고, 일요일 하루를 제외하고는 별도의 휴일이 존재하지 않았다. 12시간을 근무하고 자취방에 돌아오면 밤 9시 혹은 아침 9시였다. 간단한 식사를 하고 TV 뉴스를 잠깐 보고 나면 바로 잘 시간이 되었다. 집 ⋯→ 회사 ⋯→ 집 ⋯→ 회사의 단순한 일상이었다. 일을 많이 하고 돈 쓸 시간은 없었으니 돈은 제법 모였다. 온전히 그 낙으로 지냈다. 돈 버는 것 외에 일체 다른 보람은 없었지만. 그러다가 외환위기가 닥쳤다. 회사에서는 모든 직원을 판촉 현장으로 내보내기 시작했고, 그중 성과가 좋지 않은 사원들을 추려내어 – 모욕을 주는 방식으로 – 회사에서 쫓아냈다.

애초부터 나는 일을 잘하는 사람이 아니었다. 민첩한 행동이 요구되는 그곳에서 나는 굼뜬 사람이었다. 충분히 고민하고 나서야 조심스럽게 행동으로 옮기는 나의 기질이 업무현장에서는 전혀 강점으로 발현되지 않았다. 업무 생산성이 떨어지는 건 당연했다. 근무기간이 쌓여감에도 숙련된 경력자가 되기는커녕, 오히려 이런저런 실수가 많아졌다. 하루하루가 힘겨웠지만 그렇다고 쉽게 직장을 그만둘 수 있는 상황도 아니었다. 이미 한 번 직장을 그만둔 경험이 있었기에 이번에는 어떻게든 버텨야 한다는 것 외에 다른 생각을 할 수가 없었다.

축산학을 전공했다. 입시생 시절, 학교 성적은 들쭉날쭉했다. 안타깝게도 재수할 형편이 되지 않아 어느 대학이든 일단 합격하고 보는 것이 목표가 되었고, 그렇게 점수에 맞추어 가게 된 곳이 모 대학 축산학과였다. 운이 좋았다고 해야 할지, 졸업과 동시에 취업을 할 수 있었다.

기업형 양돈장. 나의 첫 근무지였다. 축산학을 전공했다고는 하지만, 학창시절에 양돈 현장을 접할 일은 없었다. 오로지 시험을 보기 위해 교재를 통해 관련 지식을 접했을 뿐이었다. 당연히 학교에서 배웠던 이론들은 업무현장에서 아무런 도움이 되지 않았다.

모든 것이 낯설었고, 업무는 서툴렀다. 매일 삽질을 해야 했는데, 나름 열심히 한다고는 했지만 그곳 현장 직원들의 비웃음을 사기에 충분했을 것이다. 그 사람들보다 직급은 내가 높았지만 오히려 그들에게 '까이는' 상황이 반복됐다.

묵묵히 버티는 것 하나는 자신있었기에 일단 취업한 회사였다. 버티다 보면 뭐든 보이지 않을까 싶었다. 하지만 그곳에서 만난 상사들의 한 마디 한 마디는 그러한 나의 희망을 여지없이 무너트리곤 했다. 지금 돌아보면 그분들도 아무런 비전 없이 오로지 생계를 위한 일을 하고 있었을 것이다. 그리고 그 기운이 그대로 내게 전해졌을 것이다.

어느 날, 우연히 전임자가 적어둔 메모를 보게 되었다. 퇴사 계획에 대한 메모였다. 그 메모를 본 이후, 내 마음도 서서히 회사를 떠나고 있었다. 얼마 후, 나도 퇴사 계획을 짜기 시작했고 결국 입사 1년 8개월 만에 실제 행동으로 옮겼다.

첫 직장생활은 그렇게 실패로 끝났다. 그러니 두 번째 직장은 좋든 싫든 그냥 다녀야 했다. 마음은 이미 떠났어도 몸은 그곳에 남아 있어야 했다. 그곳을 떠나면 나를 받아줄 회사는 더 이상 없을 거라 생각되었다. 하지만 현실은 내게 관대하지 않았다. 다른 생산라인 직원들과 마찬가지로 나도 판촉 현장으로 파견되었다. 그리고 아주 낯선 업무가 주어졌다. 일면식도 없는 사람들에게 상품을 홍보하고 주문을 따내야 하는 일이었다. 내가 과연 잘 해낼 수 있을까? 그래도 어떻게든 그 위기를 넘어보고 싶었다. 그곳에서의 실패는 곧 인생의 실패로 이어질 것이니까.

낯선 사람들에게 다가가기가 힘들었다. '타인에게 말 걸기'는 내가 아주 힘들어하는 일 중 하나였다. 그들의 거절이 두려웠다. 마지못해 몇 사람에게 다가가봤지만 역시나 그들은 나를 외면했다. 사실 이미 모든 것이 바닥나 있었다. 일에 대한 의지도, 자존감도. 외면당하는 빈도가 쌓여갈수록 증상이 악화되어 갔다. 꾸준히 실적을 채워가는 다른 동료들의 모습은 나를 더욱 주눅들게 만들었다.

그렇게 하루 일정을 마감하고 회사 버스에 오르면 그날의 실적 발표를 접해야 했다. 하루 이틀 반짝했던 날을 제외하고 나의 실적은 최하위권이었다. 결국 회사에서는 나를 본사로 복귀시켰다. 퇴사를 할지, 아니면 모욕을 감내하며 계속 회사에 남을지 둘 중 하나를 선택하라는 신호였다. 더 이상 버틸 힘도 의미도 없었다. 오래 고민하지 않았고, 복귀하자마자 사직서를 제출했다. 두 번째 회사생활도 그렇게 '새드엔딩'으로 마감되었다.

어느 일간지의 신간 소개 기사

앞길이 막막했다. 다른 사람들은 이런 내 모습을 어떻게 평가할까? 부정적인 상상들이 끝없이 이어졌다. 아니, 이미 스스로 나에게 실패자라는 낙인을 찍고 있었다. 내 삶은 이렇게 마감되는 걸까?

그때쯤, 아마 본능적으로 생존욕구가 발동되었나 보다. 지나온 삶을 '실패자'라는 한마디로 결론짓기에는 뭔가 억울했다. 살아온 날들을 다시금 돌아보았다. 가급적 긍정적인 모습 위주로. 유년 시절에 또래들보다 일찍 글을 깨쳤던 장면, 취학 후 학교생활에 적응하기까지 다소 시간이 걸렸지만 시간이 지나면서 점차 성적이 올랐고, 거기에 자신감을 얻어 폭 넓은 교우관계를 유지했던 기억들이 차례로 스쳐갔다. 타인들로부터 성실하다는 말은 늘상 들어왔었다.

나는 어떤 사람일까? 성실한 사람일까? 아니면 직장생활에 적응 못해 입사와 퇴사를 반복하는 무능하고 태만한 사람일까? 어쩌면 그 극단적인 두 모습 사이에 또 다른 내 모습이 존재하는 건 아닐까?

여태껏 내 스스로 인지하지 못했던 나의 모습이 있지는 않을까 궁금해지기 시작했다. 아울러 어떻게든 새로운 일을 시작해야 했다. 나의 과거를 돌아보니 나도 나름대로 이런저런 장점을 지니고 있는 사람이었고, 어쩌면 내게 맞는 다른 일이 존재할지도 모른다는 생각이 들었다. 그래서 나의 적성에 대해, 장점에 대해 객관적으로 파악해보고자 많은 관심을 들이기 시작했다. 자연스레 서점에 들르는 일도 잦아졌고, 일간지에 실리는 신간정보를 꼼꼼하게 읽기 시작했다. 그리고 그 무렵, 내 눈길을 사로잡는 기사 하나를 접하게 되었다.

> 실업자는 굶어 죽고 직장인은 과로사하는 예정된 코스만 남은 형국이다. 앞으로 전문성을 확보한 사람만 돈을 벌고 고용창출이 드문 『노동의 종말』 시대가 도래하는 탓이다. 우리는 어디로 뛰어내리나.
>
> ………
>
> 우리는 불타는 '석유시추선'에서 뛰어내리는 모험을 감행해야 한다. 그 다음에는 찰스 핸디의 『예언』처럼 자본주의의 한계를 넘어선 성숙한 사회가 빨리 오기를 기도할 뿐이다.

1998년 4월 17일. 경향신문에는 『헝그리 정신』(찰스 핸디)과 『익숙한 것과의 결별』(구본형)이라는 신간 소개 기사가 게재되어 있었다. 구본형 선생님

'생산성향상'결과 저주
사람들 영혼 질식시킬
이념과 전통 창조해야
찰스핸디

당장 살아남기 위해선
끊임없는 자기혁신 뿐
철두철미 변해야 한다
구본형

'노동종말時代'를 사는 법

'詩心으로 돌아가자'
'詩人들을 추방하자'
철학·현실론자 대안

1999년 4월 17일 경향신문 14면 '3분 책마당'.

과 처음 만나는 순간이었다. 그분은 나를 바라볼 수 없었지만 말이다. 기사를 읽다 보니 내가 안고 있는 문제에 대해 어떤 실마리를 제공하지 않을까 하는 기대감이 들었다. 하지만 한참을 고민하다가 책을 구입하지는 않았다. 수입이 없는 상황이라 어디엔가 돈을 쓸라치면 여러 번의 고민을 반복하던 시기였다. 지금 돌아보면 지극히 어리석은 결정이었지만, 그런 사소한 결정 하나 내리는 데에도 자신이 없던 시절이었다.

그렇게 구본형 선생님과의 첫 만남은 얼핏 강렬하면서도 짧게 마감되었다. 그렇지만 그 장면이 또렷이 남아있는 것을 보면 언젠가는 꼭 그분의 책과 다시 만나고 싶다는 욕망을 가슴 한 켠에 단단히 심어두었던 것 같다.

첫 직업 전환 그리고 두 번째 만남

2001년. 나는 컴퓨터학원 강사로 일하고 있었다.

대학 재학 시절, 처음 컴퓨터를 접했다. 286 AT 기종의 컴퓨터였는데 학과 조교가 내게 문서 타이핑 심부름을 시킨 것이 계기가 되었다. 화면을 보며 문서를 타이핑하고 폰트를 입히고 저장하는 과정이 꽤 재미있었다. 그렇게 워드프로세스 기술을 습득해 갔고, 더불어 OS(MS-DOS) 관련 서적도 사서 공부하기 시작했다. 컴퓨터 교육을 체계적으로 받지 않았음에도 공부하는 데 큰 어려움은 없었다. 그리고 언젠가부터 내게 문서 작업을 부탁하는 사람이 하나둘씩 늘어가기 시작했다. 그들의 부탁을 들어주고 식사 한 끼를 대접받는 재미가 쏠쏠했다.

한창 새로운 직업을 찾기 위해 고민하던 중, 그러한 나의 옛 모습이 오버랩되었다. 그러고 보니 첫 직장에서도 컴퓨터와 관련된 기분 좋은 경험이 몇 차례 있었다. 그때를 떠올리니 기운이 생겼다, 하지만 나의 전공과 경력은 그 분야와 아무런 관련이 없었다. 그래도 어딘가에 비집고 들어갈 틈이 있지 않을까 싶었고, 그 당시 유행했던 '틈새시장'이라는 말을 떠올리며 방법을 고민해보았다. 두드리면 열린다고 했던가. 실제로 조그마한 틈이 눈에 들어왔다. 컴퓨터 초보자들에게 내가 알고 있는 지식을 전달하는 일은 가능하지 않을까 싶었다. 남을 가르치는 일 또한 보람 있어 보였다. 자신감을 내어 '벼룩시장'에서 관련된 구인정보를 찾아 지원했고, 얼마 후 나는 '컴퓨터 선생님'이 되었다.

직업 전환은 예상보다 순조로웠다. 주로 초등학생을 대상으로 하는 1대1 수업이었다. 내가 좋아하는 분야의 이야기를 할 수 있어 좋았다. 저마다 다른 특성을 가진 여러 아이들과 교감했다. 때로는 수업하기 싫어하는 아이를 얼러가며 교육을 진행했다. 그 과정 하나하나가 재미로 다가왔다. 아이들은 대체로 나를 잘 따랐고, 부모님들도 전반적으로 나를 신뢰해주었다. 일을 시작한 지 몇 개월 사이에 내가 담당하는 수강생이 점점 늘어 갔다. 일을 통해 누군가에게 인정받는 모습. 이전의 직장에서는 경험하지 못했던 새로운 나의 모습이었다.

그렇게 새 일터에서 잘 적응해 나가던 중, 다시 암초를 만났다. 업체의 경영자가 바뀌면서 경영기조도 함께 바뀌었고, 그와 동시에 내 안에 있던 '반골 기질'이 드러나기 시작했다. 이전 경영자는 업무 자율권을 많이 주었는데 새로 온 경영자는 자율적인 요소를 하나하나 없애기 시작했다. 그로 인해 생겨난 반감을 나는 적절히 제어하지 못했고, 결국 또 한 번 퇴사를 경험해야 했다. 잠시 낙담했지만 곧바로 다른 학원에 취업이 되었고, 계속해서 강사 경력을 이어갈 수 있었다.

새롭게 취업한 학원의 근무조건은 열악했다. 12시간 근무에 박봉이었다. 매일 밤 8시까지 일했지만 야근수당은 고사하고 저녁식사도 제공되지 않았다. 그렇다고 노동법이니 뭐니 따질 만한 여건이 아니었다. 어디라도 소속되어 실업자 상태를 벗어나 있어야 한다는 사실이 제일 중요했기에 다른 문제는 모두 부차적인 것이었다. 하지만 시간이 흐르고 그곳 환경에 익숙해지기 시작하면서 그간 인지하지 못하고 있던 내적 갈등이 점점 수면 위로 떠오르기 시작했다.

비전. 그게 문제였다. '나의 천직은 학원 강사일까?' 아무런 울림도 감동도 느껴지지 않았다. 그것은 새로운 도전이 필요하다는 신호로 다가왔다.

하지만 이미 나이가 30대 초반을 지나고 있었다. 현실을 고려하면 새로운 도전은 너무도 위험요소가 많았다. 아울러 도전을 핑계로 현실도피를 하는 것은 아닌지 냉정하게 바라봐야 했다. 도전이냐 타협이냐. 결단을 내리기가 쉽지 않았다. 그때쯤 선생님을 다시 만나게 되었다.

『그대, 스스로를 고용하라』. 책을 구입할 때 저자에 대한 정보는 전혀 인지하지 못했다. 책의 저자가 바로 예전에 신문기사로 접했던 『익숙한 것과의 결별』의 저자라는 사실을 알지 못했던 것이다. 그저 책 내용이 마음에 들어 몰입해 읽기에 여념이 없었다. 그런데 저자가 주는 메시지가 낯설지 않았다. 혹시 예전에 신문에서 접했던 그 책의 저자와 동일인물이 아닌가 싶었다. 서점에 들러 확인을 해보았다. 짐작대로였다. 묘한 신비감이 들었다. 그 이후 구본형의 신간이 나오면 무조건 구매해서 읽기 시작했다. 아울러 그분께서 '변화경영연구소'라는 이름의 사이트를 운영하는 것을 알게 되었다. 수시로 연구소 사이트에 들러 그분의 좋은 글을 공짜로 읽는 즐거움에 빠져들어갔다.

> 자신이 진정으로 원하는 것이 무엇인지는 스스로 꼭 알아내야 하는 수수께끼이며 과제입니다. 그것은 인생에 대한 자기 책임인 것입니다. 그것은 빨리 찾아낼수록 좋습니다. 그것은 어렸을 때부터 마음에 두어 온 것일 수도 있고, 인생을 살다가 깨달은 것일 수도 있습니다. 이것도 해보고 저것도 해보다가 우연히 발견한 것일 수도 있습니다.
>
> – 구본형 칼럼 '좋아하는 일은 활력입니다' 중에서

선생님의 글은 읽을수록 가슴에 사무쳐왔다. 학원 업무에 점점 흥미를 잃어가던 시기였기에 더 그렇게 다가왔는지도 모른다. 그렇게 선생님 글을 읽고 위안을 받고 있을 즈음, 임금 체납이 발생하기 시작했다. 경영자는 아무런 해명도 하지 않았다. 떠날 때가 되었다는 신호로 다가왔다. 선생님의 글을 계속 읽고 영감을 받고자 했다. 학원을 그만두고 당장 어떤 일을 해

야 할지 계획을 잡아야 했다. 고민 끝에 프로그래머에 도전해보기로 했고, 학원에 사직서를 제출했다.

프로그래머가 되기로 결심하다

예전부터 프로그래머에 대한 동경이 있었다. 하지만 결코 만만히 볼 수 없는 직업이었다. 컴퓨터 기초지식은 탄탄한 편이었지만 그보다 훨씬 어려운 기술을 새로 배워야 할 것이었다. 물론 적지 않은 나이도 부담이 됐다. 도전했다가 실패한다면 과연 그 뒷감당을 할 수 있을까? 혹시 이것이 현실도피는 아닌지도 여전히 우려스러웠다.

> 마음속 깊은 곳으로부터 견딜 수 없는 그리움으로 다가오는 욕망에 귀를 기울이라. 그리고 욕망이 흐르는 대로 일상을 바꾸어가라. 하고 싶은 것을 함으로써 즐거운 전문가가 돼라. 욕망만큼 강력한 자기 격려는 없다.
>
> - 구본형, 『익숙한 것과의 결별』 중에서

나는 욕망을 죽이는 삶을 살고 있었다. 그것을 '철없는 생각'과 다르지 않다고 여기고 있었다. 그런데 선생님께서는 그러지 않아도 괜찮다고 말씀하셨다. 가슴 한켠에 조용히 숨죽이고 있던 욕망이 꿈틀거리기 시작했다.

나를 믿어보기로 했다. 객관적인 상황보다는 직관을 따라가 보기로 했다. 현실적인 근거는 빈약했지만 프로그래머라는 직업이 왠지 나와 잘 어울릴 것 같았다. 마음을 가다듬고 직업훈련을 신청했다. 결과가 어찌 되든 후회 없는 시간을 만들면 그뿐이라며 나를 다독였다. 그리고 확신이 필요할 때면 변화경영연구소 사이트에서 선생님의 칼럼을 읽고 힘을 얻었다.

그동안 우리는 스스로를, 그리고 타인의 정신을 끊임없이 억압해왔다. 이제부터는 가슴 뛰는 삶을 살아라. 이것은 방종과 무질서가 아니다. 가슴이 뛴다는 것에는 세 가지 의미가 있다. 첫째는 그것이 당신을 위하는 길이고, 둘째는 그 일을 아주 쉽게 할 수 있다는 뜻이고, 셋째는 그 일을 통해 당신의 삶이 풍요로워질 것이라는 뜻이다.

직업훈련 과정은 매우 만족스러웠다. 공식적으로 성적을 매기지는 않았지만 40명 정도의 수강생 가운데서 최상위권에 속한다는 사실을 강사도 수강생들도 인정하고 있었다. 6개월간의 시간은 나의 내면 깊은 곳에 잠들어 있던 잠재력을 맘껏 끌어올린 시간이었다. 그렇지만 만만치 않은 난관이 남아 있었다. 취업.

우선 이력서가 문제였다. 나이는 서른이 넘었는데 관련 경력이 전혀 없었다. 특히 IT 분야는 다른 분야에 비해 경력자를 선호했다. 당연한 얘기지만 어떻게든 그 난관을 넘어 첫 취업에 성공해야 했다. 해법을 고민하다가 나온 해결책은 '글빨'이었다.

"무경력자임에도 나는 프로그래밍을 잘할 수 있습니다."

구인 담당자에게 이 메시지를 전달해야 했다. 결국 자기소개서를 최대한 잘 활용해야 한다는 결론에 이르렀다. 오랜 시간 일기를 써보았기에 글쓰기에 약간의 자신감은 갖고 있었다.

최대한 힘을 주어 소개서를 작성했고 다행히도 그 전략이 통했다. 구인 담당자는 소개서에서 진정성이 느껴진다며 함께 일해보자고 했다. 그렇게 한 서예학원의 사이트 관리직으로 재취업에 성공했다. 비록 입사 한 달 만에 다시 회사를 나와야 했지만 말이다. 나이만 들었지 신입사원 티가 팍팍 났을 것이다. 원장은 그러한 나를 탐탁지 않게 본 듯했고, 결국 또 한 번의 퇴사 경험이 추가되었다.

한동안 그런 식으로 여러 업체를 전전했다. 구직사이트를 통해 무작정 입사 지원을 했고, 어쨌든 재취업은 계속 이어졌다. 대부분이 부실한 업체였지만 말이다. 그렇게 입사와 퇴사가 반복되며 심신은 다시 지쳐갔다.

은인

그러한 나의 모습으로 인해 다시금 자괴감에 빠져들고 있을 즈음이었다. 변화경영연구소의 자유게시판에 MBTI 관련 게시글이 하나 올라왔다. 지금은 사라진 모 포털 사이트에 MBTI 카페를 개설했다는 안내글이었다. 이전에 MBTI 검사를 받아본 적이 있었는데, 나를 객관적으로 바라보는 데에 무척 도움이 되는 검사였고 흥미도 가지고 있던 참이었다. 그래서 글을 읽고 나서는 곧바로 카페에 가입했다.

생각보다 그 카페에 자주 들렀다. 몇 안 되는 회원들이었지만 그분들의 진솔한 글이 좋았다. 언젠가부터 나도 글을 올리기 시작했는데, 내가 올리는 글 하나하나에 운영자께서는 적절한 피드백을 해주셨다. 그러던 어느 날, 평소에 올리던 글과는 조금 다른 성격의 글을 한 편 올렸다. 지난날의 내 모습을 덤덤한 문체로 풀어낸, 비교적 짧은 글이었다. 그런데 그 글을 카페 운영자가 읽고는 예상치 못한 반응을 보여주었다. 내가 지금 얼마나 힘들어하고 있는지 느껴진다는 것이었다.

살아온 세월 동안 늘 마음껏 발산하지 못하고 절제하며 지내왔다. 문득 그에 대한 가벼운 회한이 밀려들던 참이었다. 최대한 감정을 눌러가며 그때의 심정을 담은 것이었다. 그렇게 마음을 꼭꼭 숨기며 쓴 글에서 내 마음을 읽어주었다는 데에 놀라움과 감사한 마음이 교차했다.

그런데 그 놀라움은 시작에 불과했다. 얼마 후, 카페 운영자께서 MBTI 검사를 진행해주겠다는 메일을 보내주었다. MBTI 관련 교육을 모두 이수하고 강사 자격을 가지고 계신 분이었다. 정식으로 MBTI 검사를 받을 경우 소정의 검사비용을 지불해야 하는데 비용은 자신이 지불할 테니 검사를 받아볼 의향이 있느냐고 문의해온 것이다. 어안이 벙벙하긴 했지만 마다할 이유가 없었다. 검사는 온라인으로 진행되었고, 얼마 후 검사 결과에 대한 프로파일이 메일로 전해져 왔다.

> 신재동님은 행동표현에 있어서 전혀 알지 못하거나 그저 일면식만 있는 그룹의 사람들을 찾아다니거나 먼저 말을 거는 것보다 대화가 자연스럽게 자신에게 흘러오게끔 기다리는 것을 훨씬 더 편안해하는 스타일입니다. 모임에서 자신이 사람들을 소개하기보다는 다른 사람이 자신을 소개해주기를 기다릴 가능성이 큽니다.
>
> 신재동님은 일상생활에서 대개 조용한 태도를 보입니다. 그래서 자신의 열정적인 파트너가 생동감 있고 활기찬 상호작용을 창출하고 있는 집단 상황에서조차 신중하고 과묵합니다.
>
> 신재동님은 매우 이성적인데, 이것은 끊임없이 공정하다는 것을 의미합니다. 그래서 어떤 개인에게 예외가 적용된다면 비슷한 문제를 가진 다른 사람들에게도 그러한 예외가 주어져야 한다고 생각합니다. 그렇지 않으면 그 예외를 만든 사람이 자기가 좋아서 그렇게 한 것이 분명하다고 생각합니다. 이와 같이

매우 논리적이고 이성적인 신재동님은 공정하지 않은 사람을 위해 일하는 것을 매우 힘들어합니다.

누군가로부터 온전히 이해받는 느낌이었다. 사실 이미 검사를 받아 본 경험이 있었고, 지난 번 검사와 결과가 다르게 나오지는 않았다. 그렇지만 그분의 코멘트 한 마디 한 마디는 왠지 남다르게 다가왔다. 잘 모르는 사람에게서 이런 호의를 받을 수 있다니……. 분명 남다른 경험이었다.

그러나 체험과는 별개로 직업 문제로 인한 어려움은 끝이 보이지 않았다. 그런데 그 즈음 변화경영연구소에서 눈에 띄는 공지메일 하나가 보내져 왔다. 몽골로 여행을 할 예정인데 함께할 멤버를 모집한다는 내용이었다.

1. 기간 : 2004년 7월 6일~7월 20일

2. 여행방법 :

울란바토르에서 몽고 중심지로 차로 이동, 그곳에서부터 하루 40킬로미터 정도씩 말을 타고 이동하고, 이동지마다 몽골 텐트(겔)에서 숙식하는 방식.

여행지도, 여행 방식도 매력적으로 다가왔다. 하지만 선뜻 참여할 수 있는 입장이 아니었다. 당시에는 실업자 신분이 되어 있었다. 여행 이후 재취업을 시도해볼까도 했지만 통장 잔고가 거의 바닥이었다. 약간의 아쉬움은 있었지만 주저없이 포기했다.

그런데 얼마 후, MBTI 카페 운영자가 놀라운 내용을 담은 메일을 또 다시 보내주었다.

혹시 '유목민의 삶'을 경험하기 위해 징기스칸의 여정을 따라가 볼 생각은 없는지요. 저도 계획하지 않았던 여행이지만 구본형 소장이 함께하는 여행이므로 많은 것들을 생각해볼 수 있겠다는 생각이 듭니다. 여행 과정에서 신재동님께서도 많은 배움을 얻을 수 있으리라는 생각이 듭니다. 좋은 사람들을 만날 수 있는 계기가 될 수도 있겠구요. 그걸 계기로 앞으로 적절한 도움도 받을 수 있을지 모르구요. 신재동님 일정을 고려하셔서 여행이 가능합니다. 원한다면 메일 주십시오. 경비는 제가 부담합니다.

여행경비까지 지원하면서 나를 구본형 선생님과 연결시켜주겠다는 제의였다. 14년이 지난 지금도 그때의 그 기분을 어떻게 묘사해야 할지 모르겠다. 온라인을 통한 간접적인 교류는 있었지만 얼굴 한 번 마주친 적 없는 분이었다. 어쨌든 그 제의를 마다할 이유가 없었다.

그로부터 2개월 뒤, 나는 구본형 선생님 등 10여 명의 여행 동료들과 함께 몽골로 가는 비행기에 올랐다.

몽골 여행

지금껏 그 여행은 내 인생 최고의 여행으로 남아 있다. 처음 가보는 해외여행이기도 했지만, 여러모로 이색적인 여행이기도 했다. 끝없이 펼쳐진 초원을 통해 하늘과 맞닿은 지평선을 바라보는 것 하나만으로도 내게는 특별한 체험이었다. 각기 다른 연령대에, 각기 다른 성향을 지닌 여행 동료들도 누구 하나 모난 사람이 없었다. 우리는 매일 함께 식사를 하고, 말등에 올라 초원을 달렸으며, 밤이 되면 사막에 누워 하늘에 뜬 별을 함께 바라보았고 더러는 함께 노래도 불렀다.

여행을 통해 바라본 구본형 선생님의 모습은 책에서 느꼈던 모습 이상으로 매력적으로 다가왔다. 선생님은 여행 기간 내내 자신의 있는 모습 그대로를 보여주셨다. 일체의 낯가림 없이 사람들을 향해 활짝 웃어 보였고, 함께 여행하는 사람들 모두를 진심으로 대해주었다. 그 2주간의 여행은 구본형 선생님과 나를 '아는 사이'로 묶어주었다.

하지만 여행 이후에도 취업 문제는 해결되지 않았다. 그때의 답답한 마음을 선생님께 메일로 보냈었나 보다. 어떤 말을 적어 보냈는지는 기록이 남아 있지 않아 알 수 없다. 다만, 내가 보낸 메일에 대한 선생님의 답장은 잘 보관되어 있다.

그래, 재동이는 조직생활에 잘 안 맞을 수도 있지. 천상 혼자 일하는 것이 좋아 보이는군. 그건 마음의 상처를 받을 일이 아니야. 혼자 지내는 것이 편하고 좋은 사람도 많아. 나도 그렇지. 다행히 일 자체는 독립성이 많은 일이니 좋은 방법을 찾아보면 스스로 먹고살고 즐길 수 있을 것이야. 조직생활에 적절하지 않다는 생각 때문에 우울해 할 것 없어. 반 이상은 제 손으로 벌어먹고 사는 사람들이니까. 스스로 고용해서 먹고 살면 되지. 나도 그런 사람이고. 당분간 프로젝트 베이스로 일하고, 계약에 따라 청구하는 방식이 좋아 보이는데, 적절한 보상이 이루어질지는 의문이군 그래. 답답하면 시간 있을 때 놀러오시게. 점심이나 하지. 난 내일 괜찮아. 아침에 전화하시게.

아마도 다음 날 아침 바로 전화를 드렸을 것이다. 그날 하루 선생님과 함께 보냈던 장면은 아직도 기억에 선하다. 선생님께서는 손수 차를 몰고 나오셨다. 우리는 시내 어딘가에서 만났고, 선생님께서는 나를 삼청각으로 데려가셨다. 거기서는 차를 한 잔씩 마셨던 것으로 기억한다. 차를 마신 후, 삼청각 주변을 잠깐 걷고는 북악스카이웨이를 지나 환기미술관에 잠깐 들렀고, 세검정 댁으로 나를 데려가셨다. 댁에서 자신의 노트북을 꺼내 변화경영연구소 사이트에 접속하고는 내게 사이트 기능 개선 작업을 부탁하셨다. 댓글 기능, 새글 알림 기능 등 내가 충분히 구현할 수 있는 작업이었다. 나는 소정의 비용을 받고 임무를 완수했다.

선생님께서는 그렇게 적절한 시점에 내게 도움의 손길을 내어주셨다. 그 도움으로 힘을 얻었던 것일까? 아마 분명히 그랬을 거다. 얼마 후, 나는 이전보다 훨씬 안정적인 회사로 거짓말같이 입사하게 되었다.

그 후로도, 몇 번의 이직이 더 반복되기는 했다. IT인력 파견업체, 사단법인 형태의 학회, 다시 IT 파견업체, 인터넷 언론사 등등……. 때로는 매너리즘 때문에, 때로는 조직에서 잘 적응하지 못하는 특유의 성향 때문에 회사를 나오곤 했다. 그래도 그때마다 이력서에 경력 한 줄씩은 추가되었다. 어느 날, 이력서에 기재된 회사의 수를 세어보니 무려 14곳. 잦은 이직이 재취업하는 데 걸림돌이 되지는 않을까 하는 걱정이 없지 않았지만, 생각 외로 큰 문제가 되지는 않았다.

그렇게 입사와 퇴사를 반복하다가 2009년부터 우연히 프리랜서로 전환이 이루어졌다. 구직사이트를 통해 한 업체와 연결이 되었는데, 마침 프리랜서 개발자를 찾는 중이었고 운 좋게 그 회사와 계약이 이루어졌다. 주로 정부기관 및 지방자치단체에서 운영하는 사이트의 기능을 개선하는 일을 했는데, 회사에서는 나의 업무 결과물에 만족해했다. 계약기간이 만료되면 추가계약이 계속 이어지며 알짜배기 경력이 쌓여가기 시작했다. 그렇게 우연히 시작된 프리랜서 생활은 그로부터 10년이 지난 지금까지 이어져 오고 있다. 한때는 내게 무척이나 어색했던 이름의 직업인 프로그래머. 이제는 전혀 어색하지 않다.

사진 이야기

내겐 몇 가지 취미가 있는데, 그중 하나가 사진이다. 아니, 좀 더 힘을 주어 말하자면 내게 사진은 단순한 취미 이상이다. 사진 찍기를 통해 나는 나를 탐구할 수 있었고, 세상과 소통하는 법을 알아가기 시작했다. 그것을 통해 내게 결여되어 있던 자존감, 자신감을 찾고 회복할 수 있었다. 구본형 선생님께서는 그 과정에서 나의 사진활동을 독려해주셨고, 이런저런 기회를 의도적으로 마련해주시곤 했다. 그에 관한 이야기를 마저 펼쳐본다.

프로그래머가 되기 위한 직업 훈련을 마치고 한동안 자리를 잡지 못하고 방황할 즈음, 돈벌이 외에 다른 무언가가 내 삶에 필요한 것은 아닌가 싶었다. 돈이 되지 않는 일을 하는 것은 시간 낭비요, 인생 낭비라는 메시지를 무비판적으로 수용하며 살아왔는데 그 메시지에 슬슬 의심이 들기 시작하던 때였다.

이윽고 거의 신조와 같이 여겼던 그 메시지를 버리기로 결심했다. 그렇다고 아무 일이나 무작정 벌일 수는 없었다. 여전히 나는 신중한 사람이었다. 돈이 들어오지 않는 일에 돈을 쓴다는 것에 아직 익숙하지 않은 시절이었다. 그래서 가볍게 할 수 있는 취미생활을 찾아보기 시작했다. 여러 매체를 통해 일반적으로 언급되는 취미 목록을 주시해보았다. 여러 종류의 취미 목록을 반복적으로 훑어보았는데, 그때마다 사진이라는 항목에 눈길이 머무르곤 했다.

차분하게 나와 내 주변을 돌아보고 싶었다. 카메라를 들고 마음 가는 장면을 하나하나 담다 보면 나는 어떤 사람인지, 내가 무슨 생각을 하며 살아가고 있는지를 조금은 알 수 있지 않을까 싶었다. 때마침 시중에는 저렴한 디지털 카메라가 꽤 많이 나와 있었기에 경제적으로도 큰 부담이 되지 않을 것이었다. 결국 얼마간의 고민 끝에 카메라를 장만했고, 그렇게 사진은 내 삶에 들어왔다.

처음엔 카메라를 들고 다니는 것 자체가 어색했다. 친구의 결혼식 때 혹은 길 가던 중 괜찮은 풍광을 마주했을 때 등등 촬영을 하고 싶어서 주머니에 든 작은 카메라를 꺼낼라치면 수만 번을 망설여야 했다. 어쩌다 한 장 찍을 때마다 늘 쭈뼛쭈뼛했다. 분명 욕구는 있었지만, 아직은 주변을 더 의식하던 그런 때였다. 그리고 어쩌다 찍은 사진들을 바라볼 때면 물음표가 따라붙기 시작했다. 이게 잘 찍은 건지, 과연 내가 사진에 재능이 있는 건지…….

그때쯤 구본형 선생님과 몽골 여행을 함께 가게 되었다. 여행 자체가 내게는 큰 즐거움이 될 것이 분명했지만, 사진을 마음껏 찍어 볼 수 있는 좋은 기회라는 생각도 들었다. 그래서 여행기간 내내 카메라를 가지고 마음껏 놀아보자 결심했다. 나를 이상한 눈으로 바라볼 사람도 없을 것이고, 그 사진들을 여행 멤버들에게 보내주면 더욱 의미 있는 작업이 될 것 같았다.

이윽고 몽골 여행이 시작되었다. 끝없는 초원, 푸른 빛깔의 흡수굴 호수 그리고 그 여행을 즐기는 멤버들의 모습. 마음껏 사진 찍기를 즐기고 있던 중, 우리는 '바얀고비'라는 사막에 도착했다. 난생 처음 마주하는 사막이었다. 사막의 모래보다는 푸른 하늘빛이 눈에 더 많이 들어왔다. 나는 마냥 하늘을 응시했다. 그러고는 사막의 모래 위를 찬찬히 걷고 있는데, 저

2004년 7월 13일 몽골 바얀고비 사막에서.

멀리 능선 위에 구본형 선생님의 뒷모습이 보였다. 나는 카메라를 꺼내 무난한 구도로 – 별 생각 없이 – 그 모습을 담았다.

여행이 끝나고 보니 꽤 많은 사진들이 찍혀 있었다. 함께 여행했던 분들께 그 사진들을 CD에 담아 보내드리고자 했다. 당시 디자인 쪽 일을 하던 동생에게 CD 표지 작업을 부탁했는데, 동생은 바얀고비에서 찍은 선생님 뒷모습 사진을 표지 사진으로 선택했다. 그 사진이 제일 좋다며.

다른 사람들의 반응도 크게 다르지 않았다. CD를 전달받은 여행 동료들도 표지가 멋지다며 고마워했다. 그러다가 어느 정도 시간이 흐른 뒤에, 전문가는 그 사진을 어떻게 바라봐 줄지 내심 궁금해졌다. 그래서 한 시사잡지의 독자사진 코너에 그 사진을 올렸고, 전문가의 평을 기다렸다. 얼마 후, 기다렸던 전문가의 평이 올라왔다.

> 도시 속에선 저런 색의 대비를 보기가 힘들 것입니다. 완전한 보색관계에 있진 않지만 노랑과 파랑은 거의 반대쪽에 있는 두 색이라 뚜렷한 구분이 됩니다. 노란색은 더 노랗게 보이고 파란색은 더 파랗게 보이는 것이 보색의 효과입니다. 그래서 한눈에도 강렬한 느낌이 듭니다. 인물이 거의 보일 듯 말 듯 존재하지만 없는 사진과 비교하면 한참 차이가 나겠지요. 하늘과 경계를 이루는 모래 언덕의 선도 자연스럽습니다. 이 모든 것이 합쳐져 잘 그린 그림을 보는 듯합니다. 놀랍습니다. 촬영정보도 같이 좀 부탁드립니다.
>
> – 2005년 3월 22일 한겨레21 제551호 '사진클리닉'

초보 사진가에게 다소 과분한, 그러나 커다란 동기부여가 되는 기대 이상의 평이었다. 곧 이어 그 사진은 해당 시사잡지에 실렸고 덤으로 문화상품권까지 보내져 왔다. 그 일을 계기로 사진은 가장 애착이 가는 여가 활동이 되었다.

2005년 초, 변화경영연구소 1기 연구원으로 선발된 이후로는 연구소 사이트를 나의 사진놀이 공간으로 삼았다. 연구소의 행사 장면들 그리고 나의 일상을 담은 사진들을 주로 올렸다. 선생님께서는 내 사진들을 참 좋아하셨다. 늘 긍정적인 피드백을 해주셨고 나는 거기에 힘을 받아 더 꾸준히 사진을 찍을 수 있었다.

2006년 가을. 1년에 두 번꼴로 열리는 연구소 행사에 참여한 후, 구본형 선생님과 몇 사람과 함께 통영에서 바다낚시를 하게 되었다. 바다 위에 뗏목을 띄우고 밤새도록 낚시를 했던 그때 모습이 지금도 눈에 선하다. 동이 틀 무렵까지 낚시질은 계속되었다.

날이 밝아오면서 잔잔한 바닷물결이 눈에 들어오기 시작했다. 나는 낚시를 멈추고 카메라를 꺼냈다. 떠오르는 해와 붉게 물들어가는 바다의 빛, 그 위를 날아가는 갈매기를 한 프레임에 담아내고자 애썼다. 사진들이 꽤 마음에 들었다. 집으로 돌아온 후, 연구소 사이트에도 그 사진들을 올렸고, 이번에도 구본형 선생님께서는 그 사진들을 보고 한마디를 해주셨다.

재동아, 너 사진 제대로 한번 해봐라. 그거하고 컴퓨터하고 글하고 잘 연결해봐라. 고기가 확 문 듯한 감이 느껴진다.

좀 더 좋은 카메라를 가지고 더 좋은 사진을 찍어보고 싶어 하던 무렵이었다. 하지만 그게 내 분수에 맞는 행위인지 판단이 서지 않았기에 선불리 행동으로 옮기지 못하고 있던 참이었다. 선생님의 말씀은 그러한 고민을 멈추게 했다, 그리고 마침내 그토록 원했던 DSLR 카메라를 새로 장만했다. 마침 첫아이가 태어날 즈음이었다. 아이의 성장 과정을 사진으로 남겨두는 것도 의미 있는 작업이 될 것 같았다. 그리고 실제 행동으로 옮겼다. 사진을 보는 다른 사람들의 반응도 점점 좋아졌고, 지인 한 분께서는 사진 공모전에 출품해보라는 권유까지 해주었다. 그 말에 힘을 받아 실제로 여러 공모전에 사진을 출품했고, 그중 일부는 당선작으로 선정되기도 했다.

아울러 선생님께서는 지속적으로 나의 사진활동을 장려해주셨다. 『공익을 경영하라』 『나는 무엇을 잘할 수 있는가』 등 연구소에서 공저로 책이 출간될 때는 내게 저자 사진을 촬영하도록 지시하셨다. 얼마든지 나보다 훨씬 실력 있는 사진가에게 작업을 요청하실 수도 있었을 테다. 그것은 진

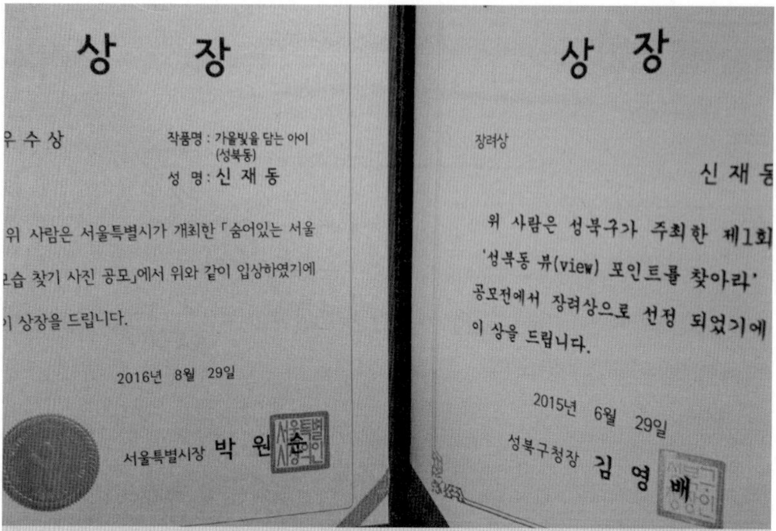

사진 공모전 상장들.

심으로 나를 배려해주는 것이었고, 나의 사진활동을 독려해주는 것이었다. 그 덕분에 나는 변화경영연구소에서 행사가 진행될 때마다 자연스럽게 '전문 찍사'로 활동할 수 있었다. 나의 사진들은 연구소 여러 곳에서 유용하게 사용되었고, 나는 그 점에 늘 보람을 느끼고 있었다. 단 한 번, 전혀 예상치 못한 곳에서 나의 사진이 쓰였을 때만 빼고…….

2013년 봄. 한동안 모습을 뵐 수 없었던 선생님의 병환 소식을 전해 듣게 되었다. 그것도 폐암이라는……. 좀처럼 믿기지 않았지만 실제로 벌어지고 있는 일이었다. 그리고 그해 4월 13일. 강원도 철원에 있는 선산에 다녀온 직후였다. 어머니 댁에서 저녁식사를 하고 있는데 후배 연구원에게서 전화가 걸려왔다. 선생님께서 오늘 돌아가실 것 같다는……. 그런데 영정 사진이 준비가 되어 있지 않으니 내가 사진을 준비해주었으면 좋겠다는……

내용이었다.

먹먹했다. 급하게 식사를 마치고 집으로 향했다. 가장 존경하는 분의 영정사진을 내가 준비하다니……. 이 순간을 영광스럽다고 해야 할까, 잔인하다고 해야 할까? 극도의 혼란 속에서 나는 선생님의 사진을 한 장 한 장 열어보았다. 이윽고 내게 전화했던 후배 연구원에게 사진을 전달했고, 그 사진은 선생님의 장례식장에 4일간 놓여졌다.

2008년 3월 8일『나는 무엇을 잘할 수 있는가』(고즈윈) 출간 기념 사진.

글을 마치며

IT 개발자로의 직업 전환 그리고 프리랜서로 안착하는 과정에서 한창 힘겨운 시간을 보내고 있을 때, 선생님께서는 의도하셨든 그렇지 않든 내게 힘을 주셨다. 우연히 접한 신문기사와 칼럼, 선생님의 책들. 선생님을 실제로 뵙게 된 몽골 여행, 1기 연구원 합격. 그리고 선생님의 독려로 더욱 꽃을 피우게 된 사진활동 등. 오랜 시간 동안 가슴에 품어오고 있었다. 언젠가는 이 이야기를 선생님께 직접 들려드려야지 하면서……. 적절한 때를 기다리고 있었는데 선생님께서는 그냥 홀연히 떠나셨다.

이제서나마 이 이야기를 글로 남긴다. 선생님의 지긋한 미소가 떠오른다.

-

신재동

구본형변화경영연구소 1기 연구원

사진과 악기 연주가 취미인 늦깎이 프로그래머. 현재 프리랜서로 활동 중이며 '숨어 있는 서울 모습 찾기' '성북동 뷰(view) 포인트를 찾아라' 등의 사진공모전 수상 경력이 있다.

차칸양아,
너의 별은 어디에 있니?

- 양 재 우 -

[구본형, 내 삶의 터닝 포인트]

차칸양아, 너의 별은 어디에 있니?

뉴질랜드에서의 마지막 밤, 남섬의 데카포 호수에 위치한 홀리데이 파크(Holiday Park)에서의 일이었다.

마지막 저녁식사였기 때문에, 일행 24명 모두는 6대의 캠퍼밴에 남아 있던 음식을 다 털어 식사를 준비했고, 함께 저녁을 먹었다. 그야말로 진수성찬이었다. 금방 배가 불러왔다. 포만감이 행복감을 넘어섰을 때 숟가락을 놓아야만 했다. 그러자 지난 일주일간의 피로가 한꺼번에 몰려왔다. 딱 30분만 눈을 붙여야겠다 생각하고 캠퍼밴으로 들어가 몸을 눕혔다. 하지만 예정된 시간이 되었음에도 몸은 잠이란 늪에 빠져 허우적대기만 했다. 초등학생 아들 효빈이가 식사를 마친 사람들이 이번 여행의 소감을 나누고 있다고, 이제 그만 일어나라고 재촉함에도 여전히 눈은 떠지지 않았다. 눈꺼풀은 세상 그 어떤 쇠붙이보다 무겁기만 했다. 나의 정신은 꿈과 현실 속에서 방황하고 있었고, 피로에 발목 잡힌 채 현실로의 귀환을 버거워하고 있었다.

그러던 어느 순간, 갑자기 눈이 번쩍 뜨였다. 일행들과 마지막 밤을 같이하지 못한 채 아침을 맞이하는 것만큼 안타까운 일은 없을 것이란 생각이 뇌리를 스쳐갔다. 후다닥 몸을 일으켰다. 아들 효빈이가 내 옆에서 책을 읽다 잠들어 있었다. 황급히 시계를 보았다. 새벽 1시경. 아, 무려 5시간이나 잠에 빠져 있었다니. 쓰나미와도 같은 아쉬움이 몰려왔다. 내가 원망스러웠다. 이 중요한 순간을, 이 아쉬운 순간을 잠으로 보내다니…….

아들을 깨워 캠퍼밴 2층의 벙커방으로 올려보낸 뒤, 문을 열고 밖으로 나왔다. 차디찬 공기가 얼굴과 폐 속으로 한꺼번에 '훅' 밀려 들어왔다. 몇 명인가가 두런두런 이야기를 나누며 캠퍼밴 앞을 지나가고 있었다. 누구일까. 익숙한 목소리. 바로 사부님(구본형 선생님)이었다. 그리고 로이스, 홍스, 춘희였다. 일정을 다 끝낸 후 늦은 밤 호숫가를 거닐고 싶은 몇몇만 이동 중이라 했다. 생각할 필요도 없이 바로 합류했다. 뉴질랜드의 마지막 밤을 함께 누릴 시간은 더 이상 없었으므로.

데카포 호수의 밤은 생각보다 조용하지 않았다. 약간의 구름이 낀 탓에 물감이 번진 듯 보이는 달과 구름 사이로 맑게 빛나고 있는 무수한 별들, 바다인 양 '쏴~아' 소리를 내며 파도까지 치는 데카포 호수 그리고 술에 취해, 경치에 취해, 사람에 취해 즐겁게 재잘거리기도, 맘껏 소리지르기도 하는 우리 다섯이 있었다. 겨울의 찬바람에도 아랑곳않고 우리는 노래를 불렀고, 와인을 마셨다. 춘희는 맨발로 호숫가 얕은 물 속을 이리저리 뛰어다녔다. 그녀는 월광녀(月光女)였다. 아니 월광녀(月狂女)였는지도……. 사부님은 트윈폴리오의 '축제의 밤'을 불렀다.

그랬다. 그날은 축제의 밤이었다. 아니 뉴질랜드에서의 일주일 모두가 축제의 밤이었다. 즐거움과 기쁨 그리고 행복의 밤이었다. 누구도 말리지 못할 행복감에 빠진 시간들이었다. 우리는 같이 불렀다. 축제가 마지막 불꽃을 태우고 있었다. 달빛 아래, 별빛 아래 그리고 우리가 들고 있던 와인잔 안에서. 그러던 중 갑자기 사부님이 큰일났다며, 몸을 흔들며 한마디 한다.

"어떡하냐. 이제 나 죽기 싫어. 이렇게 좋은데 어떻게 죽냐?"

돌발스러움에 우리는 웃었다. 그랬다. 한없는 즐거움이, 샘솟는 행복감이 우리를 뒤엎었다. 데카포의 넓은 호수도 우리와 함께 즐거워했다. 호수 위 수많은 달빛의 파편들이 우리를 환하게 비춰주었다. 호수 위 한없이 빛나는 별빛들이 우리를 내리쬐고 있었다. 우리를 바라보며 춤추고 있었다.
사부님이 갑자기 내게 물었다.

"차칸양아, 저 수많은 별들 중에 너의 별은 어디에 있니?"
"글쎄요……. 저 달 뒤에 숨어 있지 않을까요?"
"아니야. 저기를 봐. 저 빛나는 별들 가운데 이미 너의 별도 환하게 빛나고 있을 거야."

– 2008년 8월 구본형변화경영연구소 연구원 해외연수(뉴질랜드) 마지막 날 밤에

뉴질랜드 데카포 호수의 짜릿하고 행복했던 밤으로부터 벌써 10년이란 시간이 흘렀습니다. 당시 마흔이었던 제 나이도 이제는 쉰이 되었네요. 2008년은 제가 구본형변화경영연구소의 4기 연구원으로 입문한 해입니다. 구본형 선생님의 제자가 되어 본격적인 공부를 시작한 시기였죠. 그로부터 10년이 지났습니다. 그동안 제 삶에는 어떤 변화가 있었을까요? 지금부터 그 이야기를 시작해보겠습니다.

새로운 시작

작년 말 23년간 일했던 회사를 떠나야 했습니다. 그야말로 제 청춘, 젊음이 온전히 투여된 곳이었죠. 자의(自意)는 아니었습니다. 회사 안은 포성이 난무하는 전쟁터였지만, 회사 바깥은 이미 '지옥과 다름없다'라는 말까지 듣고 있었으니까요. 사실, 가능하다면 조금 더 있고 싶었습니다. 하지만 제 마음대로 되진 않았죠. 제가 선택할 수 있는 옵션은 딱 두 가지였습니다. 대기발령을 받아들이든가 아니면 사직서를 쓰고 나오든가. 잠시 갈등이 있었습니다. 하지만 결정은 쉬웠습니다. 그래, 떠나자. 이제 한번 도전해보자. 무한히 살 수 없는 인생, 이제 쉰이면 내가 해보고 싶은 일을 하며 살아볼 때도 되지 않았는가. 그리고 누군가의 밑에서 시키는 일만 하며 살기엔 인생이 아깝지 않은가.

2008년 뉴질랜드 연구원 연수. 사부님, 연구원들과 함께.

그렇게 직장을 나와 '에코라이후'라는 이름의 1인 기업가가 되었습니다. 1인 기업이라고는 하지만 아직 아무것도 갖춰진 것은 없습니다. 밥벌이를 걱정해야 하는 처지죠. 게다가 20년이 넘는 시간 동안 월급을 받는 직장인으로 살아왔으니, 한순간에 1인 기업가의 마인드로 바뀌어지진 않을 것입니다. 하나씩 부딪쳐 나가고, 얻어맞고 깨지며 조금씩 틀을 잡아가야 하겠지요.

시행착오의 기간으로 2년을 생각하고 있습니다. 2년이면 연착륙할 것이라는 기대와 희망을 가지고 있죠. 그렇게 될 것이라는 믿음 또한 가지고 있고요. 이른바 '근자감'(근거없는 자신감)이라 할 수 있겠지만, 그럼에도 자신감은 확실하다 할 수 있습니다. 성공의 기준이 사회가 기존에 정해놓은 틀이 아닌, 온전히 제 자신의 생각에 맞추어 세워놓은 나만의 기준이기 때문입니다. 그러니 성공은 거의 제 손 안에 있다 할 수 있죠.

1인 기업가로서 제 직업은 '라이프 밸런스 컨설턴트'(Life Balance Consultant, 이하 LBC)입니다. 아직 세상에 없는 유일무이한 직업이죠. LBC란 직업을 통해 하려는 일, 즉 미션은 이겁니다.

"경제·경영·인문적 삶의 균형을 잡아드립니다."

이 미션을 선택한 이유가 있습니다. 저는 이 미션을 이렇게 풀이합니다.

2008년 금융위기 이후 10년째 장기불황의 시대가 계속되고 있습니다. 경기는 살아날 조짐을 보이지 않고 있습니다. 대부분의 직장인들은 정년은커녕, 구조조정에 의해 40대 중후반만 돼도 직장 밖으로 내몰리는 것이 현실입니다. 그래서 직장인들은 불안합니다. 현재는 숨이 차고, 미래는 아찔합니다. 마치 매일 절벽 위를 걷는 듯합니다. 무언가 기댈 만한 것이 필요합니다.

그래서 돈이라도 많이 벌자, 재테크에 매진합니다. 그러다 알량한 주머니가 더 홀쭉해집니다. 심지어 빚만 더 쌓여갑니다. 돈이 안 되면 성공이라도 하자, 자기계발에도 올인합니다. 작심삼일, 아무래도 성공의 유전자가 따로 있는 듯합니다. 돈도, 성공의 길도 다 막히니 삶이 깜깜해집니다. 걱정만 늘게 되고, 일상이 우울해집니다. 원래 삶이란 이렇게 힘든 것인가, 체념의 경계까지 닿게 됩니다.

불황은 끝이 보이지 않는다는데, 뉴스를 듣다 보면 부자는 더 큰 부자가 되어가고 있고, 크게 성공한 사람은 계속해서 성공의 가도를 달리고 있습니다. 왜 우리처럼 평범한 사람들의 삶은 갈수록 바닥으로만 치닫고 있는 걸까요? 도대체 뭐가 문제인 걸까요? 열심히 살다 보면 조금 더 나아질 것이라 믿으며 살아온 것뿐인데 말입니다.

이런 미스테리한 현실을 살아가는 평범한 1인으로서 무언가 답을 찾고 싶었습니다. 몇십 억 부자도 될 수 없고, 사회적 성공 또한 할 수 없을지라도, 나름 풍요롭고 행복하게 살아갈 수 있는 그런 해법을 찾고 싶었습니다. 고민에 고민을 거듭한 결과 제 나름대로의 실마리를 찾았습니다. 그 핵심 키워드는 바로 B+였습니다.

A+ 혹은 A등급 이상의 삶만 바라보고 살아간다면, 실패할 가능성이 큽니다. 그것이 바로 부자가 되는 것이고, 사회적 성공을 이루는 것이라 할 수 있습니다. 하지만 자신의 사고, 상황, 성향에 맞추어 삶의 기준을 재정의한다면, 거기에 더해 B+를 기준으로 열심히 산다면 그것만으로도 우리의 삶은 보다 여유롭고 풍요로워질 수 있다고 생각합니다.

저는 그 솔루션으로 경제·경영·인문의 균형을 제시합니다. 더 이상 경제(돈)와 경영(성공)만을 목표로 살아서는 행복해지기 어려울 뿐 아니라 오히려 마지막 보루라 할 수 있는 희망까지 잃을 수 있기 때문에, 그보다는 자신만의 경제·경영·인문의 균형점을 찾는 것이 더 중요하다고 보는 겁니다. 자신의 삶에 경제·경영·인문의 균형점(BP, Banlancing Point)을 찾아내고 실천하는 것, 저는 이런 균형 잡힌 삶을 찾을 수 있도록 도와주는 것을 제 직업이자 미션으로 정했습니다. 그리고 그 직업에 LBC(Life Balance Consultant)란 이름을 붙였습니다.

저는 제 직업을 통해 미래를 개척해 나가고자 합니다. 어차피 직장은 나올 수밖에 없는 상황이었습니다. 더 있더라도 불과 2~3년에 불과했을 겁니다. 그렇다면 지금부터 차근차근 저의 미래를 만들어 나가면 될 것입니다. 1인 기업의 가장 큰 특징은 자신의 생각대로, 마음 먹은 대로 무언가를 만들어 갈 수 있다는 점입니다. 저는 저의 강점을 잘 살려 제 스스로의 경제·경영·인문의 균형점뿐 아니라 다른 사람들의 균형점을 잘 찾도록 돕고자 합니다. 이 일이 자리를 잡게 될 때 제 삶은 직장인일 때보다 더 풍요롭고 풍부해질 것이라 믿습니다.

서른아홉, 아홉수의 열병을 앓으며

11년 전 저는 서른아홉의 아홉수를 겪고 있었습니다. 회사에서는 나름 인정받으며 잘 나가는 부서에 근무하고 있었고, 한 번의 누락도 없이 승진도 잘 되고 있었죠. 하지만 가슴 한켠에서는 뭔지 모를 불안과 답답함이 계속 쌓이고 있었습니다. 1년 뒤면 불혹의 나이를 맞게 되는데, 돌아보니 모아놓은 것도 없고, 직장에서의 직급 빼고는 이뤄놓은 것 또한 없더군요.

무엇을 하며 살아왔는지, 게다가 어디로 가야 할지 삶의 개략적인 방향조차 모르고 있는 내 자신이 답답하기만 했습니다. 그리고 그 답답함은 서서히 하나의 질문으로 압축되어 저를 조여오고 있었습니다.

'앞으로 어떻게 살 것인가?'

하지만 이 질문도 처음에는 절실하게 다가오진 않았던 것 같습니다. 부서도, 일도, 가정생활도 크게 잘못된 것 없이 무난하던 시기였으니까요. 그러나 다음해 모든 상황이 변하고 말았습니다. 제가 있던 부서의 팀장이 바뀌었는데, 저와는 마치 물과 불 같은, 상극 성향의 팀장을 만나게 되었죠. 그때부터 회사생활은 최악으로 치닫기 시작했습니다. 다음 날 출근 걱정에 잠들기가 싫을 정도였습니다. 회사고 뭐고, 다 내려놓은 채 그저 떠나고 싶었습니다. 하지만 소심한 탓에, 가정경제를 책임져야 한다는 의무감에 그러지도 못했습니다. 1년간 하루도 빼놓지 않고 고통을 맛보면서, 회사와 현실 그리고 미래의 삶에 대해 본격적으로 고민했습니다.

그러던 어느 날 관심 있게 지켜보던 구본형변화경영연구소 홈페이지에서 아래와 같은 공지 하나를 읽게 되었습니다.

'나를 찾아 떠나는 여행'

산다는 것은 자신을 재료로 요리를 만드는 것과 같습니다. 재료 고유의 맛이 살아 있으면서도 다른 재료들과 조화를 이루어 독특하고 깊은 맛을 낼 수 있다면 훌륭한 요리라 말할 수 있겠지요. 그러므로 '나의 꿈, 나의 일'을 발견하는 것은 자기혁명의 출발입니다. 삶에서 일이 차지하는 비중이 커진 이 시대에 일은 단순히 품삯이어서도 안 되고, 삶의 다른 요소들을 희생시켜서도 안 됩니다. 인생을 파괴하지 않는 직업, 나를 뜨겁게 달구어 내 삶을 빛내는 직업이 훌륭한 직업입니다.

자신의 타고난 모습대로 뜨겁게 살고 싶은 사람들, 자신에게 가장 잘 어울리는 일, 자신이 가장 잘할 수 있는 일, 그 일을 하면 신이 나는 일을 발견하고 개발하여 시간과 더불어 함께 원숙해지고 싶은 사람들을 위해 변화경영연구소에서는 '내 꿈의 첫 페이지' 프로그램을 제공합니다.

본 프로그램은 10명 이내의 인원으로, 2박 3일간 구본형변화경영연구소의 관련 전문가들의 도움을 받아 스스로 진행합니다. 이 기간 동안 자신이 좋아하고 잘할 수 있는 일에 대해 치열하게 고민함으로써 새로운 삶의 방향을 모색하게 됩니다. 이 시간은 우리가 뜨겁게 다시 시작할 수 있는 '어머니의 자궁' 같은 역할을 하게 될 것입니다.

소위 '꿈벗프로그램'이라 이름 붙여진 이 프로그램에 제 모든 것이 빨려 들어가는 느낌이었습니다. 당시에는 구본형 선생님의 책만 두어 권 읽어본 정도였지, 선생님이 진행하는 프로그램에 참여해봐야겠다 생각해본 적은 없었습니다. 그러나 이 공고를 본 순간 가슴이 뛰기 시작했습니다. 무조건 참여해야겠다는 생각이 머릿속을 가득 채웠습니다. 100만 원이나 하는 참가비도 제 마음을 막을 순 없었죠.

2007년 9월, 강원도 양평의 한적한 펜션에서 2박 3일의 꿈벗프로그램이 열렸습니다. 그곳에 가는 동안 구본형 선생님을 직접 만날 수 있다는 생각에 가슴이 많이 뛰었습니다. 처음 본 선생님은 책에서 받은 느낌 그대로였습니다. 편안함을 주는 중저음의 목소리, 맑은 눈빛 그리고 상대를 배려하는 행동까지, 왜 많은 사람들이 선생님을 좋아하고 따르는지 단번에 그 이유를 알 수 있었죠.

2박 3일 내내 행복했던 건 선생님이 저의 꿈과 미래에 대해 같이 고민하고, 진지한 조언과 제안을 해준다는 점이었습니다. 저는 선생님의 도움을 받아 꿈벗프로그램의 결과물이라 할 수 있는 10대 풍광을 만들어 낼 수 있었습니다. 10대 풍광이란 10년 후 미래로 가서 과거 10년 동안 경험했던 아름다운 풍광 10가지를 묘사하는 것을 말합니다. 저는 다음과 같은 10대 풍광을 만들어 냈습니다.

2017년에 되돌아본 10년 동안의 기록들, 10대 풍광'

(2007년 작성)

1. 첫 번째 장면 : 2010년 3월, 나의 첫 책을 세상에 내보내다. - 『부부, 행복 Story』

2. 두 번째 장면 : 2008년 3월, 구본형변화경영연구소 4기 연구원이 되다.

3. 세 번째 장면 : 2012년 3월, 북카페를 오픈하다!

4. 네 번째 장면 : 2013년부터 매년 한 달씩 해외여행을 다녀오다. 그리고 2017년 드디어 세계여행을 가다!

5. 다섯 번째 장면 : 2011년 9월, 부부행복 컨설팅 온라인 홈페이지를 개설하다.

6. 여섯 번째 장면 : 2011년 1월, 17년간 다니던 회사와 이별하다.

7. 일곱 번째 장면 : 2011년 3월, 대학원 과정을 수료하다.

8. 여덟 번째 장면 : 2012년 5월 구본형 선생님 강연을 마련하다.

9. 아홉 번째 장면 : 2014년 1월, 기부를 정례화하다.

10. 열 번째 장면 : 전 대한민국 축구 대표팀 감독이었던 히딩크 감독처럼 5개 국어(한국어/일본어/중국어/영어/스페인어)를 하게 되다.

지금 돌이켜보면 10대 풍광 중 이루어진 것은 세 가지밖에 되지 않네요. 2008년 구본형변화경영연구소 4기 연구원이 된 것과 비록 연도는 다르지만 회사를 그만둔 것 그리고 제 이름으로 된 두 권의 책 『소심야구』와 『불황을 이기는 월급의 경제학』을 출간한 것.

어쩌면 10가지 중 세 가지밖에 이루어지지 않았으니 저의 10대 풍광은 실패라 부를 수도 있을 겁니다. 하지만 가장 중요한 한 가지를 이루었기 때문에, 그리고 그 한 가지가 저의 새로운 삶을 만들어 가도록 도와주는 계기이자 원동력이 되었기 때문에 저의 10대 풍광은 절반 이상의 성공이라

2007년 꿈벗프로그램 후 지리산 방문 시 사부님, 꿈벗과 함께.

생각합니다. 그 한 가지가 바로 2008년 구본형변화경영연구소의 4기 연구원이 된 것입니다.

연구원 1년, 너무나 힘들면서도 행복한……

연구원 과정은 그야말로 고난의 길이라 할 수 있습니다. 두껍고 어렵기만 한 인문사회 철학서적을 매주 한 권씩 독파해야 하고, 읽고 난 뒤에는 정해진 형식에 따라 북리뷰를 작성해야 합니다. 게다가 책을 읽는 동안 얻게 된 생각을 A4 한 장 분량의 칼럼으로 정리까지, 이 모든 것을 1주일 안에 다 마쳐야 하니까요. 이렇게 약 52회 정도를 하고 나면 1년의 시간이 채워지게 되는데, 그야말로 눈코 뜰 새 없는 시간이라 하지 않을 수 없습니다. 여기서 끝이 아닙니다. 한 달에 한 번은 자신의 삶을 돌아봐야 하는 어려운 주제를 가지고 과제 발표까지 해야 하니, 연구원 과정 1년은 평생 잊을 수 없는 고난과 고통의 길이라 해도 과언이 아닐 것입니다.

이 과정을 온전히 해내기 위해서는 개인의 각오뿐 아니라 가족의 허락과 도움까지 받아야 합니다. 특히 직장인의 경우엔 더욱 그러하죠. 개인적인 저녁 약속을 잡을 수 없을 뿐 아니라 주말에는 거의 모든 시간을 쏟아부어야 하고, 더 나아가 잠자는 시간까지 줄이지 않는다면 정해진 과정을 온전히 해낼 수 없으니까요.

연구원이 되기 전인 2007년 말, 회사에서 부서가 바뀌었습니다. 저와 상극이었던 팀장은 제게 인사팀으로 가라고 종용했습니다. 인사팀이라면 회사 내 중요 부서 중 하나지만 전 거절했습니다. 예전 부서였던 재무팀으로 다시 보내달라고 했죠. 두 가지 이유가 있었습니다. 물론 경험해보지 않았던 업무였기도 했지만, 그보다는 재무 업무가 제 적성에 잘 맞는다 생각했기 때문이고, 다른 하나는 인사팀보다는 재무팀이 연구원으로서 공부하기에 조금 더 업무적 여유가 있을 것이라 판단했기 때문이었죠.

결과적으로 이는 탁월한 선택이 되었습니다. 제가 인사팀에서 근무했더라면 연구원 과정을 중도 포기했을 가능성이 큽니다. 거의 매일 야근에다 주말 근무까지 해야 하는 인사부서의 특성상 연구원 과정까지 챙길 여력이 없었을 테니까요. 이에 반해 재무팀에서는 업무시간만 잘 조절하면 공부할 수 있는 여유를 만들 수 있었을 뿐 아니라, 나중에 경제공부를 통해 제 직업의 기반이 될 경제, 재무지식까지 쌓을 수 있었으니 그야말로 꿩 먹고 알 먹고의 선택이 되었다 하겠습니다. 더불어 자산관리, 재무설계, 노후대비를 주제로 한 책 『불황을 이기는 월급의 경제학』까지 출간했으니 무슨 말이 더 필요할까요.

연구원 1년 과정은 너무나 힘들었지만 그러면서도 참으로 행복한 시간이었습니다. 다양한 인문사회 철학서들을 통해 과거의 인생 선배님들에게 많은 것을 배울 수 있었고, 같이 공부하는 연구원 동기들을 통해서도 그들의 삶과 생각, 다양성 등에 대해 듣고 배울 수 있었죠. 거기에 더해 구본형이란 일생일대의 멘토를 만나 삶의 본질에 대해 배우고, 깨닫고 또 나의 삶에 적용까지 할 수 있었으니 어찌 연구원 과정 1년이 행복하지 않을 수 있었을까요?

마침내 첫 책을 출간하다

그렇게 함께 1년을 공부한 후 2년째부터는 혼자만의 길을 걸어야 했습니다. 홀로 공부하고, 스스로의 앞길에 대해 고민해야만 했죠. 그리고 연구원 졸업 과제로 자신의 책을 써야만 했습니다. 제가 쓰고자 한 책의 콘셉트는 '소심'이었습니다. 연구원 과정 1년 동안 자기탐구를 하며 저 자신에 대해 많은 것을 알게 되었는데, 그러면서 만난 것이 소심이었죠.

저는 소심남이었습니다. 제 소심한 면이 참 싫었습니다. 남들 앞에 설 생각만 해도 손에 땀이 배고, 다리가 후들거리며 목소리는 마치 터널 속에 들어온 듯 바이브레이션이 되어버리곤 했죠. 남에게 싫은 소리는 못하면서 상대의 부탁은 거절하지 못했습니다. 반대로 부탁을 하는 것은 너무나 힘들었고요. 이런 소심을 제게서 완전히 떼어내 버리고 싶었습니다. 극복하고 싶었습니다.

하지만 자기탐구를 하며, 내 안의 나를 들여다보며 저의 소심이 어린 시절에 겪은 여러 경험으로 인해 생성되어진 결과물임을 알게 되었습니다. 어릴 적 상처가 내 안의 나로 자리잡음으로써, 또 하나의 나로 함께 성장해 온 것이죠. 그렇기 때문에 이 소심을 버리고, 대범한 나로 살아가기란 거의 불가능하다는 것을 깨닫게 되었습니다. 이 사실을 알게 된 후 저는 소심의 극복 대신 다른 방법을 찾게 되었습니다. 바로 소심한 그대로 잘 살아가는 방법이었죠. 저는 이 주제로 책을 쓰고 싶었습니다. 그래서 제목도 '참 위대한 소심'이라 지어 놓았습니다.

열심히 썼습니다. 하지만 결국 초고를 끝내지 못했고, 당연히 출간으로 연결되지 못했습니다. 두 가지 문제가 있었습니다. 2009년 변화경영연구소 북페어에서 출판사 관계자들을 초청해 출간기획서 발표를 할 때, 한 출판사에서 제 소심 콘셉트에 관심을 보였습니다. 보다 구체적인 이야기를 듣고 싶어 했죠. 그러나 그 이후 진도를 나가지 못했습니다. 쓰기가 힘들었죠. 뭐랄까, 제 글에 자신감이 부족했다고나 할까요?

그렇게 애만 끓이며 1년을 보냈나 봅니다. 다시 정신을 차리고 글의 형식을 바꿔 본격적으로 글을 쓰기 시작했습니다. 초고의 80%를 쓴 후 그 출판사에 연락을 했습니다. 편집팀장 왈, 아쉽다고 하더군요. '소심'에 대한 트렌드가 지나갔기 때문에 이제는 책으로 내기 어렵다 했습니다. 억장이 무너졌습니다. 그리고 그렇게 소심에 대한 책쓰기는 끝나버리고 말았습니다.

이후 본격적인 방황이 시작되었습니다. 무엇을 해야 할까? 책은 일단 써야 하는데, 이미 실패를 했으니……. 그때 번뜩 이런 생각이 떠올랐습니다. 저의 사회인 야구 경험을 바탕으로 자서전적 이야기를 스토리텔링 형식으로 써보면 어떨까? 그렇게 매일 조금씩 글을 쓰기 시작했습니다. 딱 1년 정도 쓴 것 같네요. 원고가 마무리되었습니다. 제목은 『소심야구』라 붙였고요. 그리고 제 책을 내줄 출판사를 찾기 시작했습니다. 하지만 그 어떤 출판사도 반응이 없더군요. 다시 낙담할 수밖에 없었죠.

그러던 어느 날, 우연히 전자북 전문 출판사와 미팅을 하게 되었습니다. 그 후 이야기가 진전되며, 저의 첫 책 『소심야구』는 마침내 ebook으로 세상의 빛을 보게 되었습니다. 종이책 출간을 하지 못함에 대한 다소의 아쉬움이 남긴 했지만, 그래도 한 권의 책을 마무리했다는 데 의의를 둘 수 있었고, 더불어 큰 힘을 얻을 수 있었죠.

새로운 시도, 그렇게 만들어지는 나의 길

매일 새벽 『소심야구』를 쓰면서 업무 중에는 새로운 시도를 하고 있었습니다. 재무팀에서 근무하다 보니 경제공부가 업무의 일환이었고, 그렇게 알게 된 경제지식과 내용들을 회사 직원들과 나누고 싶었습니다. 그래서 제가 알고 있는 경제 관련 내용들을 '양 차장의 일일경제지표'란 제목의 A4 반 장 정도 칼럼으로 정리해 거의 매일 회사 게시판에 올리기 시작했습니다. 2011년이었습니다.

처음엔 별 반응이 없었는데, 1주일, 2주일, 한 달이 되어 가니 조금씩 직원들의 호응이 오기 시작했습니다. 그리고 3개월을 넘어서니 감사하게도 마니아층까지 생기더군요. 그들의 응원에 힘입어 더욱 열심히 글을 썼고, 그렇게 거의 1년 동안 200편 가까이 연재했습니다. 나중에는 직원들뿐 아니라 임원들 사이에서도 소문이 날 정도였죠. 덕분에 저는 회사의 '재무통' '경제통'으로 인정받기 시작했습니다. 사내 재무전문가로 자리매김하게 된 것입니다.

그 다음 해인 2012년에는 간단한 경제상식이 아닌, 직원들에게 보다 더 도움이 될 수 있는 경제 이야기를 해보고 싶었습니다. 당시 제가 가지고 있던 경제관과 가치관을 결합하는 작업이었습니다. 그래서 1주일에 한 편씩 '돈의 관점으로 본 인생사'란 제목으로 다시 연재를 시작했습니다. 새로운 글에 대한 반응 또한 좋았습니다. 그렇게 4개월여를 연재했고, 직원들의 열렬한 호응 속에 글을 마무리할 수 있었습니다.

이 연재는 얼마 후 제게 큰 행운을 가져다주었습니다. 이때 쓴 글을 모아 다음 해에 『불황을 이기는 월급의 경제학』이란 책으로 출간까지 할 수 있었으니까요. 책을 내고 축하를 참 많이 받았습니다. 더불어 완전한 재무전문가로서 인정받는 계기가 되었고요. 그동안은 사내 전문가로만 그쳤다면, 이후부터는 본격적으로 외부에서도 인정받을 수 있는 기반을 얻게 된 거죠.

더불어 2012년에는 연재 외에 한 가지 더 새로운 시도를 했습니다. '양차장의 일일경제지표'를 연재한 후, 후배로부터 경제동호회를 하나 만들면 어떻겠느냐는 제안을 받았습니다. 하지만 정중하게 거절했습니다. 남들 앞에 나서는 게 불편할 뿐만 아니라, 제 성향상 누군가의 리더가 되어 모임을 이끈다는 것에 대한 자신감도 없었기 때문이었습니다. 하지만 '돈의 관점으로 본 인생사'를 마무리하고 나자, 거짓말처럼 경제동호회를 하나 만들고 싶다는 마음이 생겼습니다. 정확한 이유는 저도 잘 모르겠습니다. 마치 하늘의 계시처럼, 이제는 해도 되겠다는 생각이 들었습니다.

고민을 시작했습니다. 어떤 식의 경제모임을 만들면 좋을까. 일단 구본형변화경영연구소의 연구원 과정을 벤치마킹하면 좋겠다는 생각이 들었습니다. 경제도서로 커리큘럼을 구성하고, 서평을 쓰되 2주에 한 권 분량으로 읽도록 하자. 그리고 한 달에 한 번은 오프 모임을 통해 과제 발표를 하는 형식으로 진행하면 괜찮겠다는 결론을 내렸습니다. 총 기간은 1년, 기수제를 적용하기로 했고요.

이처럼 큰 틀을 완성시킨 후 그동안 읽었던 경제도서 중 괜찮았던 책들을 골라 커리큘럼을 만들었습니다. 그리고 진행방법에 대한 안내문을 만들고, 최종적으로 회사 게시판에 모집공고를 올렸습니다. 과연 몇 명이나 지원할까? 이 과정에 대해 많이 힘들어하진 않을까? 과연 실제적인 도움이 될 수 있을까? 여러 고민과 걱정들이 교차했습니다.

그리고 지원 마지막 날. 제 이메일을 통해 총 19명의 지원자를 확인할 수 있었습니다. 감격스러웠습니다. 아, 이렇게 경제공부에 목말라하는 직원들이 많았구나. 처음엔 최대 10명으로 끊으려 했지만 함께 가보기로 했습니다. 분명 허수는 있을 테고, 중간 탈락자도 생길 게 분명했으니까요. 그리고 10월 말일 저녁에 상견례 모임을 가지기로 했습니다.

그날 저녁 7시쯤 조용한 식당에서 지원자들과 함께했습니다. 이미 알고 있는 직원도 있었지만, 대부분은 처음 보는 직원이었습니다. 내색은 안 했지만 꽤 감격스러웠습니다. 여기에 더해 저를 감동하게 만든 또 다른 이유도 있었습니다. 평일 저녁에 진행된 상견례 참석을 위해 휴가까지 내면서 지방에서 올라온 사람 덕분입니다. 그것도 두 명이나 말이죠. 한 명은 충청도 논산에서, 다른 한 명은 먼 전라도 광주에서. 그들의 열정에 박수를 치지 않을 수 없었습니다. 아마도 제 인생에 가장 잊을 수 없는 몇 순간을 꼽으라고 한다면 이날 저녁을 제외하기는 어려울 것 같습니다. 이날이 바로 제 1인 기업의 이름이기도 한 '에코라이후'의 태동이자 시작이었으니까요.

그렇게 시작된 '에코라이후' 모임이 올해로 벌써 6년째를 맞이했습니다. 지금은 6기가 왕성하게 활동하고 있죠. 첫 시작은 사내 직원들을 대상으로 했지만, 3기부터는 사내가 아닌 직장 밖 외부 사람들이 합류함으로써 '에코라이후' 모임은 본격적인 경제·경영·인문의 균형 찾기 프로그램이 되었습니다. 추가적으로 2015년부터는 6개월 단위의 '좋은 책 읽고 쓰기 습관화 프로그램'인 '에코독서방'을 개설하여 운영해오고 있습니다. 독서에 관심은 있으나 꾸준히 읽기가 어려운 사람들, 좋은 책을 읽고 싶으나 어떤 책이 좋은 책인지 잘 모르는 사람들 그리고 좋은 사람들과 좋은 만남을 가지길 원하는 사람들이 모여 서로 배우고, 함께 성장해가는 커뮤니티로 발전해가고 있습니다.

사부님께 - 그날 못다 한 이야기

1인 기업가로서의 제 삶은 불안합니다. 하지만 그럼에도 제 삶은 충만합니다. 지금 가는 이 길이 바로 제가 꿈꾸던 그리고 지난 10년 동안 다듬으며 만들어 온 길이기 때문이죠. 여전히 미래는 불명확하고, 불투명하지만 나만의 길을 제대로 가고 있다 확신하기 때문에 그리고 내 안에 스스로를 꾸준히 전진하도록 만드는 힘이 존재함을 알고 있기 때문에 제 발걸음은 무척이나 가볍습니다.

돌이켜보면 2008년 연구원 과정 이후 2~3년 동안은 무척이나 힘들었다 고백하지 않을 수 없습니다. 전심을 다한 노력을 기울였음에도 어디로 가야 할지, 무엇을 해야 할지 답답하기만 했던 그런 시간들이었죠. 어떤 이들은 최선을 다하다 보면 나아갈 길이 자연스레 열릴 것이라 말했지만, 제 눈에는 그 길이 어디에도 보이지 않았습니다. 왜 어렵게 책을 쓰려 하지? 왜 힘들고 고통스럽게 자꾸 무언가를 하려 하지? 그냥 살짝 마음을 접고 평범한 직장인으로, 남들처럼 살면 삶이 보다 편해질 텐데……. 얼마든지나 자신과의 타협이 가능해 보였습니다. 하지만 그때 제게 큰 힘이 되어 주었던 문구가 있습니다.

파커 J. 파커의 수필집 『삶이 내게 말을 걸어올 때』에서 현명한 노인 루스는 다음과 같이 말합니다.

"나는 60년이 넘게 살아왔지. 그러나 내 앞에서 길이 열린 적은 한 번도 없었다네. 반면에 내 뒤에서는 수많은 길이 닫히고 있다네. 이 역시 삶이 나를 준비된 길로 이끌어주는 또 하나의 방법이겠지."

맞습니다. 저는 연구원 과정 이전의 나 자신으로 돌아갈 수 없었습니다. 이미 돌아갈 길이 닫혀버린 상태였으니까요. 돌아갈 수 있다고 한들, 저의 대답은 'No!'일 수밖에 없었습니다. 저는 이미 '빨간약'을 먹은 상태였으니까요. 영화 『매트릭스』에서 컴퓨터에 대항하는 반란군의 대장 모피어스는 주인공 네오에게 '빨간약'과 '파란약'을 보여주며 다음과 같이 묻습니다.

This is your last chance. 이게 너의 마지막 기회다.

After this, there is no turning back. 이후에는 되돌릴 수 없다.

You take the blue pill – the story ends, 파란약을 먹으면 이 이야기는 끝난다.

you wake up in your bed and believe whatever you want to believe.

너는 침대에서 깨어나 믿고 싶은 것만 믿으며 살게 될 것이다.

You take the red pill 빨간 약을 먹으면,

you stay in Wonderland and I show you how deep the rabbit-hole goes.

너는 이상한 세계에 남게 될 것이고, 난 네게 이 세계가 얼마나 깊은지 보여줄 것이다.

주인공 네오처럼, 저 또한 '빨간약'을 선택했습니다. 이미 잘 닦여져 있는 길, 그 길을 안정되게 걷는 일반적 삶보다는 내가 가고자 하는, 하지만 아직 잘 모르는 불안과 미지의 그 길을 걷겠노라 결심한 겁니다. 이로써 뒷문은 서서히 닫혀버렸고, 저는 새로운 여정을 준비해야만 했습니다. 더 이상 예전과 같은 과거로 돌아갈 수 없다는 절박함, 그렇게 살 수 없다는 절실함이 저를 계속 걷도록 만들었습니다. 그 힘으로 여기까지 왔습니다. 앞으로 얼마나 더 가야 할지, 그리고 또 다른 변화가 어떻게 찾아올지 솔직히 잘 모르겠습니다. 하지만 저는 기쁜 맘으로 한 걸음씩 쉬지 않고 내딛을

것입니다. 왜냐하면 이 여정이 곧 제 인생이기 때문입니다.

10년 전, 뉴질랜드 데카포 호수의 밤. 그때로 돌아가 사부님이 "차칸양아, 너의 별은 어디에 있니?"라고 다시 묻는다면, 저는 자신있게 큰 목소리로 이렇게 답할 것입니다.

"사부님, 제 머리 바로 위, 저 위에 홀로 빛을 내고 있는 별이 바로 제 별입니다. 지금은 비록 약한 빛에 머물러 있지만, 머지않아 저 자신만의 빛으로 환히 빛나게 될 거예요."

–

차칸양(양재우)

구본형변화경영연구소 4기 연구원이자, 1인 기업 '에코라이후' 배움&놀이터 대표

2003년부터 경제 전반에 대해 다양하고 깊이 있는 공부를 해오고 있다. 특히 경제공부를 통한 직장인 삶의 개선이라는 명제에 대해 많은 관심을 가지고 있다. 2012년부터 개인 스스로 경제뿐 아니라 경영, 인문적 관점에서의 삶을 계획하고 실천할 수 있도록 도와주는 1년 프로그램 '에코라이후'를 운영해오고 있으며, 이를 통해 평범한 사람도 얼마든지 행복하고 풍요롭게 살 수 있다고 믿는다.
금융 칼럼니스트, 재무설계 강사로 활동하고 있으며, 지은 책으로는 『소심야구』(2012년)와 『불황을 이기는 월급의 경제학』(2013년)이 있다.

삶을 바꾼 만남

- 유 재 경-

[구본형, 내 삶의 터닝 포인트]

넋 놓고 있다 문득 시계를 보니 약속시간 10분 전. 벌떡 일어나 지하철 노선도에서 남은 역의 수를 헤아려본다. 아이구, 늦겠네. 흠모하던 작가와의 첫 만남에 지각이라니. 낭패감이 밀려왔다. 잠깐 망설이다 문자를 보냈다.

'제가 시간 계산을 잘못해서 15분 정도 늦을 것 같습니다. 약속시간에 늦지 않는 편인데 오늘은 실수를 했네요. 양해를 부탁드립니다.'

혹시나 답이 올까 수시로 문자를 확인하는데 감감무소식. 경복궁역에 내려 급한 마음에 계단을 한달음에 올라 약속장소에 도착했다. 그때가 2010년 4월, '나를 찾아 떠나는 여행'(꿈벗여행)이라는 프로그램에서 그와 처음 만난 순간이었다. 사진으로만 봤던 그의 얼굴에서 그윽한 목소리가 흘러나왔다. 흘금흘금 훔쳐보니 무테안경 뒤의 눈이 참 예쁘다. 아이라이너와 마스카라로 힘을 준 듯 선명한 눈매가 부럽다. 허름한 등산복을 입은 그가 일행을 자신의 차에 태웠다. 구입한 지 10년은 넘은 듯한 중형차였다.

'베스트셀러 작가라던데, 낡은 차를 타고 다니시네.' 의외였다.

양평으로 가는 차 안. 창밖에는 울긋불긋 봄꽃들이 참 예쁘다. 금요일 오전의 청량한 공기와 맑은 하늘과 햇빛. 몸과 마음이 가벼워지는 느낌이 들었다. 하지만 차 안은 정적이 가득하다. 꽤 오랫동안 그는 말이 없다. 처음 만난 사이인 우리도 입을 떼지 않았고 침묵에 잠겨 있었다. 그때 내 머릿속에 이런 말풍선이 떠올랐다.

'내가 지각을 해서 화가 나셨나? 난 이제 찍혔구나. 2박 3일을 어떻게 보내지? 죄송하다고 다시 한 번 말을 해야 하나? 아우 어쩌지?'

내 머릿속 말풍선을 읽었는지 그가 정적을 깨고 입을 열었다.

"그래 뭐가 그렇게 힘들어서 여기까지 왔어요?"

내 입에서 이런저런 이야기가 흘러나왔다. "스트레스와 과로로 쓰러져 한 달을 쉬고 다시 회사에 복귀했는데, 예전의 삶으로 돌아가는 것 같아 이래서는 안되겠다 싶어 오게 되었어요." 다른 참가자도 비슷한 이야기를 했다. "오랫동안 준비해 원하던 직장에 들어갔는데, 도무지 행복하지가 않다. 회사 다니기가 너무 힘들어서 당신을 찾아왔다"라고. 그는 나의 지각에 대해서 한 마디도 하지 않았다. 화가 나서가 아니었다. 나중에 보니 그는 약속시간이 지나 어슬렁어슬렁 나타나는 프로지각러였다. 괜히 나 혼자 쫄아 있었던 것이다.

회사에서 일하며 책을 써라

그 프로그램 참여자들을 '꿈벗'이라 불렀다. 나는 꿈벗 27기였고 우리 기수는 9명의 신입생과 2명의 재수생으로 구성되어 있었다. 대기업 연구원, 반도체 엔지니어, 회계법인 IT 관리자, 공기업 직원, 캐디, 미술학원 원장, 청소년 상담 전문가, 프리랜서 디자이너, 교육컨텐츠업체 직원 등등 면면이 참으로 다양했다. 우리는 2박 3일 동안 포도단식을 하면서 나에게 소중한 것, 미래에 하고 싶은 일, 미래에 있을 10가지 장면을 고민하고 또 고민했다. 내가 단식의 이유를 묻자 그는 이렇게 답했다.

> "우리는 언제나 밥에 매여 살지 않느냐? 자발적 빈곤을 통해 '밥'과 '존재'의 화해를 시도해보는 것이다. 밥벌이에 얽매이지 않고 자신이 하고 싶은 일을 진지하게 생각해보는 것이다. 굶어보니 어떠하냐? 생각보다 괜찮지 않느냐? 우리는 아주 조금 먹고도 얼마든지 살 수 있다."

프로그램의 말미에는 자신이 좋아하고, 잘할 수 있고, 밥벌이가 될 수 있는 일, 이 세 가지의 공통분모를 찾아 자신을 브랜딩하고 향후 계획을 발표한다. 나는 작가, 강사, 컨설턴트의 공통분모에 위치한 '여자주인공 캐스팅 컨설턴트'가 되겠다는 계획을 발표했다. 내 사업의 슬로건은 '당신을 당신 인생의 주인공으로 만들어드립니다'였다. 다중지능검사나 MBTI와 같은 성격검사, 그리고 '나는 누구이며 무엇을 원하는가' 워크숍을 진행해 자신이 가장 잘할 수 있는 분야를 찾고 헤드헌팅 서비스와 연결해 자신의 능력과 취향에 맞는 직장을 추천해준다. 또한 도우미 서비스를 연결해 진행상황을 확인하고 지속적인 변화를 돕는다. (신기하게도 1인 기업가가 된 지금, 이와 아주 유사한 일을 하고 있다. 이 계획을 실현시키기 위해서였는지 이후 나는 헤드헌팅 회사에서 3년을 일했고 대학원에 진학해 리더십과 코칭을 공부했다. '쓰는 대로 이루어진다'는 말은 맞다.)

내 발표를 들은 그는 나에게 이런 피드백을 주었다.

"비즈니스 모델이 잘 구성되어 있고 아주 잘할 것 같다. 마흔다섯에 시작하지 말고 마흔하나에 시작해라. 나이가 들면 새로운 일을 시작하기 힘들고 즐거움을 누리는 시간이 짧다. 회사를 다니는 3년 동안 책을 써라. 회사 다녀서 돈 못 번다. 1인 기업가가 월급쟁이보다 벌이가 낫다. 임원이 되지 않아도 경력개발에 대해 조언할 수 있다. 나도 이리 하고 있지 않느냐. 여성의 자기계발에 관한 글을 쓰려면 시중의 책을 읽지 말고 여성심리에 대한 책을 읽어라. 그래야 기본을 다질 수 있다."

그가 할 수 있다 하니, 정말 할 수 있을 것 같았다. 의욕이 샘솟고 기운이 솟구쳤다. 회사에서 일하며 책을 쓰겠다는 야심찬 목표도 세웠다. 앞으로의 회사생활이 즐거워질 것 같았다. 하지만 그렇게 되지 않았다.

긍정적인 연구원

그를 다시 만난 건 7기 연구원 면접여행이었다. 꿈벗여행 이후 나는 회사에서 버티려 무던히 애를 썼다. 그의 조언대로 책을 쓰기 위해 글쓰기 모임에 들어갔고 '스트레스야, 가라!'를 외치며 테니스도 쳤다. 결혼 10주년을 맞아 시어머님을 모시고 가족여행을 다녀왔으며 매일 아침 우울증 약한 알을 삼키고 악착같이 출근했다. 하지만 이유없이 몸이 아팠다. 만성적인 수면부족에 시달렸고 아침에 일어나면 '오늘 또 어떻게 회사에서 버티나' 한숨이 나왔다.

결국 나는 1년을 버티다 회사를 떠났다. 직장생활 14년 만에 나에게 주는 안식년 휴가였다. 자유인이 되면 꼭 하고 싶은 일이 한 가지 있었다. 바로 그가 운영하는 연구원 과정에 참여하는 것이었다. 연구원 과정은 매주 어마무시하게 어려운 책을 읽고 북리뷰와 칼럼을 써야 했다. 아이 둘을 돌보느라 회사도 겨우 다니는 나에게는 불가능에 가까운 미션이었다. 이제 회사를 떠났으니 할 수 있지 않을까? 용기를 내어 지원서를 제출했다.

2011년 3월, 강원도 평창으로 가는 차 안에서 그와의 두 번째 만남이 이루어졌다. 면접여행에 가기 위해서는 지난한 과정을 거쳐야 했다. 30페이지 분량의 개인사를 작성해 제출했고, 4주 동안 지정 도서를 읽고 북리뷰와 칼럼을 쓰는 레이스에 참여했다. 각 단계마다 합격자 명단에서 내 이름을 확인하는 순간은 짜릿했다. 연구원 선배가 운전하는 차 뒷자리에서 내 얼굴을 본 그는, 회사를 나왔다는 나의 말에 아쉬워했다. 나는 연구원 과정을 하기 위해서 회사를 그만둔 건 아니지만 연구원 과정은 회사를 그만두고 가장 하고 싶었던 일이라고 말했다. 연구원 과정을 통해 그동안 내가 원하는 많은 것을 이루었는지, 행복하지 않은 이유는 무엇인지 찾고 싶다고 말했다. 앞으로 어떤 일을 할 것인지 명확한 그림을 그리고 싶다고 말했다. 이번에 떨어지면 다음 기수에 또 도전할 거라 협박도 했다. 그리고 결정적인 한 방을 날렸다. 자작시 한 편이었다.

일주일에 팔백 쪽 넘는 책 읽으며
너무 무리다 심하다 싶었는데
이제 이삼백 쪽 책은
마음만 먹으면 하루에도 읽겠으니
읽기 공부 제대로 했네.

수업료 천만 원 생각하며
왜 하필 이번부터야 싶었는데
책 나오고 축하금으로 받을 생각하니
그 돈으로 뭘 할까
벌써 마음은 부자네.

올 한 해 책 읽고 칼럼 쓰고
안식년이 아니라 연구년 되겠네
그래도 면접여행, 입학여행,
창조놀이, 해외연수 기다리니
공부가 놀이고 놀이가 공부라
이 아니 좋을소냐.

함민복 시인의 시 '긍정적인 밥'을 패러디해 지은 '긍정적인 연구원'이다. 시를 들은 그가 껄껄껄 웃었다. 그리고 당당히 합격했다. 웨버(현역 연구원 대표)로도 선출되었다. 그렇게 나는 그와 사제지간의 인연을 맺었다. 그와 함께했던 2011년 한 해는 내 인생에서 가장 빛나는 시절이었다. 매주 책을 읽

경주 입학여행에서 함께 찍은 사진. 표정도 포즈도 닮았다. 그렇게 나는 그의 제자가 되었다.

고 글을 쓰고 한 달에 한 번은 그를 만나 깊은 이야기를 나누었다. 강원도 면접여행에서 눈길을 함께 걸었고, 경주 입학여행에서는 흩날리는 벚꽃비를 맞으며 웃었다. 여름에는 이탈리아 토스카나에서 와인잔을 부딪히고 가을에는 안동 하회마을에서 누렇게 익은 벼와 아름답게 물든 단풍을 감상했다. 해를 넘겨 간 강원도에서의 졸업여행에서는 그가 만들어준 '못된 음식'(너무 맛있어서 살을 부르는 돼지목살 된장고사리찜)도 먹었다. 한푼 벌이가 없었으나 마음은 참으로 풍족한, 아름다운 시절이었다.

구본형에 대한 오해와 진실

누군가를 마음 깊이 흠모한 적이 있는가? 온갖 환상을 가지고 가까이

다가갔다 상처만 입고 쓸쓸히 발길을 돌린 적이 있는가? 현역 연구원 시절 나는 그와 많은 시간을 보냈다. 한 달에 한번 있는 오프라인 수업뿐 아니라 선배 연구원들의 출간기념회, 송년회, 북페어까지 온갖 행사를 치르며 그와 많은 일을 했다. 그러면서 그의 실체(?)를 알게 되었다. 많은 사람들이 가지고 있는 그에 대한 오해와 그 진실을 알게 된 것이다. 2011년 말에 쓴 글을 정리해 옮겨 본다. 제목은 '구본형에 대한 네 가지 오해와 진실'이다.

첫 번째 오해, 구본형은 1인 기업가다

인터넷 검색창에 '구본형'이란 이름 석 자를 넣고 검색 버튼을 누르면 당신은 변화경영연구소 홈페이지로 안내될 것이다. 그곳에 들어가면 홈페이지 하단에 연구소 주소와 전화번호 그리고 연구소장의 휴대폰 번호가 보인다.(지금은 관련 정보가 존재하지 않는다.) 나는 작년까지 모 다국적기업의 전략기획실에서 일하며 리더들을 위한 워크숍 프로그램 기획에 관여한 적이 있었는데, 마침 그 당시 워크숍의 주제가 '변화'였다. 내 머리엔 '변화경영전문가 구본형'이란 이름이 떠올랐고, 이내 연구소 전화번호를 꾹꾹 눌렀다. 얼마간의 신호음이 울린 후 그의 깊고 낮은 목욕탕(?) 목소리가 수화기 너머에서 들려왔다. 나는 당황해서 이렇게 말했다. "아, 네. 구본형 소장님이신가요? 전화를 직접 받으시네요. 비서가 있으실 줄 알았어요." 그는 이렇게 대답했다. "비서는 없습니다. 전화는 직접 받습니다." 이 에피소드로 미루어보면 그는 1인 기업가가 맞다. 하지만 지난 1년여 동안 그와 동고동락하면서 파악한 바로는 그는 사실 1인 기업가가 아니다. 그가 운영하는 연구소는 그의 제자(연구원)들과 그의 프로그램에 참여했던 사람들(꿈벗, 단군, 필살기 등등)의 재능기부로 많은 일들이 진행되고 있다. (최근에는 수개월이 걸린 홈페이지 리뉴얼 작업도 그렇게 완성을 앞두고 있지 않은가?) 또한 그에게 배우고 익힌 사람들이 자신들의 프로그램을 만들어 홍보하며 운영하고 있다. 그를 아는 사람들은 그에게 기꺼이 시간과 노력을 떼어준다. 그러면서도 즐거워한다. 그 또한 그런 사람들에게 자신의 시간과 노력을 아낌없이 나누어준다. 그의 글에, 그의 인간적 매력에 푹 빠진 사람들이 그의 주위에 있는 한 그는 진정한 1인 기업가가 될 수는 없을 것이다.

두 번째 오해, 구본형은 진지한 사람이다

내가 그를 처음 만난 것은 꿈벗여행에 참여하면서였다. 목적지로 이동하는 차 안에서 그는 별다른 말을 하지 않았다. 그리고 프로그램이 진행되는 2박 3일 동안 그는 처음부터 끝까지 진지했다. 생각해보니 그의 글도 참으로 진지하다. 묵직하고 울림이 있다. 글은 사람을 닮는다 하지 않았던가. 그럴 만하다 생각했다. 하지만 나는 그가 매우 유머러스한 사람이라는 걸 이제 알았다.
한번은 이런 일이 있었다. 오프라인 수업일이었다. 오전 수업을 마치고 우리는 중국음식점에서 점심을 기다리고 있었다. 그의 주위에는 그보다 스무 살이나 어린 젊은이들이 여럿 있었다. 그는 남자 제자들보다는 여자 제자들과, 중년의 제자보다는 청년의 제자들과 어울리는 것을 훨씬 좋아하는 듯했다. 내가 말했다. "사부님은 참 좋으시겠어요. 만날 젊은 사람들에게 둘러싸여 사시니." 그가 대답했다. "내가 이걸 괜히 하는 줄 아니?" 우리는 박장대소했다. 그를 진지한 사람으로 생각했다면 당신은 그의 겉모습만 알고 있을 뿐이다. 그와 가까워지면 그가 매우 재미있는 사람이라는 것을 깨닫게 될 것이다.

세 번째 오해, 구본형은 유명인사다

주위에 자기계발서를 탐독해 온 친구나 동료가 있다면 물어보라. 구본형이란 저자를 아느냐고. 다수의 사람들이 안다고 답할 것이다. 사실 그는 이 분야에서는 꽤 유명인사다. 그도 그럴 것이 직장인 신분으로 첫 책을 내어 베스트셀러로 만들었고, 지금까지 꾸준히 1년에 한 권 이상을 출간해 모두 18권의 책을 낸 대단한 구력의 작가니 말이다. 그의 글은 깊이가 있지만 어렵지 않고 직장인들에 대한 연민과 애정이 담겨 있다. 하지만 그와 함께 거리를 걷거나 식당에서 식사를 하게 되어도 그를 알아보고 사인을 청하는 사람은 없다. 그의 얼굴이 그리 많이 알려지지 않은 탓이다. 그의 자서전을 비롯해 몇 권의 책에서 그의 얼굴을 만날 수는 있지만 그는 TV와 같은 매체에 얼굴을 내밀지 않는다. (아주 가끔 라디오에서는 만날 수 있다. 그는 얼굴보다 목소리가 자신 있나 보다.) 그의 인생철학인 듯싶다. 그가 사는 모습은 소박하기 그지없다. 그 정도 성공한 사람이라면 그런 모습이기 어려울 거라는 생각이 드는 적도 많다.

그는 사람들과 어울리길 좋아하나 대접받으려 하지 않는다. 약속장소까지 지하철이나 버스를 이용해 혼자 찾아온다. 헐렁한 등산 바지에 보풀이 인 티셔츠를 입고 노트북 가방을 어깨에 메고 팔자걸음으로 느릿느릿 걸어온다. 구내식당에서 함께 밥을 먹게 되면 그는 식판을 들고 먹을 것을 스스로 담는다. 누군가 가져다 주겠다면 극구 사양한다. 사람들과 어울려 어디선가 하룻밤 머물게 되어도 그는 독방을 청하지 않는다. 그저 아이들과 한 방에서 뒹굴다 잠이 든다. 유명인사가 되어 대접받는 맛을 알게 되면 사람은 거만해지기 마련이다. 같은 대접을 받지 못하면 무시당하는 것이라 생각하기 마련이다. 하지만 그는 그렇지 않다. 그런 의미에서 그는 영원히 유명인사가 되지는 못할 것이다.

네 번째 오해, 구본형은 얼리어댑터다

얼리어댑터(early adopter)라는 말을 아는가? 첨단기술에 민감하여 신제품이 나오면 제일 먼저 사서 써야 직성이 풀리는 사람. 나는 구본형이 그런 사람이라 생각했다. IBM이라는 첨단 기술기업에서 20년을 근무한데다 그는 변화전문가가 아닌가? 변화의 최첨단에 서서 변화를 주도하고 사람들을 이끌어가는 사람이 변화전문가가 아니고 무엇이란 말인가? 하지만 그는 정확히 그 반대다. 그의 휴대전화 앞자리를 보라. 주위에 010이 아닌 휴대전화 앞번호를 가지고 있는 사람이 있는가? 스마트폰이 대세인 요즘, 아직도 구식 휴대전화를 들고 다니며 '이 정도면 만족한다'는 사람이 바로 그다.

그가 IT기기를 잘 다룰 거라는 기대도 버려라. 지난여름 이탈리아 여행에서 나는 그의 부탁으로 그의 대여폰 시간 설정을 바꾸어주었다. 한번은 오프수업을 하는데, 그는 사용하고 있는 프로그램의 화면을 최대화하는 버튼이 이미 눌러져 있는 줄도 모르고 있었다. 그러면서 그는 한마디 했다. "내가 컴퓨터를 잘 알 거라는 편견을 버려!" 결정적인 제보를 한 가지 하자. 그는 독수리 타법으로 타자를 친다. 얼리어댑터는 절대 아니며, 대중을 따라가는 팔로어도 아니다. 그는 부화뇌동하지 않는다. 그는 남들의 시선에 신경 쓰지 않고 자신의 길을 뚝심 있게 걸어가는 사람이다. 어쩌면 그것이 변화에 대응하는 그의 철학인지도 모르겠다. 변화에 대처하는 변화전문가의 자세 말이다.

혹시 있을지 모르는 사태에 대비해 방패막을 하나 쳐놓자. 이 글은 그의 품위를 훼손하는 글이 아니다. 오히려 이 글은 그의 인간적인 매력을 강조하는 글이다. 그의 제자로 동고동락하며 나는 그에게 한 번도 실망한 적이 없었다. 그는 따뜻한 아버지 같았고, 넉넉한 품을 내어주는 스승 같았다. 그 누구에게도 이래라저래라 하지 않고 상대가 깨닫고 움직일 수 있도록 기다려주었다. 수많은 제자 한 명 한 명의 아픔을 어루만져주었고 제자의 성공을 자신의 것보다 더 기뻐했다. 글을 쓰다보니 그가 더욱 그립다.

내 인생의 터닝 포인트

2013년 봄, 그는 갑자기 먼 곳으로 떠났다. 2010년 봄에 처음 만났으나 그와 나의 인연은 3년이라는 짧은 시간밖에 지속되지 못했다. 내 첫 책은 2013년 겨울에 나왔다. 그가 떠난 후였으니 추천사도 받지 못했다. (결국 누구의 추천사도 넣지 않았다.) 2015년 2월, 나는 마흔세 살의 나이에 1인 기업가로 독립했다. (그가 꿈벗여행에서 마흔하나에 하라고 했는데 2년 정도 시간이 더 걸린 셈이다.) 나는 현재 커리어와 리더십이라는 키워드를 중심으로 저술, 강의, 코칭을 하고 있다. 돌아보니 꿈벗여행에서 그린 그림이 거의 현실화되었다.

그와 만남은 내 인생의 터닝 포인트였다. 내 인생 가장 어두운 시절, 짠하고 나타나 한 줄기 빛을 밝혀준 그! 이제 그를 만나고 내 인생이 어떻게 달라졌는지, 그에게 무엇을 배웠는지 이야기하고 긴 글을 마치려 한다.

계획하지 않아도 괜찮아

나는 무엇이든 철저히 조사해서 정교하게 계획해야 하는 사람이었다. 그리고 그 계획이 예상대로 진행되어야 마음이 놓이는 사람이었다. 하지만 그는 정반대의 사람이었다. 그런 그의 진면목이 드러나는 상황은 여행이다. 동해로 갔던 졸업여행의 한 장면을 풀어본다.

우리는 졸업여행을 철저하게 계획했다. 훈이 세운 넉 장짜리 계획표에는 어디서 자고 무엇을 먹으며 무엇을 하며 놀 것인지 자세히 나와 있었다. (꼼꼼대마왕인 그는 민박집과 식당 전화번호부터 예산까지 자세히 기재해놓았다.) 하지만 그 어느 것도 지켜지지 않았다. 그와 함께하는 여행은 항상 그랬다. 쓸데없이 멀리 돌아가고 자주 헛걸음을 치고 고속도로를 옆에 두고 좁은 국도변을 이리저리 헤맸다. 그에게 여행은 마음 내키는 대로 이리저리 쏘다니는 방랑이었다.

우리의 애초 목적지는 속초였다. 그에 따른 루트가 잡혀 있었다. 하지만 그의 "너희들, 꼭 속초에 가야겠니?"라는 한마디에 목적지는 강릉으로 급변경되었다. 붉은 태양이 떨어질 때쯤 만난 우리는 동해로 향했다. 해변도로를 따라 넘치는 기상의 파도를 감상하며 노을을 즐겼다. 천박한 모텔들이 즐비한 정동진은 눈길을 주지도 않고 지나쳤다. 그리고 동해의 작은 항구에서 생선회와 매운탕으로 소줏잔을 기울였다. 그는 "한 해 동안 수고 많이 했다" 덕담을 건네며 우리의 잔을 채워주었다. 경수가 가져온 안동소주 향기가 방 안에 가득했다. 우리의 웃음소리와 그의 나직한 목소리가 밤의 정취를 더해가고 있었다.

이제 밤을 묵을 숙소를 찾아야 할 시간. 숙소를 정하지 않고 여행하기는 이번이 처음이다. 무엇이든 사전에 알아보고 계획을 짜고 예약을 하고 일정대로 움직여야 마음이 놓이는 내가, 신의 계획에 의지하고 있다. 어찌어찌 찾은 숙소. 그런데 근방에 큰 공사가 있어 펜션에 방이 없단다. 내 이럴 줄 알았지. 어쩌지? 어두운 해안도로를 따라 길을 더듬으며 조금씩 앞으로 나아가 본다. 우여곡절 끝에 창을 열면 파도가 코 앞까지 밀려 들어올 것 같은 민박집에 방을 두 개 구했다. 심야전기를 쓴다는 민박집 방은 밤이 깊어가면서 군불 땐 구들장처럼 달아올랐고 그렇게 뜨거운(?) 밤을 보냈다. 그때 깨달았다. 계획이란 걸 하지 않아도 일은 진행될 수 있는 것이구나. 아니 가끔은 계획하지 않은 상황에서 훨씬 근사한 일들이 벌어지는구나.

나는 그에게서 불확실성을 견디는 힘을 배웠다. 인생은 계획대로 흘러가지 않는다. 계획대로 되었다고 성공한 인생은 아니다. 1인 기업가로 살다 보니 더더욱 계획이 어렵다. 다음 달 수입이 어느 정도 될지 가늠하기 힘들 때도 많다. 하지만 지금은 예전처럼 불안하지 않다. 계획보다 더 멋진 일이 일어날 수도 있음을 아니까. 신은 언제나 우리에게 일용할 양식을 주시니까. 나는 어떤 상황에서도 해결책을 찾을 수 있을거라 믿으니까.

쓸데없는 것들의 쓸모

그가 내 첫 책의 콘셉트로 잡아준 것은 '인정받고 싶은 여자의 휴식'이었다. 모든 것을 효율적으로, 최소의 인풋으로 최대의 아웃풋을 끌어내는 것이 잘 사는 것이라 생각했던 나는 번아웃되어 회사를 나오게 되면서 처음에 '휴식'이라는 단어에 대해서 깊이 생각하게 되었다. 언젠가 오프수업에서 그는 나에게 이런 이야기를 했다.

"지나치게 유용한 것만 가치 있는 것으로 생각하고 있나? 이 질문에 '그렇다'라면 문제가 있는 것이다. 기질의 문제가 아니라 철학의 문제지. 유용하지만 제거해야 하는 것도 있고 유용하지 않지만 강화되어야 하는 것도 있다. 유용하지 않는 것들이 가지고 있는 유용성이 있다. 노자나 장자의 철학을 살펴보아라. 걸어가는 데 찍힌 발자국. 그 땅만이 유용한 땅이라고 그 나머지를 없애면 걸어갈 수가 없다. 결국 걸어갈 수 있는 이유는 밟지 않는 땅이 있어서이다. 어떤 것은 철학으로, 어떤 것은 가치 기준에서 본질적인 것과 비본질적인 것으로 나누어야 할 것도 있다. 가치를 두고 있고 영향을 주고 있는 일들의 재배치가 필요하다. 네 책은 아마 그런 휴식의 본질을 놓고 그런 것들을 가지고 있을 수밖에 없는 여인들에게 도움이 될 것이다. 이런 조건 하에서 그들을 위해서 도움이 될 수 있는 휴리스틱스를 개발해라. 이것이 실용성이고 그것이 나오면 시달리는 자에게 적절한 조언을 해줄 수 있다. 이리 되면 책이 너의 미래와 연결이 된다."

나는 그와 함께하면서 생전 처음으로 쓸데없는 일(?)들을 많이 경험했다. 나 혼자였다면 절대 하지 않았을 일들 말이다. 에피소드 하나를 공개한다. 경주 입학여행. 밤이 저물고 하나둘 잘 준비를 하고 있었다. 그때 그가 진평왕릉에 놀러(?)가자는 제안을 했다. 이 밤에 무덤에 놀러가자고? 선배들이 주섬주섬 옷가지와 이불을 챙기기 시작했다. 그때까지 나는 그 이유를 알지 못했다.

4월의 밤은 생각보다 추웠다. (이불을 가져왔어야 했는데!) 그리고 사방은 칠흑같이 어두웠다. 진평왕릉은 왕릉답게 여러 명이 묘소 위에 올라갈 수 있을 정도의 넉넉한 크기였다. 우리는 묘소 위에 누워 밤하늘의 별을 보았다. '밤하늘의 별이 이런 모양이었구나.' 안동소주를 한 잔씩 돌리고 나니 봄밤의 추위도 참을 만했다. 진평왕릉에 누워 있으니 도화녀와 비형랑, 진지왕이 우리의 손을 더듬는 듯했다. (혼령이 된 진지왕은 도화녀의 미색에 빠져 정을 통하고 비형랑을 얻었다. 그러니까 비형랑은 귀신과 인간 사이에서 태어난 존재. 비형랑은 열다섯이 되던 해부터 귀신과 어울려 놀았고, 진평왕의 명령으로 귀신들의 힘을 빌어 귀교라는 다리까지 놓았다고 한다.) 밤바람에 벚꽃향이 함께 스며와 코끝이 간질거렸다. 아, 이것이야말로 눈부신 인생이 아니고 무엇이랴? (숙소로 돌아오기 전 우리는 진평왕께 큰절을 올렸다. 왕까지 지낸 분이시니 넉넉한 마음으로 우리의 불경을 용서해주

동해바다에 선 그의 뒷모습. 그는 자신을 건달이라고 불렀다.
자유와 풍류를 즐기는 사람이었으니 그럴지도.(사진 제공: 양경수 연구원)

셨을 거라 믿는다.)

그와의 만남을 계기로 나는 쓸데없는 것의 쓸모를 알게 되었다. 세상에 쓸데없는 짓은 없다. 효율이 모든 가치의 우선은 아니다. 이제는 더 이상 힘들어도 참고 견디며 미래를 위해 현재를 희생하지 않는다. 힘들면 쉬어가고 온전한 나의 기쁨을 위해 하는 일에도 시간을 할애한다. 아무짝에도 쓸모없는 일도 미친 척 해본다. 능률주의, 효율주의, 합리주의, 경제성이라는 가치로 빡빡하게 돌아가던 내 삶에 그가 빈칸들을 만들어주었다.

스승보다 더 빛나는 제자

그가 세상을 떠난 지 5년이 지났다. 그가 떠난 후 벚꽃이 떨어지는 4월이 되면 우울해지곤 했다. 평생의 스승을 잃었다는 상실감에 괴롭기도 했다. 삶과 글에 대해서 물어볼 사람이 없어 막막하기도 했다. 하지만 이제는 그리 슬프지 않다. 그가 멀리 소식이 닿지 않는 곳으로 여행을 떠난 것 같다.

누군가를 존경한다는 것은 어떤 의미일까? 그것은 '그 사람이라면 어떻게 했을까'라는 질문을 품는 것이다. 나는 삶의 갈림길에서 스승이라면 어찌했을까를 생각해본다. 그러면 그의 나지막한 목소리가 들리는 듯하다. 나는 스승보다 더 빛나는 제자가 되어 그를 빛나게 하고 싶다. '구본형의 제자라서 훌륭하다'가 아니라, '구본형이 누구길래 저렇게 훌륭한 제자를 두었나'라는 말이 나오게 하고 싶다. 지치고 힘들 때마다 그가 써준 글을 꺼내 읽는다. 그리고 힘을 얻는다. 나도 그처럼 글과 삶이 일치하는 사람이 되겠다 다짐한다. 나는 글의 힘을 믿는다. 그리고 나에 대한 그의 통찰을 믿는다. 나는 그의 말대로 그렇게 될 것이다.

재경에게, 일이 너를 빛내리니 좋은 일에 너를 모두 쓰거라.

– 2012년 4월 25일 『세월이 젊음에게』 저자 사인

–

유재경

구본형변화경영연구소 7기 연구원

구본형의 수제자는 아니었으나 애제자였다는 자부심을 가지고 살고 있다. 홍보회사, 글로벌 제약사, 서치펌 등에서 17년간 홍보, 영업, 교육, 전략기획, 채용 업무를 경험하고 현재는 1인 기업 나비앤파트너스 대표로 일하고 있다. 커리어와 리더십이라는 키워드를 중심으로 책도 쓰고 강의도 하고 컨설팅과 코칭을 하며 베스트셀러 작가의 꿈을 키우고 있다. 지은 책으로는 『4차 산업혁명 시대, 내 자리는 안전한가!』(공저), 『면접의 힘』(공저), 『회사에서 평생 커리어를 만들어라』, 『그만둬도 괜찮아』가 있다.

구본형, 나와 내 가족을 변화시킨 스승

-유 형 선-

[구본형, 내 삶의 터닝 포인트]

13년 전에 구본형 선생님 책을 처음 읽었고, 9년 전에 구본형 선생님을 처음 만났다. 구본형 선생님과 인연을 처음 맺은 그때부터 지금까지 나와 내 가족의 변화를 연도별로 정리해보았다.

- 2005년, 『그대, 스스로를 고용하라』(구본형, 김영사) 책을 선물받고 구본형 선생님을 처음 알았다.
- 2010년 10월, 2박 3일 동안 구본형 선생님이 진행한 '나를 찾아 떠나는 여행' 프로그램에 참여했다. 구본형 선생님에게 난생처음으로 자신의 꿈을 찾아가는 방법을 배웠다.
- 2012년, 직장에서 144일 동안 파업을 했다. 파업기간 동안 월급이 나오지 않았다.
- 2013년, 구본형변화경영연구소 9기 연구원이 됐다. 연구원 과정으로 1년 동안 50개의 칼럼을 쓰고 50권의 인문고전 북리뷰를 했다.
- 2014년, 아내가 구본형변화경영연구소 10기 연구원이 됐다. 내가 읽었던 인문고전 대부분을 아내도 읽고 북리뷰를 진행했다.

- 2016년 1월, 연구원 졸업작품으로 아내와 함께 쓴 『가족에게 권하는 인문학』(김정은·유형선, 휴머니스트)이 세상에 나왔다. 네 가족이 함께 책을 읽으며 삶이 변한 이야기를 담았다.
- 2017년, 아내가 쓴 책 『엄마의 글쓰기』(김정은, 휴머니스트)가 출간됐다.
- 2018년 현재, 나와 아내는 부부이면서 동시에 '가족인문학'을 세상에 알리는 동지(同志)이다.

불안과 두려움의 끝에서, '나는 누구인가?'

'구본형'이라는 이름 석 자를 처음 접한 건 2005년이었다. 당시 나는 삶의 방향성을 찾지 못한 3년차 직장인이었다. 아침부터 저녁까지 왜 일을 하는지 이유를 알지 못한 채 일했다. 월급은 적은데 쓸 곳은 많았다. 결혼도 했고 첫아이도 태어났지만 어제와 똑같은 오늘, 다시 또 똑같을 내일을 살아갈 뿐이었다.

의미 없이 사는 인생을 더 이상 반복해서는 안 된다고 자각했다. 아직 돌도 지나지 않은 큰딸을 안았을 때 두려웠다. 젖도 떼지 않은 아이는 아직 눈을 맞추지 못했다. 아이의 새카만 눈동자 속에서 내 인생이 영화처럼 흘러가는 것을 보았다. 너무나 짧은 한순간이었지만 두려운 감정이 들었다. 스크린 속에 비친 나는 아직 자신의 인생을 어떻게 살아야 할지 모르는 못난이였다. 못난이가 아버지가 되었으니 한없이 부끄러웠다. 그러나 어디서부터 어떻게 변화해야 할지 막막했다.

지인에게 『그대, 스스로를 고용하라』(구본형, 김영사) 책을 선물받았다. 회사라는 조직을 떠나 자기 자신의 꿈을 찾으며 살아갈 수 있다는 메시지가 마치 유토피아에서 흘러온 소식 같았다. 지은이 구본형과 관련된 정보를 찾기 시작했다. 구본형의 메시지에 감성이 젖던 그때, 이성 또한 목소리를 높였다.

'꿈도 중요하지만 밥 없이 어떻게 사니?'
'꿈은 나중에 이룰 수 있지만 당장 밥은 먹어야 해!'
'넌 가장이야! 너만 바라보는 가족을 생각하라고!'
'꿈 깨!'

감성과 이성이 서로 충돌하던 것도 점차 수그러들고, 어제는 그제가 되고 그제는 다시 영원히 기억하지 못할 과거가 되어버리듯, '구본형'이란 이름 역시 책장에 꽂힌 여러 책 중 한 권이 되어 일상에서 사라졌다.

그 후 2002년부터 재무일을 하던 첫 직장을 나와 2006년부터 보험영업을 시작했다. 그리고 1년도 지나지 않은 2007년, 보험교육직으로 발탁되어 지금까지 10년이 넘도록 보험회사에서 영업교육 전문강사로 밥벌이를 하고 있다.

2009년 6월, 둘째 딸이 태어났다. 2005년에 태어난 큰딸 유수민과 갓 태어난 둘째 딸 유수린. 이제 나는 두 딸을 책임지는 아빠다. 직장도 직업도 모두 안정적이지만 이상하게도 불안했다. 불안은 그림자처럼 나의 일상을 쫓아다녔다. 마치 언제 깨질지 모르는 얼음판을 걷는 마음이었다. 무엇이 문제인지 자문해보았지만, 딱히 답은 없었다. 매일 새벽에 일어나 운동장을 뛰어도, 회사일을 밤늦게까지 죽자고 덤벼들어도, 밤이 새도록 술을 마셔도 알 수 없는 불안은 가실 줄 몰랐다.

현실적인 목표를 향해 열심히 살았다. 직장에서 인정받고 열심히 저축하여 집도 사고 차도 사서 아내와 두 딸과 빨리 안정적인 가정을 꾸리기를 진심으로 갈망했다. 그 당시 우리 부부는 서울에서 맞벌이를 하면서 두 딸을 시가와 처가에 번갈아 맡겨가며 기르고 있었다. 아이들은 한 달에 서너 번 엄마를 만났고 한두 번 아빠를 만났다. 허리띠 졸라매고 열심히 돈을 모아 아이들을 데려올 준비를 하는 게 삶의 유일한 목표였다.

그러나 현실의 목표만으로는, 뭔가 중요한 것이 빠진 것 같았다. 뭔가 중요한 것을 잃어버린 것 같았다. 나만의 꿈이 필요했다. 세상 어느 누구도 대신할 수 없는 '나'는 내 영혼을 송두리째 바쳐 계획하고 실행할 일생일대의 프로젝트가 필요했다.

새로운 시작, 꿈벗

나만의 꿈을 찾아야 한다는 은밀한 고민이 깊어지면서 자연스럽게 서가에 꽂아두었던 구본형 선생님의 책을 다시 찾아 손에 쥐었다. 인터넷에서 구본형을 검색했다. '구본형변화경영연구소' 홈페이지에서 '나를 찾아 떠나는 여행' 프로그램을 접했다.

'아! 지금 나에게 필요한 교육이구나!'

'나를 찾아 떠나는 여행'은 10명 내외의 참여자가 2박 3일 동안 자신이 좋아하고 잘할 수 있는 일을 치열하게 고민하면서 새로운 삶의 방향을 모색하는 프로그램이다. 구본형 선생님이 직접 강의도 하고, 참여자 스스로 자신을 돌아보고 꿈을 찾는 시간을 보낸다. 스스로 꿈을 찾아 구체적으로 그려보는 게 중요하다.

2박 3일 동안 매 끼니 포도 10알만 먹는 포도단식을 한다. 3일 정도는 밥을 먹지 않아도 얼마든지 살 수 있다는 경험을 해보는 거다. 대부분의 사람들은 밥을 굶는 게 두려워 꿈을 찾거나 실행해볼 엄두를 내지 못한다. 3일 동안의 단식 경험은 자신의 꿈을 가로막던 밥의 공포로부터 스스로를 해방시키는 체험이다.

문제는 100만 원이라는 교육비였다. 수십 명을 교육하는 게 아니라 10명 이내의 사람들과 눈과 호흡을 맞추는 소규모 교육이기에 100만 원을 낼 만큼 절박하게 꿈을 찾는 사람들만 교육생으로 받겠다는 게 선생님의 의지였다. 용기를 내어 아내에게 프로그램 내용을 설명해주고 나도 참가하고 싶다는 의견을 밝혔다.

"뭐라고? 3일 동안 밥도 안 주면서 100만 원을 받는 교육이라고?"

참으로 어이없어하던 아내의 반응이 지금도 선명히 기억난다.

구본형 선생님의 프로그램을 통해 꿈을 찾는다는 게 국가공인 자격증이 나오는 것도 아니다. 학위를 주는 것도 아니다. 모호하기 이를 데 없는 교육을 받기 위해 무려 100만 원을 낸다는 게 이성적인 접근으로 긍정적 반응이 나올 리 만무하다. 아내도 반대했지만, 나 역시 지금은 아니라는 결론을 냈다. 그러나 내심 경제적 여유가 생기는 훗날 언젠가는 참가해볼 수도 있으리라 기약했다.

불과 1년이 지나지 않았다. 여전히 불안이라는 그림자는 내 곁에 있었다. 이제는 이 녀석과 맞서 누가 이기는지 끝장을 봐야겠다고 다짐했다. 채우려 해도 채워지지 않는 내 영혼의 빈 공간이 마치 전설 속 불가사리처럼 하루하루 커가는 것을 더 이상 지켜볼 수만은 없었다. 지금! 당장! 조치를 취해야 한다는 판단이 분명하게 섰다. 100만 원을 내고 구본형 선생님의 교육을 다녀오겠다고 아내에게 일방적으로 선언했다. 2010년 10월, 구본형 변화경영연구소의 '나를 찾아 떠나는 여행' 2박 3일 프로그램에 참여했다.

프로그램에 참여하기 위해 A4 용지 몇 장 정도로 자신의 인생을 정리해야 한다. 자신으로 여행을 떠나기 전에 몸풀기 워밍업이다. 노트북을 열고 주말 내내 인생을 정리했다. A4 용지 네 장 정도를 적었다.

드디어 '나를 찾아 떠나는 여행'이 시작됐다. 이 프로그램은 흔히 '꿈벗여행'이라는 줄임말을 쓴다. 꿈을 찾는 여행을 벗들과 함께하기에 붙여진 이름이다. 이 글에서도 '꿈벗여행'이라고 쓰겠다. 경기도 양평의 어느 펜션에서 구본형 선생님 이하 나를 포함한 아홉 명의 꿈벗이 모였다. 첫 번째 프로그램으로 선생님은 한 명씩 돌아가면서 자신의 인생이야기를 한 시간이고 두 시간이고 마음껏 이야기해보라고 하였다. 생전 처음 만난 아홉 명의 사람들이 자신의 인생을 이야기했다. 한 사람당 한 시간 정도 이야기한 것 같다. 꿈벗 한 명 한 명의 인생 이야기는 소설이 따로 없고 인생극장 다큐멘터리가 따로 없었다.

자신의 가치관을 찾는 작업이 특히 기억난다. 자신의 삶에서 가장 중요한 가치를 20개 이상 적었다. 이 가운데 더욱 중요한 가치를 10개만 골라냈다. 이번에는 10개를 각각 손바닥만 한 종이쪽지에 따로따로 적었다. 그러고는 거실에서 방으로 이동하면서 가장 후순위 가치 하나를 찾아 버렸다. 다시 역방향으로 방에서 거실로 이동하면서 남은 아홉 개의 가치 중 후순위 가치 하나를 찾아 버렸다. 한 번 한 번 이동할 때마다 무엇을 버려야 할지 고민 또 고민했다. 손에 종이가 몇 개 남지 않았을 때 또 버릴 것을 찾다

보니 탄식이 절로 흘러나왔다. 이런 작업을 몇 번 더 반복하면서 가장 중요한 나만의 가치 세 개를 찾아냈다.

그때 알았다. 유형선이라는 사람에게 가장 중요한 가치는 '자유'였다. 내 인생의 여러 변곡점에서 나는 한결같이 '자유'를 선택했다.

최종 가치 세 가지를 꿈벗들이 돌아가면서 발표했다. "제 인생에 가장 중요한 가치는 자유입니다"라고 이야기했을 때 구본형 선생님이 순간적으로 나를 바라보던 눈빛을 잊지 못한다. 사실 선생님은 모든 발표자의 이야기를 묵묵히 들으면서 늘 온몸에 힘을 빼고 계셨다. 그런데 내가 '자유'라는 단어를 말하는 순간, 선생님은 고개를 들어 나를 바라보았다. 눈빛이 레이저를 쏘는 것처럼 강렬했다. 그리고 이내 선생님 눈빛의 의미를 이해했다.

'이 녀석도 나와 같은 과(科)로구나!'

이번에는 꿈벗들이 애써 찾아낸 최고 가치를 실제 삶으로 전환시키기 위해 구체적인 직업을 찾아내는 시간이었다. 나는 자유로운 삶을 위해 작가, 강연가, 여행가를 선택했다. 그때는 글로 적으면서도 참으로 '꿈' 같은 직업이라고만 생각했다. 그러나 꼭 실현하고픈 꿈이라고 선생님과 꿈벗들 앞에서 발표했다.

스승을 만나다. 구본형, 조지프 캠벨, 칼 융

2박 3일의 프로그램 후반부에 선생님은 두 명의 인물을 소개했다. 이들은 꿈을 쫓아 사는 인생의 모델이 되기에 충분했다. 한 명은 미국의 비교신화학자 조지프 캠벨이다. 남들이 뭐라든 상관하지 않고 자신의 꿈을 위해 때로는 몇 년이고 칩거하여 내공을 쌓은 사람이다.

다른 한 명은 심리학자 칼 융이다. 선생님은 칼 융을 간략하게 소개하면서 특히 동시성 원리를 강조했다. 세상 만물이 분리된 것처럼 보이지만 사실은 서로 연결되어 있다는 얘기다. 존재는 결코 분리된 개체가 아니라는 이론이다. 동시성 원리를 과학적인 실험으로 증명한 일도 있다. 현대 양자물리학을 이끌었던 세계적인 과학자 데이비드 봄의 실험이다. 『리더란 무엇인가』(조셉 자보르스키, 에이지21)에 나오는데, 데이비드 봄이 저자에게 들려준 이야기다.

여기 두 개의 원통이 있다. 작은 원통은 투명한 큰 원통의 한가운데 들어 있다. 원통과 원통 사이는 글리세린(점성이 높고 투명한 액체)이 채워져 있다. 글리세린 위로 불용성 잉크 한 방울을 떨어뜨린다. 잉크는 글리세린 위에 한 점으로 떠 있다. 바깥쪽 원통을 천천히 돌린다. 이때 안쪽 원통은 고정되어 있다. 바깥쪽 원통이 회전하면서 글리세린이 원통을 따라 미끄러지듯 돌기 시작한다. 글리세린이 돌면 잉크 방울은 가는 실 모양을 그리며 글리세린 속으로 서서히 퍼지다가 마침내 완전히 사라진다. 놀라운 일은 그 다음이다. 손잡이를 좀 전과 반대 방향으로 돌리면 글리세린이 반대 방향으로 돌기 시작하면서 사라졌던 잉크의 입자들이 서서히 다시 보이기 시작한다. 그리고 점점 뭉치면서 결국에는 처음 보았던 한 방울의 잉크로 다시 모습을 드러낸다.

개별 존재와 전체의 관계를 정리해보자. 잉크는 글리세린으로 퍼질 때 자신만의 질서를 따른다. 개별 존재(잉크)는 전체(글리세린) 안에서도 존재의 질서를 유지한다는 게 밝혀졌다.

개념을 좀 더 확장해보자. 개별 존재는 개별 부분들로 이루어진 게 아니다. 눈에 보이지 않아 이해하기는 어렵지만, 개별 존재 안에는 분명 수많은 개별 존재들의 어울림, 즉 전체가 접혀 들어가 있다. 개별 존재는 또다른 형태의 전체이다. 이슬 한 방울 안에도 우주가 접혀 들어가 있다는 뜻이다.

'나는 누구인가?'라는 질문에 대하여

글리세린과 잉크 실험을 구본형 선생님께 배운 언어로 풀어보겠다. '나'는 하나의 우주다. 또한 '나'라는 존재는 나만의 고유한 질서를 가지고 있다. 고유한 질서에 따라 '나'와 '세상'을 연결시키는 게 순리이다. 내가 가진 고유한 질서와 맞지 않는 방식으로 '나'를 '세상'과 연결시키면 '나'도 불행하고 '세상'도 불행하다. 나를 찾아간다는 것은 내 안의 고유한 질서를 찾아가는 것이며, 내가 가진 고유한 질서에 따라 '나'를 '세상'과 연결시킨다는 의미다. 나만의 고유한 질서를 찾아가야 한다. 잉크가 글리세린 속에 녹아 들어가 보이지 않더라도 잉크는 자신의 고유한 질서를 유지한 채 존재하고 있다. 마찬가지로 세상 풍파에 흔들려 지치고 선뜻 찾기 어렵더라도 나만의 고유한 질서는 분명 내 안에 존재한다. 꿈을 찾는다는 것은 바로 나만의 고유한 질서를 내 속에서 찾아 '나'와 '세상'을 연결시키는 작업이다.

내 안의 고유한 질서를 찾는 방법으로 '나는 누구인가?'라는 질문을 스스로에게 끊임없이 묻고 답을 찾아 기록하기를 권한다. 한 번 두 번 질문한다고, 또는 한두 개의 답을 찾았다고 이 작업은 끝나지 않는다. '나는 누구인가?'라는 질문은, 죽는 순간까지 끝없이 질문하고 답을 찾는 나만의 일생 일대 프로젝트다. 과거에 무엇을 할 때 행복했는가? 영혼 가득 충만함이 차올랐던 순간이 기억난다면 그 순간을 낚아채어 글로 적고 그림으로 기록해야 한다. 이렇게 기록을 누적하다 보면 고유한 패턴이 보인다.

세상에 자신을 맞추려 하지 말자! 그런 건 개나 줘버리자! 자신 안에서 자신만의 고유한 질서를 찾아내자! 가장 행복했던 존재방식을 찾아 반복하여 행동하자! 자신의 과거에서 진짜배기 미래를 찾아내자! 미래는 결국 과거 안에 있다!

이제 자신만의 고유한 질서를 찾았다면 정말 잘할 수 있도록 수련이 필요하다. 자신만의 고유한 질서를 직업이 될 만큼 수련한다면 밥벌이도 가능하다. 수련을 하는 가장 좋은 방법은 역시 '기록'이다. 매일 매일 자기 자신에 관한 데이터를 누적하면 '자신'이라는 우주를 더욱 잘 알 수 있게 된다.

중요한 게 하나 더 남았다. 선생님은 공헌을 대단히 중요시했다. 세상에 도움이 되는 일을 할 때 진정한 행복을 찾을 수 있다. 내가 가진 고유한 질서를 찾아 회복하면서 힘을 내기 시작했다면 이제 세상에 이롭게 사용해야 한다. 홍익인간(弘益人間)이야말로 참 기쁨이며 참 행복이다. 너무나 분명하기에 쉽게 잊기도 한다.

'나'로 가는 여정

선생님은 내 속에서 미래를 찾아내는 구체적인 방법으로 '10대 풍광 그리기'를 주로 하셨다. 미래의 자신의 모습 10가지를 찾아내어 구체적으로 묘사해보자. 먼 훗날 실제 꿈을 이룬 자신의 모습을 상상하면서 구체적으로 글로 써보는 거다. 물론 추후에 얼마든지 바꾸어 다시 작성할 수도 있다. 구본형변화경영연구소 홈페이지에 가서 '나를 찾아가는 여행'의 '5천만의 꿈' 게시판을 보면 수많은 사람들의 '10대 풍광'을 직접 만날 수 있다.

2박 3일간의 꿈벗여행을 마치고 헤어지기 전에 꼭 하는 의식이 있다. 서로가 서로를 꼭 끌어안아주는 의식이다. 다시 세상으로 나가는 꿈벗들은 서로 안아주며 온몸으로 서로를 격려한다. 한 명 한 명 꿈벗 동기들을 끌어안고 등을 토닥여주었다. 그리고 선생님도 안아드렸다. 아! 글을 쓰는 이 순간, 선생님이 나를 안아주던 그 따뜻한 순간이 기억난다.

2박 3일 '꿈벗여행'을 하며 선생님에게 배운 것을 정리해본다.

- 자신에게 가장 중요한 가치를 찾아라.
- 유형선이라는 사람에게 가장 중요한 가치는 '자유'이다.
- 내 평생 일생일대의 프로젝트 연구 주제는 '나는 누구인가?'이다.
- 내 안의 나에게 따뜻한 사랑과 충만한 시간을 주어라.
- 가장 행복했던 순간을 찾아내라. 그 순간에서 내 자신이 누구인지를 낚아채라.
- 남과 경쟁하지 마라. 내 자신이 되고 싶은 내가 되기 위해 오늘을 살아라.
- 현실의 무게를 딛고 일어서라.
- 내일을 위해 오늘을 희생하겠다는 생각을 버려라. 오늘을 살아라.
- 기록하라. 내 안의 나를 키우며 변화를 기록하라.
- 공헌하는 삶을 살아라. 진정한 기쁨이다.

새벽 글쓰기를 하던 선생님의 모습도 전하고 싶다. 꿈벗여행 중 매일 새벽 홀로 일어나 글을 쓰던 구본형 선생님의 모습을 선명하게 기억한다. 새벽에 눈을 떠서 부엌에 물 한 잔 마시러 갈 때, 저 건너 식탁에서 선생님은 노트북을 열고 등을 한껏 구부려 모니터에 얼굴을 묻은 채 글쓰기에 열중하고 계셨다. 누가 지나가는지 고개 한번 돌리지 않고 오로지 노트북 화면에만 흠뻑 빠져 계시던 선생님. 1년 365일 중 적어도 360일은 새벽 4시에 일어나 홀로 글쓰기를 한다고 제자들에게 이야기하던 선생님. 글을 더 잘 쓰고 싶어서 매일 새벽 4시면 어김없이 일어나 두 시간씩 글을 쓰셨던 나의 스승 구본형! 지독하리만큼 철저했던 새벽 글쓰기 루틴은 선생님이 작가라는 직업에 얼마나 투철했던지 보여준다.

꿈벗여행에서 돌아와 아내에게 선언했다. 이제 나도 새벽 4시에 일어나겠다. 무려 120여 일을 지속했다. 때로는 영어공부를 했고 때로는 밖으로 나가 운동을 했다. 그러나 넉 달이 넘어가면서 새벽기상은 중단되고 수면부족으로 지독한 몸살에 걸렸다. 그때 내 모습에 웃음이 나온다. 무엇을 향해 가야 할지 모호했던 시기였다. 그러나 꿈벗여행을 계기로 어떻게든 내 삶을 변화시켜보겠다고 결심했고, 온힘을 다해 실행해보려고 지독하게 발버둥쳤던 시기였다. 120일이 넘도록 새벽 4시 기상을 하는 내 모습을 보며 누구보다 아내가 놀랐다. 무슨 교육이었는지 몰라도 그렇게나 아침잠이 많던 남편이 새벽이면 벌떡벌떡 일어나 뭔가에 집중하는 모습이 신기했다고 한다.

꿈벗여행을 다녀온 꿈벗들은 봄과 가을로 단체 소풍을 간다. 일상을 떠나 아름다운 곳에서 만나 서로의 꿈을 나누며 다시 한 번 자신의 꿈을 그려보는 시간이다. 2012년 4월, 충북 괴산 여우숲으로 꿈벗소풍을 떠났다. 꿈꾸는 사람들이 모여 숲에서 서로의 꿈을 나누는 소풍이다. 꿈벗여행 경험이 몇 해 지났지만 다시 한 번 그때 꾼 꿈을 기억하며 몸과 마음에 꿈을 향한 에너지를 채우는 시간이 될 것 같았다. 아내와 두 딸도 함께 소풍에 참여했다.

다시 찾아온 고난

운명의 2012년 7월을 맞았다. 내 인생에서 잊지 못할 경험이다. 2012년 7월부터 직장에서의 파업에 동참했다. 내가 다니던 회사는 외국에 본사를 두고 있는데, 자국의 본사를 살리기 위해 한국법인 매각 결정을 내렸다. 한국 회사를 인수하려는 동종업계 회사가 나타났다. 문제는 두 회사가 합병되는 과정에서 약 1,000명의 직원 중 300~400명 이상의 일자리가 즉시 사라질 게 뻔히 눈에 보였다. 노조는 전 직원의 고용안정을 사측에 요구하며 파업을 시작했고 나도 동참했다. 80퍼센트가량의 직원들이 참여한 대규모 파업이었다. 대부분 사람들은 파업을 시작할 때 한두 달 안에 끝날 것으로 예상했다. 그러나 예상과 달리 파업은 석 달이 넘도록 끝날 기

2012년 10월 '꿈벗여행' 중에 찍은 구본형 선생님(좌측)과 필자(우측).

미가 보이지 않았다.

사실 2012년 초부터 회사 매각 기미가 보였다. 안정적인 직장에서 뿌리를 내리고 가족을 책임지며 조금씩 성장하고 있다고 생각했는데, 회사 매각이라는 난데없는 강펀치가 내 인생에 날아든 것이다. 혹시라도 구조조정 대상자가 되어 회사 밖으로 내몰린다면 마흔을 앞둔 시기에 새로 취직할 엄두도 나지 않았다. 불안은 어느새 척수를 타고 올라와 가슴 한복판에 똬리를 틀기 시작했다. 이대로 가만히 지켜보고 있을 수만은 없었다. 5월부터 나는 이른바 개인 경쟁력을 기르기 위해 외국의 값비싼 MBA에 진학하겠다고 마음먹었다.

책장 구석에서 학창시절 공부했던 영어단어 책을 꺼내 출퇴근 전철에서 단어를 외웠다. 퇴근하고 집에 오면 저녁을 뚝딱 먹고는 독서실로 이동해 자정 무렵까지 공부했다. 1년 안에 TOEFL과 GMAT 고득점을 하겠다는 목표도 세웠다. 아내는 반대했다. 그러나 나는 온힘을 다해 밀어붙였다. 아내가 주변에서 보고 들은 MBA 실패사례를 내 앞에서 장황하게 늘어놓아도 귀에 들어오지 않았다. 가족을 안정적으로 먹여살릴 다른 길이 보였다면 그 길을 택했을 거다. 사무직 금융노동자가 취할 수 있는 다른 길은 보이지 않았다. 영어단어라도 외우지 않는다면 회사 매각이라는 시한폭탄을 지켜볼 엄두가 나지 않았다.

7월부터 파업에 들어갔다. 파업을 하면서 아내는 다시 한번 MBA 꿈을 접으라고 했다.

"당신, 나에게 한번 이야기해봐요. MBA를 나오면 회사 중간관리자로 재취업을 하는 거죠?"

"그렇지."

"중간관리자가 되었다고 칩시다. 지금 같은 파업상황이 다시 펼쳐질 수도 있습니다. 대답해보세요. 당신은 파업상황에 관리자로서 회사 편에 설 거예요? 아니면 관리자임에도 노동자 편에 설 거예요?"

"………."

"왜 말을 못해요? 당신은 차마 회사 편에 서지 못하겠지요?"

"그렇죠."

"그런 당신이 무슨 MBA예요?"

아내 말이 백번 옳았다. 그런데도 나는 출퇴근 가방에서 여전히 영어단어 책을 빼지 못했다. 2012년 가을 무렵, MBA가 내 길이 아님을 분명히 알고도 무려 한 달의 시간이 흐른 뒤에야 비로소 영어단어 책을 출퇴근 가방에서 뺐다. 그 대신 인문고전을 한두 권 들고 다니며 읽기 시작했다.

혼란의 끝에서, 너 어디 있느냐?

본격적으로 인문고전을 읽기 시작한 계기는 고향 친구의 장례식이었다. 사실 파업도 한두 달은 해볼 만하다. 그러나 석 달이 넘어가자 안간힘을 다해 하루하루 버티고 있었다. 파업이 약 100일 정도 진행되었을 무렵이었다. 고향 친구가 갑작스럽게 교통사고로 죽었다는 연락을 받았다. 초등학교부터 고등학교까지 같은 학교를 다닌 친구였다. 대전 성모병원 장례식장을 찾았다. 제수씨는 아장아장 걷는 아이를 들쳐 업고 조문객을 맞았다. 일상으로 돌아왔지만 친구의 영정사진이 눈앞에서 떠나지 않았다. 영정사진에 친구 얼굴이 아니라 내 얼굴이 그려진 것 같았다.

그 무렵, 구본형변화경영연구소에서 이메일로 보내주는 '마음을 나누는 편지'에서 홍승완 연구원이 쓴 법정스님 이야기를 읽었다. 법정스님은 자신의 여러 책에서 '너 어디 있느냐?'라는 화두를 반복해서 사용하신다고 했다. 나는 어릴 적부터 천주교인으로 자랐다. 법정스님의 화두는 창세기에 나오는 질문과 동일했다.

오랜만에 성서를 찾아 창세기를 펼쳤다. 아담과 하와가 선악과를 먹고서 벌거벗은 몸이 부끄러워 풀숲에 몸을 숨긴다. 하느님이 아담과 하와를 찾으며 '너 어디 있느냐?'고 말씀하신다. 조물주가 세상과 인간을 창조한 후 인간을 향해 던진 첫 번째 질문이다.

'너 어디 있느냐?'라는 질문이 머릿속에서 자꾸만 맴돌았다. 매일 아침 경의선 전철을 타고 파업 현장으로 출근했다. 다행히 물리적 충돌은 없었지만 마음은 늘 전쟁터 한복판에 놓여 있었다. 마치 폭풍우에 배가 뒤집혀 물에 빠져 허우적거리는 것 같았다. 손에 잡히는 것은 닥치는 대로 잡아보았다. 그러나 무엇을 붙잡아도 수면 위로 고개를 내밀고 숨을 쉬게 해주지는 못했다. 그 무엇을 붙잡아도 하염없이 불안하기만 하던 그때, '너 어디 있느냐?'라는 질문은 분명 달랐다. 이 질문을 붙잡는 순간만큼은 숨을 쉴 수 있었다. 이 질문을 붙잡아야만 살아날 수 있음을 본능적으로 알았다. '너 어디 있느냐?'라는 질문을 온힘을 다해 붙잡았다.

'나'를 찾아 떠나는 구체적인 여정, 연구원

질문의 답을 찾기 위해 인문 고전을 미친 듯이 읽었다. 더 이상 MBA 같은 공부는 필요치 않았다. 내 인생 두 번 다시 입신양명을 위한 공부는 하지 않겠다고 다짐했다. 근본적인 인생 공부를 하고 싶었다. 인문학을 공부하기 위해 대학원 진학도 고민했다. 그러나 이제 와서 석사나 박사 학위를 받는 건 부질없었다. 대학원도 좋지만 진심으로 존경하는 분에게 인문학을 배우고 싶었다. 구본형 선생님이 다시 떠올랐다. 구본형변화경영연구소에서 진행하는 연구원 과정이 지금 이 순간 바로 내가 가야 할 길임을 확신했다. 2013년 시작하는 9기 연구원에 지원했다. 연구원에 지원하기 위해 한 달 동안 A4 용지 39쪽의 자기소개서를 작성했다. 2013년 4월, 선생님은 9기 연구원을 선발하고 갑작스럽게 소천하셨다. 선생님의 장례식장에서 9기 연구원 동기들과 장례식장을 가득 메운 연구원 선배들을 처음 만났다. 선생님 떠나시는 마지막 길에 자청하여 운구를 했다.

9기 연구원은 문요한 선배를 비롯한 여러 선배들의 도움으로 1년 간의 연구원 과정을 시작했다. 연구원 과정은 기본적으로 50주 동안 50권의 인문고전을 읽고 A4 20페이지 이상의 리뷰를 작성한다. 동시에 매주 한 편의 칼럼을 써야 한다. 매주 단위로 과제물을 정해진 시간까지 인터넷 게시판에 올리지 않으면 연구원에서 탈락된다. 1년 동안 한 주도 쉬지 않고 인문고전을 읽고 글을 썼다. 연구원 과정 중 해외연수가 있는데, 9기들은 몽골에 다녀왔다. 사막에서 트럭을 탔고 초원에서 말을 탔다. 밤마다 한데 모여 자기 인생을 이야기했다. 잠자리로 돌아가는 길에서 몽골 밤하늘의 은하수를 보았다.

아내와 함께

연구원 과정을 진행하는 내 모습을 보던 아내가 자신도 연구원 과정을 해보고 싶다는 마음을 비쳤다. 당황했다. 연구원 과정은 직장인이 대학원을 다니는 것과 비슷한 강도의 학습량을 요구한다. 정신력도 정신력이지만 무엇보다 체력 싸움이다. 과제를 마치려고 종종 밤을 새웠다. 허리 아픈 게 나을 만하면 눈병에 걸렸고, 눈병이 나을 만하면 허리가 아팠다. 이렇게 힘든 과정을 아내가 수행하는 게 싫었다. 아내에게 좀 더 생각해보라고 했다. 그러나 몇 달이 지나도 아내는 연구원의 꿈을 여전히 접지 않았다. 사실 아내는 구본형 선생님을 잘 모른다. 그런데도 이렇게 힘든 과정을 왜 하려는지 물었다. 아내의 답변은 나를 놀라게 했다.

"연구원 과정을 하면서 당신이 참 많이 변했어요. 차분해지고 안정되어 가요. 구본형 선생님이 어떤 분인지, 연구소가 어떤 곳인지 잘 모르지만 당신이 변해가는 걸 보니 저도 꼭 해보고 싶어요."

무슨 말이 더 필요하겠는가? 2013년 연구원 과정 동안 아내가 전폭적인 지원을 아끼지 않았던 것처럼, 2014년 아내가 연구원 생활을 하는 동안 나 역시 전폭적인 지원과 응원을 보냈다.

온 가족이 함께, '가족에게 권하는 인문학'

1년간의 연구원 과정을 무사히 마치면 '수료'로 인정하고, '졸업'까지 하려면 책을 한 권 쓰거나 아이를 한 명 낳아야 한다. 책을 쓰는 게 아이를 낳는 것만큼 어렵다는 뜻이다. 우리 부부는 졸업작품으로 함께 책을 쓰기로 했다. 나는 연구원 과정을 하면서 강미영 선배의 조언으로 '가족 인문학'이라는 개념을 잡았다. 아내와 두 딸과 내가 일상에서 늘 책과 관련된 주제로 대화한다는 것에 착안했다. 아내가 연구원 생활을 하면서 '가족 인문

학' 개념을 보다 구체화시켰다. 오병곤 선배의 도움을 많이 받았다.

우리 가족이 함께 책을 읽은 데에는 사연이 있다. 두 부부가 서울에서 맞벌이 직장생활을 위해 큰딸 일곱 살, 작은딸 네 살이 되도록 대전 시가와 밀양 처가에 맡겨놓고 키웠다. 아내가 직업병을 얻어 2011년에 직장을 그만두면서 우리 부부와 두 딸은 드디어 한 지붕 아래 모여 살기 시작했다. 한 지붕 아래 가족들이 모였지만 아이들은 부모가 낯설었다. 너무나 오랫동안 떨어져 살았기 때문에 가족이라는 유대감과 애착이 형성되지 않았다. 아이도 부모도 모두 방황했다. 그때부터 아내가 아이들에게 그림책을 읽어주기 시작했다. 매일 수십 권의 그림책을 동네 도서관에서 빌려와 집안 가득 쌓아놓고 읽고 또 읽었다. 2012년, 내가 144일 동안 파업을 하면서 월급을 집에 가져오지 못했기에 두 딸들은 유치원과 유아원마저 가지 않고 오로지 도서관에서 빌려온 그림책만 매일 읽었다. 그림책을 빌려와 읽는 게 아이들에게 해줄 수 있는 유일한 교육이며 놀이였다.

매일 수십 권의 그림책을 수년째 읽던 아내는 그림책 전문가로 변신하고 있었다. 종종 직장에서 퇴근한 나에게 감동받은 그림책을 보여줄 때가 많았다. 명품 그림책을 아내 덕에 알게 되면, 동일한 주제를 다룬 인문고전이 떠올랐다. 아내는 그림책을 좋아하고 나는 인문고전을 좋아하기 때문이다. 아내가 권정생 선생님의 『강아지똥』 그림책을 보여주면 나는 노자의 『도덕경』이 떠올랐다. 미하엘 엔데의 『모모』 이야기를 나누다 보면 마르크스의 『자본론』이 떠올랐다. 그림책과 인문고전을 함께 엮어가며 대화를 나누는 가족이 주변에 흔치 않다는 것도 연구원 생활을 하면서 깨달았다. 그림책과 인문고전을 함께 엮은 책을 찾아보았지만 구할 수 없었다. 그렇다면 우리 가족의 이야기를 책으로 담아도 되겠구나 싶었다. 이렇게 하여 『가족에게 권하는 인문학』(김정은·유형선, 휴머니스트)이 2016년 1월에 출간됐다. 어린이용 그림책부터 청소년용 책, 그리고 성인용 인문고전을 소명, 신화, 우정, 국가 등의 10개 주제별로 엮었다. 책을 함께 읽어가면서 위기를 극복하고 성장하는 우리 가족 이야기를 담았다. 이듬해 2017년에는 아내가 쓴 책 『엄마의 글쓰기』(김정은, 휴머니스트)가 출간됐다.

2018년 현재, 나와 아내는 부부이면서 동시에 '가족인문학'을 세상에 알리는 동지(同志)이다. 아내는 전국의 학교와 도서관에 불려다니며 '가족인문학'을 강의하는 유명강사가 됐다. 나는 직장생활을 하는 샐러리맨이면서 동시에 매 주말마다 칼럼을 쓰는 칼럼니스트가 됐다. 때때로 아내와 함께 학교와 도서관에서 듀엣으로 가족인문학 강의도 한다.

선생님 옆에서 내가 배웠던 시간은 2010년 10월, 2박 3일이 전부였다. 그러나, 그럼에도 불구하고, 나는 분명 선생님의 제자다. 선생님은 내 인생을 변화시켰다. 내가 변화하니 아내와 두 딸도 변했다. 내 가슴 한복판에는 늘 선생님이 계신다. 절벽에 매달렸던 나와 내 가족이 구본형변화경영연구소를 함께 드나들며 새로운 삶을 찾아가고 있다. 선생님의 제자로서 부끄럽지 않게 살고 싶다.

지난 8월, 마흔네 번째 생일을 맞아 내 자신에게 편지를 썼다.

나에게 보내는 편지

형선아.
회사일 하랴 책 읽고 글 쓰랴 정말 고생이 많다.
성장하지 못하고 사랑받지 못한 우리 '자아'가
아름답게 성장하는 모습을
마음껏 만끽하자!

내 안의 빛을 잘 밝히면서
그 빛을 주변에 퍼트리는 사람으로 살고 있는지,
스스로 묻는 삶을 살고 있는지 둘러보자.

아무리 바쁘고 쉼 없이 달려야 하더라도
멈추어 뒤돌아보는 시간을 갖고 있는지 질문해보자.

최고 아빠, 멋진 아빠가 되기 위해
자신의 삶을 아름답게 가꾸는 모습을

두 딸에게 보여주고 있는지 뒤돌아보자.

아내와 함께 바치는 기도처럼
'처음과 같이 이제와 항상 영원히 아멘'
하는 삶을
우리 부부에게 허락해달라고 기도하자.

사랑한다.

–

유형선

구본형변화경영연구소 30기 꿈벗, 9기 연구원

마흔을 넘기며 중요한 것보다 소중한 것을 찾아 인문학 공부를 다시 시작했다. 10기 연구원이자 아내인 김정은과 공저로 『가족에게 권하는 인문학』을 썼고, 변화경영연구소 '마음을 나누는 편지', 웹저널 '가톨릭일꾼', 파주지역신문 '파주에서'에 칼럼을 쓰고 있다.

나에게로 가는 길

- 이 한 숙 -

[구본형, 내 삶의 터닝 포인트]

첫 만남

스승을 처음 만난 건 2003년이다. 『낯선 곳에서의 아침』을 읽고, 마음을 찌르는 뜨거운 문장들에 기대 그에게 편지를 썼다. 고맙게도 얼마 지나지 않아 답장이 왔다. '회사 모토를 걸고 나에게 만나기를 청하는 사람은 아직 없었기에 당신을 만나기로 했습니다. 문제 해결을 해주는 사람은 아니지만 잘 들어줄 수는 있습니다'라는 내용이었다.

광화문 교보 건물 안에 있는 카페에서 그를 만났다. 간단히 차를 마신 후 그는 근처 골목의 한 밥집으로 나를 데려가 낙지볶음을 사주었다. 막걸리도 한 병 시켰다. 어려운 분 앞에서 초면에 눈물이 찔끔 날 만큼 매운 낙지볶음을 먹으려니 조심스러웠다. 조용한 곳에서 대화를 하고 싶어 하는 내 맘을 알 텐데, 정서에 안 맞는 이런 곳으로 데려와 이렇게 뜸을 들이다니……. 여자 마음을 너무 모르는 게 아닌가 하는 생각이 들기도 했다. 다행히 그는 막걸리 한 잔을 걸친 후 가까운 호프집으로 나를 데리고 갔다. 돌이켜 생각하니 낙지집에서의 그 시간은 어려운 이야기를 앞두고 긴장한 내가 좀 편안해지라고 일부러 배려한 것 같다.

그제서야 내 이야기 봇물이 터졌다. 편지에서 약속한 대로 그는 잘 들어주었다. 그러나 그 정도는 성이 차지 않았다. 그는 끝내 시원한 처방 같은 건 주지 않았다. 대신 지리산 단식원의 김동춘 목사님 연락처를 알려주었다. 시간을 몰아줘야 지리멸렬한 나의 싸움이 끝날 수 있다는 걸 알았던 것이다.

당시 나는 클래식 공연기획을 하며 외적으로는 폼나는 인생을 살았지만 안은 한없이 시들어 가고 있었다. 그 삶에서 벗어나고 싶었지만 방법을 알지 못했고, 안다고 해도 벗어나는 건 불가능하다고 생각하고 있었다.

집에 돌아오자마자 비장하게 보따리를 싸서 단식원으로 내려갔다. 그러나 내 운명은 거기까지였다. 이틀 만에 시아버지가 돌아가셨다는 소식을 들었다. 연락을 다 끊고 내려갔는데, 다른 일로 친정 언니와 통화할 일이 생겨 전화했다가 그 사실을 알게 되었다. 피눈물을 쏟으며 귀가해 보따리를 풀었다. 이후 다시 보따리를 쌀 맘을 쉽게 먹지 못했다.

당시 유일한 위안은 매주 받아보는 스승의 메일이었다. 편지와 함께 알려오는 꿈벗과 연구원 소식을 대할 때마다 '나도 언젠가는~' 하면서 기회를 기다렸다. 그렇게 4년이 흘렀다. 2007년 5월 회사 근처에서 스승의 강연이 있다는 걸 알고 찾아갔다. 그의 신간 『사람에게서 구하라』를 사 들고 줄을 서서 사인을 받았다. 그리고 그해 7월 드디어 꿈벗13기에 참여했다. 보따리를 싸 들고 지리산에 들어갔던 힘으로, 안 되는 100가지 이유가 아니라 해야만 하는 한 가지 이유에 맘을 몰아준 결과였다. 그제서야 섬세하고 너그러운 구본형이란 사람을 제대로 대면할 수 있었다.

이틀 후, 여행기획자이자 작가로 사는 나의 선명한 미래 모습과, 그에 대한 10년의 로드맵이 내 손에 쥐어졌다. 캄캄해서 아무것도 보이지 않던 곳에 환한 빛이 비쳤다. '10대 풍광'의 힘은 컸다. 미리 가본 미래를 의심할 수 없는 생생한 현실로 체험하고 나니 그곳에 도달하기 위해 무엇을 해야 할지가 보였다. 비싼 돈 받고 밥 굶기며 폼 안 나는 활동으로 시간을 때우는가 했는데 말미에 스승은 그런 대박을 터트려준 것이다.

다른 이들의 10대 풍광을 들으면서도 똑같이 가슴이 뛰었다.

인생의 스승

스승을 잃고 1년 후쯤 어느 날 이런 '마음편지'를 썼다.

2007년 5월 그녀는 당신을 만나러 어느 강연장으로 달려갔습니다.
'역사적 성공의 반은 죽을지도 모른다는 위기감에서 비롯되었다.'
토인비가 했다는 그 말 한 마디가 그녀의 가슴에 걸렸습니다.

젊은 날에 마치지 못한 숙제는 40대가 되자 그녀를 다시 찾아왔습니다.
해결하지 않은 것은 사라지지 않고 거기 있었습니다.
시도 때도 없이 나타나 편두통처럼 그녀를 괴롭혔습니다.
그러나 그날 이후 그녀의 편두통은 가라앉았습니다.
언제나 두려움 때문에 치열한 변화의 고통보다는 불편한 안정감을 택했던 그녀가 버스를 갈아타고 그녀의 젊은 꿈속으로 들어왔기 때문입니다.

그해 7월 꿈벗에 참여하고, 또 10월에는 풍광이 유난히 아름다운 당신의 집에 처음으로 방문했지요. 그녀는 이제 의심하지 않게 되었습니다.
그동안 그녀를 비켜간 행운들이 그녀 앞에 당도했다는 것을.

별이 쏟아지는 당신 집의 발코니에서 어릴 적 고향에서 보던 카시오페아를 바라보며 그녀는 알았습니다. 달라진 건 없었습니다. 대양을 가슴에 품고 세상을 떠돌고 싶어 하던 어린 시절의 그녀가 그 순간의 그녀였던 것입니다. 비록 가려져 있었지만 그녀의 가슴에 뜬 별은 사라지지 않고 거기 있었습니다. 가슴이 말해주는 대로 그녀는 다음 해 변경연 연구원이 되었습니다.

일생의 스승이 생겼다는 사실에 그녀는 무척 기뻤습니다.
그동안 숱한 선생이 그녀의 인생을 스쳐갔지만 '바로 한 분'의 스승은 없었습니다. 늘 혼돈과 갈등 속에서 시계추처럼 흔들리던 그녀에게는 인생을 이끌어줄 한 분 스승에 대한 그리움이 오래도록 가슴에 있었습니다.

지금 그녀가 스승 없는 세상을 살아갈 수 있는 것은 스승이 선물로 남겨준 '믿음' 덕분입니다. 그녀는 때로 자신을 믿지 못할 때가 있습니다. 그러나 이제 젖을 떼야 한다는 걸 압니다. 두 발로 든든히 서서 스승의 자리를 대신해야 할 때라는 것을요. 먼저 길이 되어 주신 스승 덕분에 그녀는 길이 끝나는 곳에서 자신의 길을 만들어 갈 수 있습니다.
그리고 그가 남긴 사랑 덕분에 의심이라는 적을 상대하지 않고도 그 길을 잘 걸어갈 수 있습니다.

2007년 10월 스승의 집을 처음 방문하고 난 후 심경을 전하는 메일을 스승에게 썼고, 그는 이런 답장을 보내주었다.

너에게 올해가 아침이길 바란다. 언제라도 인생은 다시 시작할 수 있으니 이 얼마나 축복이냐.

………

너는 글을 아주 맛있게 쓸 수 있는 사람이다. 네 속에 있는 그 많은 에너지들이 사라지게 하지 마라. 어제 네가 와주어서 고맙고 반가웠다.

'어제 네가 와주어서 고맙고 반가웠다'라는 말에 떠돌던 마음이 안착할 곳을 찾은 듯 기뻤다. 스승의 염원처럼 그해는 나에게 아침이었고, 새로운 희망과 기회로 새 인생에 입문하는 해였다.

여명이 왔다: 4기 연구원

연구원 지원은 철저히 내 직관에 의한 것이었다. 세상에 하나밖에 없는 자신의 연구원 과정을 만든 것이나 '미스토리'(Me Story)로만 연구원을 뽑는 스승의 방식이 마음에 들었다.

머리를 싹둑 자르고 일주일 휴가를 냈다. 동네 도서관으로 출근하며 미스토리를 썼다. 중간 결산을 하고 새출발을 하기 위한 내 나름의 의식이었다. 지원할 때는 뽑는 자의 선택을 기다려야 하지만 나는 기다리지 않았다. 나는, 내가 연구원이 될 걸 알았다. 웨버를 자원했다. 미스토리는 요구한 20페이지를 넘어 46페이지에 이르렀다. 마지막 문장에 마침표를 찍는 순간, 눈물이 흘렀다. 과거의 제약을 넘고 있는 자신이 기뻐서였다.

회사일을 반으로 줄이고 한 주 50시간 이상을 쏟아 붓는 '빡센' 연구원 생활에 돌입했다. 평소 가장 좋아하는 두 가지, 책읽기와 글쓰기를 함께할 수 있는 데다가 내 삶의 돌파구를 마련하기 위해 자청한 일이니 열정이 솟구치지 않을 수 없었다. 힘들지만 행복했고 내 자신만을 위해 할 수 있는 일이 있다는 게 기뻤다. 내 인생에 다시 사지 못할 1년이었다.

그해 9월에 만난 모닝페이지도 하루도 거르지 않고 병행했다. 외적인 환경은 달라지지 않았어도 내 내부의 풍경은 완연히 달라졌다. 나는 더 이상 1년 전의 내가 아니었다. 연구원 과정을 마칠 무렵 스승은 제자들을 한 명씩 소개하는 '마음편지'를 시작했는데 그 첫 타자가 나였다. '빨간 여인'이란 제목으로 스승은 나에 대해 아래와 같은 편지를 썼다.

빨간 여인

내일이면 1년간 함께 공부하며 놀던 4기 연구원들의 수료식입니다.
우리는 1년간 무척 재미있게 놀았습니다. 지금껏 그렇게 많은 책을 읽고 정리한 적도 없고, 그렇게 많이 글을 써본 적도 없고, 나이 들어 그렇게 매주 긴장하며 산 적도 없었을 것입니다. 우리는 함께 여행을 했고 많은 이야기를 나누었습니다. 수없이 많은 웃음이 우리를 이어주고 연결해주었습니다.

....

4기 웨버는 아주 '빨간 여인'입니다. 누가 시킨 것도 아니고 자청해서 '나 그런 거 잘할 수 있는데' 해서 맡게 된 것입니다. 스스로는 우유부단하다고 말하는데 내가 보기에는 전혀 그렇지 않습니다. 시위를 떠난 붉은 화살 같은 여인입니다. 아무도 못말립니다.
4명의 아이를 가진 엄마입니다. 키는 작지만 눈도 크고 입도 시원한 이 여인은 잘하는 것이 참 많습니다. 손과 눈이 빠르고 머리도 아주 빠릅니다. 매우 사교적입니다. 글쓰고 싶은 사람들을 모아 아침 글쓰기 모임인 '모닝페이지'를 운영합니다. 고급영어를 구사합니다. 문어춤도 잘 춥니다. 그게 어떤 춤인지 궁금하겠지만 본 사람만이 이해할 수 있는 매우 독보적인 춤입니다.

말투는 아까 이야기한 것처럼 좀 신기하지만 말을 매우 잘합니다. 특히 글이 뛰어납니다. 다루고자 하는 주제도 강렬합니다. 여행과 로망스를 모아놓은 'Passion on the Road'를 첫 책으로 구상하고 있습니다.

종합해서 말하면 매우 선동적인 빨간 여인입니다. 그래서 오늘 아침 그녀에게 짧은 편지를 씁니다.

"즐겁고 유쾌한 1년이었다. 동료들과 모든 것을 다 알아서 준비해두었기 때문에 언제나 조금씩 놀라곤 했다. 뉴질랜드의 남섬을 캠퍼밴을 타고 여행할 때, 너는 뛰어난 안내자였다. 앞으로 너는 누구도 구상할 수 없는 진기한 루트를 따라 여행이라는 영원한 로망으로 사람들을 이끌어 갈 것이다. 그곳이 세상에 실제로 존재하는지 아닌지는 중요하지 않다. 아마 네가 이끄는 여행은 샹그릴라처럼 이 세상에 존재하기도 하고 또한 존재하지 않는 곳이기도 할 것이다. 상상과 현실이 뒤얽힌 세계, 현실이 이야기로 바뀌고 이야기가 현실로 내려와 아름다워지는 그런 세계가 너로 인해 펼쳐질 것이다."

아티스트웨이, 여행업의 시작

스승의 염원대로 나는 글을 쓰면서 여행을 이끄는 사람이 되었다. 4기 연구원 웨버로 기획한 첫 변경연 여행이 그 발단이 되어 주었다. 이전 회사에서 유럽여행 기획을 많이 했던 경험을 살려 재능기부를 한 것이었는데, 그렇게 기획한 뉴질랜드 남섬 캠퍼밴 여행은 내 10대 풍광을 앞당겨 실험해볼 수 있는 즐거운 무대이기도 했다.

스승은 나의 기획을 매우 흡족해했다. 그리하여 매년 연구소 해외 여름 연수를 기획하는 일은 나만의 특권 아닌 특권이 되었다.

뉴질랜드 남섬의 오염되지 않은 청정자연을 즐긴 캠퍼밴 여행, 아직 알려지지 않았던 크로아티아와 슬로베니아 여행, 신화를 찾아서 떠났던 그리스 본토와 에게해 섬 여행, 이탈리아 토스카나 르네상스 여행, 스승과의 마지막 여행이 되었던 에트나 화산과 시칠리아 여행 그리고 스승 없이 떠났던 몽골초원과 흡수골 여행, 스페인 여행, 남프랑스 예술기행.

그가 여행지와 콘셉트를 말해주면 나머지는 나의 몫이었다. 그는 이것저것 요구하지 않고 모든 걸 내게 맡겨주었다. 그게 그의 방식이었다. 그랬기에 그의 여행이지만 나의 여행이기도 했다. 열심히 기획하지 않을 수 없었다.

> 올해도 우리는 해외여행을 다녀왔다. 그곳은 아름다웠다. 책과 상상 속에 있던 곳들이 이 지구상에 실존한다는 것을 우리는 확인했다. 그곳에서 우리는 우리가 꿈꾸는 인생이 어째서 이루어질 수 없는 꿈에 지나지 않는다고 그렇게 쉽게 체념했는지 의아해졌다. 생각한 것이 존재하고 상상한 것이 만들어지는 세상에서 어째서 우리는 우리가 원하는 삶 대신 그렇게 쉽게 남의 삶 속에 나를 던져 넣었는지 알 수 없었다. 그곳에 가기 위해 우리는 돈을 헐었고, 시간을 냈다. 덕분에 그곳에서 우리는 마음대로 할 수 있는 세상의 일부를 즐겼다. 여행은 호사나 사치가 아니다. 내 삶을 내가 만들어 간다는 믿음과 내가 번 것을 어떻게 사용할 것인지 우선순위를 배분하는 일이다. 우리는 번 돈과 가진 시간의 일부를 좋아하는 일에 배정할 수 있는 자유를 선택했고 잠시 동안이나마 행복한 여행자가 될 수 있었다.
>
> – 구본형, 칼럼 중에서

문명의 배꼽 그리스 신화의 유적을 찾아 떠난 시칠리아 여행 중 활화산 에트나에서.
사부는 저 자리에서 원하는 모든 이들을 위해 모델을 섰다.
우리는 그날 이미 표를 산 비싼 전용차를 두고 검은 화산재를 밟으며
긴 길을 걸어 내려왔다. 자유, 그 느낌을 오지게 만끽하면서.

첫 여행뿐 아니라 매번 스승은 내가 만든 여행을 좋아했다. 그러나 나는 안다. 내 기획이 훌륭해서가 아니라 어떤 여행이든 최고의 여행이 되게 할 마음으로 그가 여행을 했기 때문이라는 것을. 그리고 그 마음에 공명한 사람들이 그와 함께했기 때문이라는 것을. 스승은 갈수록 형식을 없애고 즉흥적인 것들로 더 많은 시간을 채웠다. 고유의 빛을 잃지 않되 서

로가 서로에게 스미고 순간과 순간이 어우러져 모자이크처럼 제3의 아름다움이 완성되기를 바랐다. 그것이 스승이 지향하는 관계였고, 그런 관계를 연습하기에 여행처럼 좋은 환경은 없다는 것을 그는 알고 있었다. 결국 변경연의 여행을 특별하게 하는 것은 여행지도 아니고 특별한 프로그램도 아니었다.

급기야 다니던 회사를 그만두고 2011년 독립을 했다. 그렇게 무섭던 독립이 때가 되니 어렵지 않게 이루어졌다. 회사 이름을 두고 고민할 때 스승은 너무나 스스럼없이 "너 아티스트웨이(모닝페이지) 하잖아. 그거 어때?" 제안해주었다. 즉시로 나의 고민은 종료되었고, 그간 나와 깊은 인연을 맺은 사랑스런 아티스트웨이가 회사 이름이 되었다. 그 이름으로 상표등록도 했다.

2013년 스승 없이 진행한 몽골 여행이 분수령이었다. 몽골 여행 이후 스승이 이 땅에 남겨둔 유산은 그 무엇도 아닌 나 자신이라는 것을 깨달았다. 변경연 여행을 기획하는 동안 로이스표 여행은 멋지게 발아했고, 몽골 여행 이후 로이스표 여행으로 거듭났다.

예수가 열두 제자에게 보혜사 성령을 보내준 것처럼, 그의 사랑은 우리를 떠나지 않는 영원한 보혜사였다. 자신을 믿지 못하고 두려움에 떨던 제자들이 환태한 나비처럼 완전히 다른 사람으로 변한 건 예수가 이 세상을 떠난 후였다. 예수의 정신(Spirit)은 제자들과 함께했고, 그들은 죽음도 두려워하지 않는 사도행전의 주역이 되었다. 우리 역시 그랬다. 스승의 죽음 이후 우리는 진짜 독립이라는 과제를 맞이했다.

스승이 늘 강조했던 나다움을 내가 기획하는 여행에 입히려 노력했다. 아니 노력하지 않아도 저절로 그렇게 되었다. 내가 진행하는 여행에 내가 녹지 않는 것이 이상한 일이었다. 아무리 경쟁이 치열한 종목이라고 해도 나를 잘 담으면 그것이 유일함이 되고 블루오션이 된다. 아티스트웨이 여행이 복제될 수 없고, 기존 여행사의 어떤 여행 상품과도 차별이 되는 이유다. 이런 개별성이야말로 사부의 유산이다. 조직을 싫어하고 걸리는 것 없이 혼자 일하던 스승의 스타일 역시 그대로 나의 것이다. 그러나 스스로 세운 규율에 엄격했던 스승의 자기관리는 아직 내가 한참 더 배워야 할 덕목이다.

여행은 내게 단지 사업만은 아니다. 여행을 업으로 삼은 건 정말로 여행을 좋아하고 원하고 충만함을 주기 때문이다. 더 큰 이유는 나의 삶이 나의 아이들에게 괜찮은 모델이 될 수 있기 때문이다. 노력했지만 혼자서는 아이들에게 '부모라는 좋은 환경'을 줄 수 없었다. 이전 10대 풍광 한 장면에 나는 이렇게 썼다.

> 아이들은 나의 등을 보고 자란다. 내가 새로운 인생을 만들어 내지 못한다면 아이들은 나에게서 그런 용기를 영영 배우지 못할 것이다. 용기를 내어 자신의 길을 씩씩하게 걸어온 나의 등 뒤에서 아이들은 인생에 대한 책임을 배울 것이다. 돈 대신에 인생을 도전과 기쁨으로 바꾸는 능력을 아이들에게 상속하고 싶다.

또 다른 첫 만남, 모닝페이지

다 괜찮았지만 컴퓨터의 CPU처럼 중요한 내 내면의 하드코어 2%는 불행했다. 간혹, 그러다 자주 깊은 절규가 터져 나왔지만 챙길 게 많고 바쁘다는 이유로 외면했다. 위기감이 고조됐고 조치가 필요한 지점에 이르렀다.

그때 『아티스트 웨이』란 책이 운명처럼 내게 왔다. 그 책에 소개된 아침 글쓰기 '모닝페이지'를 발견하고 뛸 듯이 기뻤다.

'바로 이거야!'

중학교 이래로 일기를 어떻게든 지속해왔고 답답할 때 글로 푸는 게 습관이 된 나에게 그 이상의 적합한 방법은 없었다. 자신에게 할애할 시간이 물리적으로 부족한 내게는 남들의 방해를 받지 않는 아침 한 시간이 너무나 매력적으로 다가왔다. 그 다음 날부터 12주의 과정을 시작했다. 꿈벗 10대 풍광을 완성하던 때여서 모닝페이지는 자연스럽게 10대 풍광의 첫 장면을 차지하게 되었다.

> 꾸준히 쓰다 보면 그 과정에서 얻어지는 영감의 빛이 변화의 힘으로까지 발전한다는 저자 줄리아 카메론의 말에 힘입어 쓰기 시작한 모닝페이지가 오늘로 12주가 되었다. 속에 앙금처럼 쌓여서 나를 자유롭지 못하게 하는 과거의 유산들을 청산하고 싶고, 나아가 '내 자신'에게서조차 자유롭고 싶어서 모닝페이지를 시작했다. 그동안 시간과 상황을 핑계로 나 자신을 근본적으로 대면해본 적이 없었다. 간혹 튀어오르는 좋은 의도와 각오는 시간과 함께 희석되고 흩어져서 번번히 제자리로 돌아오는 악순환을 거듭했다.
> 그런 내가 날마다 세 페이지를 쓴다는 것은 무리한 도전이었다. 그러나 스승처럼 하루를 재편하고 새 삶을 살기 위해 이번만은 자신에게 제대로 시간을 주고 싶었다. 쓰지 못할 때도 있었지만, 중도에 그만두지 않고 여기까지 왔다. 내 안에 고여 흐르지 못하던 것들에게 물꼬를 터주었고 내 마음 깊은 곳의 외침에도 더 귀를 기울여주었다. 다른 사람의 말에 휘둘려 정작 자신의 요구는 돌보지 못하는 오류에서도 서서히 벗어나는 중이다. 12주지만 내 안의 변화는 결

코 적지 않다.

모닝페이지는 한 사이클로 끝나지 않았다. 같이하는 사람들이 생겼고, 자연스럽게 기수가 이어져 몇 년 동안 지속되었다. 나는 저절로 모닝페이지 전도사가 되었고 많은 사람들을 모닝페이지로 안내했다. 신설한 카페에는 2,500명 가까운 회원이 생겼다. 연구원 과정을 마치고 한국코치협회가 인증하는 전문코치(KPC)가 된 이후에는 8주 과정 창조성 프로그램인 AYCW(Awake Your Creativity Within)도 론칭했다. 스승이 만든 연구원 과정이 좋은 모델이 되었다.

여행업을 시작하고 해외나들이가 많아져 그 프로그램을 더 이어가지 못하는 게 너무나 아쉬웠다. 그래서 만든 것이 한 달 과정의 감사일기였다. 단순한 다섯 줄 감사일기가 아니라, 뼛속에 감사를 채우는 훈련이었다. 글쓰기는 내가 하는 코칭, 워크숍, 여행 등 모든 것의 근간이 되는 창조성 도구다.

나는 일로 여행을 자주 다니기에 공간 복이 많은 편이다. 여행지 어디든 감흥을 주는 곳에 앉아 공책 꺼내 들고 무엇이든 끄적이는 걸 좋아한다. 자연이든 건물이든 마음을 끄는 공간은 지나치지 않고 멈춰 그곳에 속해보고, 또 음미하는 편이다. 이국적인 풍경과 분위기를 누구보다 즐기며 그런 공간을 적극적으로 찾아 그곳에 앉아 읽거나 쓴다. 그렇게 하는 건 나의 오래된, 누구도 빼앗을 수 없는 취미이자 특권이다.

내가 좋아하는 공간은 물리적인 장소만은 아니다. 사람 마음속은 최고의 여행지다. 특히 '공책'은 중학교 이래 나 자신을 위한 최고의 공간이 되어 주었다. 신나고 안전하고 온정 어린 장소. 무엇이든 고백하고 쏟아낼 수 있고 고립무원의 때에 나를 조건 없이 품어주는 어머니 품 같은 공간이다. 모닝페이지 덕분에 누구에게 보여주는 일기가 아니라 내 삶을 세우고 앞으로 나아가게 하는 글쓰기가 시작되었다.

4기 연구원 웨버에서 사람을 엮는 웨버로

사람을 좋아하고 사람 속에 있으면 생기가 난다. 그렇다고 모든 사람 속에서 생기를 얻는 건 아니다. 실은 내가 가진 생기를 뺏는 것도 사람이고 나를 힘들게 하는 것도 사람이다. 매우 외향적인 것 같지만 어느 면에서는 매우 소심한 트리플A다. 사람들이 어떤 걸 불평하면 인정하고 시정하면 되는데 잘못했다는 비난으로 듣고 상처를 받는다.

한때 내 아침 글쓰기의 목표는 내게 일어난 일과 그 일에 대한 내 생각을 다 분리해보는 것이었다. 그 결과, 나를 힘들게 하는 것은 일어난 일이 아니라 그것에 대한 내 생각이라는 게 분명해졌다. 남의 이목이 너무나 중요해서 정작 내 삶을 살지 못하는 내 자신은 언제나 도전 과제였다. 다양한 사람을 대해야 하고, 그 사람들과 한 공간에서 특정 기간을 여행해야 하는 이 직업은 그런 도전의 핫 스폿이었다. 감사하게도 이제는 분리가 제법 잘 된다. 사람들이 어떤 행동을 하든 잘 수용하는 편이다. 생각을 덧붙여 스스로를 괴롭히는 일도 많이 줄었고 남의 이목도 그다지 많이 살피지 않는다. 이 업으로 내가 얻은 가장 큰 혜택은 누구와도 친구가 되고, 마음이 연결되는 대화를 곧바로 할 수 있게 되었다는 것이다.

4기 연구원을 할 때 웨버를 자원한 것은 자기 고집을 가진 나이 지긋한 학생들과 스승 사이에 혹시나 있을지 모를 불편함을 완화하고 서로를 잘 잇고 싶은 마음에서였다.

스승이 미스토리 항목에 '내가 기여할 것'을 넣은 것은 개인적인 동기로 연구원에 지원한 사람들이 서로 지원하고 돕는 질적인 관계로 도약하길 바랐기 때문이다. 워낙 갈등을 싫어하고 즐겁지 않으면 흥미를 못 느끼는 기질인지라 4기 연구원 웨버로서 기여를 잘 할 것이라고 스승은 미리 보셨던 것이다. 사부가 웨버라는 이름으로 처음 명명한 사람이 당시 4기 조교인 나였다는 사실에 긍지를 느낀다. 웨버라는 이름이 좋고, 사부가 그 이름에 부여한 의미대로 웨버로서 살아가는 지금의 삶이 우연으로만 여겨지지 않는다.

우리는 모두 예외 없이 자기 자신으로 소통되고 싶은 욕구가 있다. 마음을 열고 서로 잘 소통하게 도우면 사람들 사이에 놀라운 연결이 일어난다. 그런 연결의 순간들이 나에겐 희열을 준다. 내 안의 소통 욕구가 가장 멋지게 충족되는 것도 그런 순간들이다. 여행 중에서도 단체여행을 고집하는 것이나, 세상 어디에도 없는 지금의 방식으로 일을 펼쳐 나가는 것도 스승이 미리 보았던 웨버로서의 나의 재능과 무관하지 않음을 느낀다. 스승이 지금 내가 하는 일을 보면 "내 그럴 줄 알았어"라고 하실 것이다.

아티스트웨이와 로이스

'글쓰기'와 '여행'은 신이 우리에게 주신 최고의 창조성 도구이자 내 인생의 가장 중심이 되는 주제다. 이 두 가지를 통해 나는 나를 더 깊게 만나고 삶을 더 살아낼 수 있다. 외적인 환경을 바꾸는 건 언제나 내면의 힘이다. 그 힘을 되찾아오는 데 이 두 도구가 탁월한 기여를 한다. 내가 아티스트웨이를 설립한 건 바로 이 두 도구를 활용해 먼저는 나 자신, 나아가서는 사람들과 함께 더 깊은 인생을 살기 위해서다. 우리는 모두 '인생이란 작품을 어떻게 빚을 것인가'를 고민하는 삶의 아티스트들이다. 아티스트 웨이(artistway)란 그런 사람들이 함께 걸어가는 길을 말한다.

선천적으로 여행을 좋아한다. 하늘만 빠꼼한 충청도 산골짜기에서 태어났다. 날마다 창공을 바라보며 넓은 세상으로 나가는 꿈을 꿨다. 아이 넷을 낳고도 일을 시작했고, 그 일이 감사하게도 나의 숨겨진 염원이었던 여행을 밖으로 꺼내주었다. 그리고 급기야는 전 세계를 원하는 대로 누빌 수 있는 지금의 환경을 창조해냈다. 그 무엇도, 심지어는 네 아이도 내 발목을 잡지 못했다. 하고자 하면 그 무엇도 장애가 될 수 없다.

많은 시간을 밖에 나가 지낸다. 그러나 이제는 나가지 않아도 여행하는 법을 안다. 여행은 공간과 시간을 이동하는 것이다. 물리적인 것에만 가두지 않는다면 여행의 가능성은 무한대로 늘어난다. 꼭 어디로 가야 여행이 되는 건 아니다. 세상은 모두 감탄의 대상이자 훌륭한 여행지다. 호기심만 반짝인다면 내 자신을 포함해 어떤 대상이든 흥미로운 여행지가 될 수 있다. 일상이 여행이 되는 것, 어쩌면 그런 모험 마인드를 얻기 위해 여행을 떠나는 것인지도 모른다.

우리는 이 지구에 잠시 여행을 온 여행자들이다. 이곳에 머무는 동안 여행자로서의 정체성을 가지고 살아갈 수 있도록 서로가 서로에게 영감을 주는 현장에 나는 언제나 안내자로 있을 것이다. 스승이 그랬듯이 죽을 때까지 현장에 있으면서 자신을 남김없이 다 쓰고 갈 것이다. 내가 여행을 기획하는 것도 이 생에서의 삶이 궁극적으로는 잠깐 머물다 갈 짧은 인생이기 때문이다.

삶은 저녁처럼 저문다.

그러니 살면서 아무 일 없는 무풍의 권태를 참지 마라.

떠나지 못한 모험은 삶에 대한 쓰라린 모독이니.

– 구본형, 『나에게서 구하라』 중에서

어떤 여행을 기획하는가

내가 기획하는 여행은 크게 두 가지다. 이미 생성된 그룹이 이런 여행을 기획해달라고 의뢰해서 진행하는 경우 그리고 내가 해마다 새롭게 기획하거나 혹은 이전 여행을 업그레이드해서 다시 진행하는 경우다. 전자는 그룹의 색깔과 기호를 잘 반영해서 그들이 원하는 것을 얻도록 설계해주면 된다. 아주 특수한 경우를 제외하고는 크게 수고와 노력이 들어가지 않는다. 사람을 모아야 한다는 부담도 없다. 이에 비해 후자는 에너지와 공이 많이 들어간다. 내가 기획해서 사람들에게 제안하는 테마 여행이므로 매력이 생명이다. 가장 매력적인 여행은 기획자인 내가 매료된 여행이다. 그러므로 기획할 때의 기준은 먼저 내 자신이다. 나의 욕구에 충실하면 좋은 여행이 만들어진다. 예산은 합리적인가, 끌리는 테마인가, 가보고 싶고, 만나보고 싶고, 머물고 싶고, 시도해보고 싶은 것인가 물어보면 된다. 공부를 하고 맘껏 나를 담으면 된다. 그 여행이 내 여행이 될수록 사람들이 설득당할 가능성은 높아진다.

앞으로 기획하고 싶은 것이 있다. 여행 때문에 미뤄둔 나의 창조성 프로그램을 여행지에서 여는 것이다. 오래전부터 생각해온 일인데 미루고만 있었다. 내년 겨울에 론칭할 계획이다. 구속력을 갖고자 여기에 이렇게 선언해둔다. 내 여행을 먼저 진행하다 보면 다른 이들이 자기 프로그램을 여행지에서 진행하도록 돕는 일도 자연스럽게 내 일이 될 것이다.

아티스트웨이 여행은 무엇이 다른가

좋은 여행지를 고른다. 누구라도 끌릴 만한 좋은 여행지를 고르기 위해 공부하고 탐구한다. 예술, 음악, 자연, 디자인, 신화, 르네상스, 어드벤처처럼 특정 테마를 가지고 기획하는 경우에도 테마에만 집착하지 않는다. 여행하는 장소의 대표 매력도 놓치지 않는다.

가격을 고민한다. 로이스 자신, 여전히 앞치마를 두른 주부이기에 언제나 가격 대비 질 좋은 여행을 선사하려 애쓴다. 다행히도 사람들은 낸 것보다 챙겨가는 게 훨씬 많은 여행이라고 말해준다. 삶을 껴안을 마음의 공간이 한층 넓어지는 여행이라고도 말한다. 어떤 분은 "기성품이 아닌 수공예품 같다"라고 말해주었다. 아티스트웨이 여행을 사람들이 그렇게 인식하는 것은 단지 매력적인 가격 때문만은 아니다. 궁극적으로 심리적 충족감을 경험하기 때문이다.

로이스가 기획하고 전 일정 함께한다. 우연이 가져다주는 즉흥적인 즐거움을 여행 속에 더 많이 창조하고 사람들이 마음을 열고 진심으로 소통할 수 있도록 연결자가 되기 위해서다. 이미 짜인 일정이지만 그럼에도 여행의 가장 큰 특권인 우연을 기쁜 마음으로 초대하고 환영한다. 상황이 허락하는 한 기획자의 특권을 이용하여 머물고 싶은 곳에 더 머물기도 하고 필요하다면 없던 일도 만들어낸다.

여행일기를 같이 쓴다. 영감 어린 여행일수록 생생할 때 현장에서 잡아두는 게 좋다. 습관이 되지 않은 사람에게 글쓰기는 어려울 수 있지만 부담을 줄이고 쓸 수 있도록 로이스의 글쓰기 미니 워크숍이 함께한다. 일기를 오래 잊고 살아온 이들은 일상의 친구로 다시 불러올 수 있다. 날아간 시간은 잡아 올 수 없지만 글로 각인된 기억은 영원히 나의 것이다. 쓴다는 것은 단순한 돌아봄이 아니라 대상이 내 안에 스미도록 마음을 여는 것이다. 여행만이 아니라 무엇이든 글로 쓸 때 더 깊이 경험된다. 쓰면 살아나고 쓰면 달라진다.

애창시를 나눈다. 느낀 것을 자작시로 담아 나누기도 한다. 비난받을 일이 없고 내 자신이 그대로 용납되는 안전한 환경이라면 사람들은 모두 자기답게 피어난다. 아티스트웨이 여행은 그런 여행이다. 더구나 여행지에서는 모든 게 좀 더 허용되고 열려 있다. 어린아이들처럼 동심으로 여행하고 아무 때나 춤을 춘다. 감춰졌던 흥이 되살아나는 것에 사람들은 놀란다.

인터라켄으로 가는 기차 한 동을 아티스트웨이 여행팀 전용으로 예약했다.
2106년 아티스트웨이 여름여행의 테마는 'Unplugged'였다.
정말로 내 인생에 중요한 것과 다시 접속하기 위한 '잠시의 단절' 여행이었다.

단체라서 더 좋은 여행이다. 자신만의 색깔과 경험을 지닌 개인들이 서로 어우러져 멋진 타피스트리를 직조한다. 사람들이 마음을 열고 자신을 자유롭게 표현하는 열린 분위기는 언제나 아티스트웨이 여행의 특징이다. 자신 안의 여행 본능을 꺼내 즐길 수 있도록 장을 펼친다. 그렇게 해서 얻게 되는 건 또 하나의 풍경이다. 여행지 풍경 못지않게 아름다운 풍경이 사람들을 통해 펼쳐지고 완성되는 것. 어쩌면 그것이 내가 정말 원하는 아티스트웨이 여행의 진풍경일지 모른다. 나의 관심은 돈을 버는 것 이전에 사람들 마음에 머문다.

작년에 이어 이번 겨울에도 쿠바 여행을 진행한다. 작년 여행이 한 편의 드라마처럼 모두에게 감동을 주었기 때문이다. 북한 김일성대학에서 유학한 현지 한국어 가이드 파트리샤와 순수 쿠바 물라토 기사 넬손까지 우리 18명은 한 팀, 아니 한 가족으로 꿈 같은 13일을 보냈다. 인천공항을 출발하기도 전에 있을 수 없는 큰 사고가 터졌지만 일사분란하게 해결하고 모두 동지애를 안고 비행기에 올랐다. 무엇을 해도 즐거운 환경을 우리는 창조했고, 물 만난 고기들처럼 생기있게 놀았다. 가는 곳마다 제2, 제3의 부에나비스타 소셜클럽 라이브 밴드가 우리의 치기를 한껏 부추겼다.

밴드에 올린 여행후기에 사람들은 이렇게 썼다.

> 세상에 생판 모르는 이들과 이렇게나 짧은 시간에 자기 속을 드러낼 수 있다니, 그래서인지 쿠바에서 새로이 만나는 풍광을 더 자유롭게, 더 나답게 바라볼 수 있었다.
>
> – 쁘니님

달리는 버스 안은 우리의 나눔 콘서트장이었다. 어려웠던 시절들, 기뻤던 순간들, 꿈과 다짐의 순간들을 이야기하며 울고 웃고, 서로를 가슴으로 만나는 시간이었다. 공감과 힐링의 시간이었다. 쿠바 여행은 '그들'을 통해 매 순간 나 자신과 만나는 시간이었다

– 아모르님

나에게 쿠바 여행이 왜 그리 좋았냐고 물으면 함께한 사람들 때문이라고 말하겠다. 쿠바 여행에서의 꽃은 단연 사람들이었다. 어디서 이렇게 멋진 사람들만 뽑아왔나 싶을 정도로 한 사람 한 사람의 매력이 빛나는 여행이었다. 현지 가이드 파트리샤와, 쿠바의 넉넉함과 살사의 부드러움을 가진 버스 드라이버 삼손(넬손)까지 뭐 하나 뺄 수 없을 정도로 완벽한 조화를 이룬 드림팀이었다. 그걸 기획한 사람이 누구냐, 로이스다.

– 예나루나님

가장 긴장하고 이 여행에 온 여수의 청미래님 역시 이런 글을 남겨주셨다.

무거운 마음과 몸으로 떠난 여행이었는데 시간이 흐르자 남편과 아들이 웃는 횟수가 늘어났고 얼굴도 점점 편해지는 걸 느꼈다. 쿠바의 분위기 때문만은 아니었다. 팀원들의 에너지와 로이스가 있기에 가능했다. 나는 소도시에서 60년을 살았다. 한두 명만 거쳐도 내가 드러나고 어디를 가나 내가 가르친 학생들을 만난다. 교사들이 원래 자기검열을 잘 하지만 나 역시 단단한 갑옷을 걸치고 살았다. 그런데 로이스는 내가 너무도 쉽게 갑옷을 벗고 나를 표현하게 했

다. 만만치 않은 내 갑옷을 너무나 쉽게 무장해제시켰다. 로이스는 고수였고, 그래서 나는 운이 좋았다.

그녀의 표현과 달리 나는 고수라고 하기엔 모든 게 어설프고 물렁한 사람이다. 의도적으로 사람을 무장해제시키려고 애쓰기엔 너무나 치밀하지 못하다. 그런 걸 좋아하지도 않는다. 그보다는 믿음을 갖는 편이다. 내가 먼저 그들 앞에 허식을 제하고 나를 보여주면 그들도 그에 상응하여 자신들을 보여주리라는 믿음 말이다. 상대를 진심으로 대하면 그 진심이 길을 연다. 손해 보지 않으려고 혹은 피해 주지 않으려고 조심하는 대신 내 앞에 있는 사람을 있는 그대로 안아버리는 맛은 경험하지 않은 사람은 모른다. 감사한 건 사람들이 모두 호응을 잘해준다는 것이고, 저마다의 개성어린 양념을 쳐서 더욱 멋스런 요리를 완성해낸다는 것이다.

시간이 갈수록 로이스표 여행은 점차 축제가 되어 간다. 서로의 존재를 인정하고 축하하고 즐기는축제. 이런 여행의 씨앗은 이미 스승님과의 여행에서 발아했다. '무엇'이 되고자 하는 강박 없이 물러나 고요히 사람들의 배경이 되어 주던 스승의 모습은 늘 내 무의식 속에 있고, 필요한 순간 나는 그의 그런 모습에 빙의된다.

스승이 글을 쓰는 작가에 그치지 않고 그만의 방식으로 세상과 자신의 연결을 실험한 것처럼, 여행은 내게도 세상과 나의 행복한 연결을 실험하는 하나의 장이다.

남미 여행과 책 약속

스승의 장례가 끝난 후 며칠 지나지 않아 보따리를 쌌다. 이전에도 그랬지만 보따리를 싼다는 건 내겐 일종의 결단이다. 더 이상은 안 된다는 가슴의 경고를 무시하지 않고 듣겠다는 각오다. 휴대폰 케이스에 스승의 영정 사진을 넣고 무작정 떠났다. 여행이 업이긴 하지만 그때까지 혼자 그렇게 긴 여행을 떠나본 적은 없었다. 네 아이 모두, 그렇게 길게는 안 돼요 엄마, 라고 말했다. 내 안전도 안전이지만 나의 긴 부재가 주는 불편을 감당하는 게 부담되어서였다. 그러나 물러서지 않았다. 말릴 수 없다는 걸 알자 아이들이 먼저 타협안을 내놓았다.

남미를 개인 여행지로 선택한 건 순전히 스승 때문이었다. 남미는 스승이 가장 아껴두었던 여행지였다. 젊은이들처럼 배낭을 메고 언젠가 한 달 여행을 하자고 약속해둔 곳이었다. 20년 다닌 직장을 나와서 스승이 가장 먼저 한 일은 여행이었다. 한 달 반 자유로운 짐승처럼 그는 남도를 돌았고 『떠남과 만남』이라는 책에 그 여정을 담았다. 미래가 너무 두렵지 않도록 미리 두려움 속을 걸어보는 것이 그에게는 남도 여행이었고, 당시 스승의 부재를 끝내 인정하고 싶어 하지 않는 내 안에도 똑같은 두려움이 있었다. 그것은 조바심이라는 이름으로 시도 때도 없이 나를 괴롭혔다.

남미를 여행하는 동안 사부의 물리적 부재는 오히려 내게 자유를 주었다. 그는 어디에도 없었지만 어디에도 있었다. 고대 잉카의 수도 쿠스코에서, 마추픽추에서, 안데스 고원에서, 우유니 소금사막에서, 아따까마 달의 계곡에서, 세상의 끝 우수아이아에서, 탱고의 도시 부에노스아이레스에서, 이과수 폭포 악마의 목구멍에서, 브라질 코파카바나 해변에서 그리고 나무 속에서, 바람 속에서, 파란 하늘 속에서, 직진하는 햇빛 속에서 언제고 나는 스승을 불러내 말을 걸 수 있었다.

스승과 공저하던 크로아티아 여행기를 불발시킨 송구함을 간직한 채

마추픽추 잉카의 성스런 계곡(Sacred Valley)을 트레킹하다 불현듯 만난 이정표 'the Path of Heart', 스승에게 그 제목으로 여행기 한 권을 바치겠다는 약속을 나도 모르게 하고 말았다.

혼자만의 여행에서 다시

사부 없이 떠난 남미 여행에서 스스로에게 한 약속이 있다. 적어도 1년에 한 번은 기획자가 아닌 개인으로 혼자만의 여행을 떠날 것. 이후 그 약속을 잘 지키고 있다. 기획한 단체여행이 끝나면 사람들을 한국으로 보내고 남아서 여행을 이어가거나, 아예 처음부터 혼자만의 여행길에 오른다. 2014년 첫 여행지는 스페인과 포르투갈이었다. 산티아고 순례길을 루트 안에 포함시켰다. 발로 걷지 않고 주요 포인트만 차로 이동하는 일정이었다. 그 여행의 하이라이트는 단연 '오 세브레이로'였다. 파울로 코엘료가 첫 소설 『순례자』의 영감을 얻었던 곳이자 함께 여행한 5기 연구원 해운님이 오매불망 사모했던 곳이다.

예약없이 간 산간 오지 마을에, 일부러 구하려고 해도 어려웠을 전망 좋은 방이 우리를 기다리고 있었다. 발코니에 서면 사방으로 뻗어 내린 산능선과 구불거리는 산간 도로들이 한눈에 들어오는 방이었다. 올라가는 길에 본 순례길 사인과 이곳 저곳에서 얼굴 탄 순례자들을 보니 카미노 데 산티아고에 있다는 실감이 제대로 났다. 밤 산책을 나갔다가 로컬 와인 한 병을 사 들고 숙소로 들어갔다. 발코니 창을 활짝 열고 술판을 깔았다. 레온 수요시장에서 사온 초리조와 치즈까지 펼치니 천국이 따로 없었다. 불을 껐다. 하늘에서 별이 쏟아졌다. 감탄이 터지는 그 순간 우리 두 사람에게 동시에 그리움으로 달려드는 '한 사람'이 있었다. 그런 자리에 가장 어울리는 사람. 우리 마음속에 낭만을 되살려주고, 각자의 카미노(길)를 가게 해준 우리의 스승. 우리는 잔 하나를 더 마련해서 와인을 따르고 그를 불러내 쨍그렁~ 건배를 했다.

"참 좋다." 그의 낮은 목소리가 들리는 듯했다.

와인에서는 가을 냄새가 났고, 적당히 취기가 오른 우리는 말 대신 눈빛으로 감정을 공유했다. 그날 이후 나는 여행지에서뿐 아니라 어디서든 스승이 그리울 때는 와인잔 하나를 더 꺼내 그를 소환하게 되었다.

다음 날 아침 길을 떠나기 전에 그 마을의 작은 성당[산타마리아 레알]에 들렀다. 9세기에 지어졌다는 성당은 소박하기 이를 데 없는 외관과는 달리 오세브레이로의 기적[Santo Milagro]이 일어난 곳이라고 했다. 입구 한구석에 적혀있는 순례자의 시를 발견했다. 코엘료의 『순례자』와도 일맥상통하는 메시지였다. 앉아서 노트에 시를 옮겨 적었다. 그때 그곳 신부님이 다가와 엽서 한 장을 내게 내밀었다. 시 전문이 적힌 엽서였다. '내 자신에 이르는 자유.' 남미 잉카의 성스런 계곡을 트레킹하다 만난 이정표 'the Path of Heart'가 떠올랐다. 똑같은 이유로 그 시는 내 마음을 사로잡았다. 그곳에서 그 시를 만난 게 우연 같지 않았다. 두 제목을 합하니 정말 내가 쓰고 싶은 책 제목이 나왔다. 『나에게로 가는 길』. 아래는 그 시의 한 부분이다.

Although I may have traveled all the roads,
crossed mountains and valleys from East to West,
if I have not discovered the freedom to be myself,
I have arrived nowhere.
내가 동과 서에 이르는 모든 길을 걷고,

산과 골짜기를 건넌다 해도
내 자신에 이르는 '자유'를 발견하지 못했다면
나는 아무 곳에도 도착하지 못한 것이다.

스승의 호통

남미 여행에서 돌아온 후 휴머니스트에서 스승의 책 『구본형의 마지막 편지』가 출간되었다. 월간중앙에 연재한 편지들을 엮은 유고집이었는데, 그 책의 첫 편지를 스승은 내 이야기로 채웠다.

아이도 충고를 싫어하는데, 하물며 어른에게랴. 어른에게 충고하는 것이 어리석은 짓임을 알지만, 오늘 네게 마지막으로 나, 어리석은 짓 한번 하려고 펜을 들었다. 여러 재능으로 삶의 모든 즐거움을 하나도 놓치지 않겠다고 하면 말릴 수 없다. 그러나 한 가지에만 집중해라. 너는 지금 성공으로부터 점점 멀어지고 있다. 돌아와라. 작가로 살고 싶다고 하지 않았느냐. 그럼 그것에 시간을 주거라. 열 개의 얕은 아마추어의 기쁨보다 한 개의 깊은 프로의 기쁨을 가져라. 그건 비교할 수 없을 만큼 좋은 것이니, 네가 그 맛을 꼭 보길 바란다.

메일을 뒤져 스승이 오래전 직접 보내주신 동명의 편지를 찾아 읽었다. 눈물이 사정없이 흘렀다. 호통치고 있지만 그 뒤에 숨겨진 스승의 사랑이 너무나 컸다. 그의 문법대로라면 나는 아직도 성공에서 멀어져 있다. 그러나 때가 되면 그 책들이 내게 당도할 걸 믿는다. 오세브레이로에서 코엘료에게 검을 주고 떠난 마스터의 말처럼.

사람들은 누군가 자신을 기다리는 곳에 가야 할 순간을 거스르지 못하고 결국 제때 그곳에 이르게 되리라는 것을.

- 파울로 코엘료, 『순례자』 중에서

연구원 이후의 독서

나는 책을 좋아했다. 그냥 좋아하는 것이 아니라 숭배했다. 그러나 지금은 종이 책에 몰아주던 숭배를 다른 곳에도 나눠주고 있다. 종이책만이 아니라 다른 책을 더 읽고 싶어서다. 이것이 내게는 연구원 과정의 자연스런 귀결로 느껴진다. 연구원 과정은 지식을 스스로 생산할 수 있는 생산자가 되도록 내 근육을 키워주었다.

책이 아무리 좋은 배움의 채널이라 해도 결코 체험을 대신하진 못한다. 책을 읽다가 '유레카!'를 외치고 정말 희열에 가슴이 터질 때는 내가 체험으로 안 것에 대한 적합한 표현을 발견할 때다. 좋은 책이란 우리 안의 어떤 것을 깨워주는 책이지 새롭게 무엇을 집어넣어주는 책은 아니다. 그런 책은 정보 책이다. 독서의 유용함은 아무리 강조해도 지나침이 없지만, 책만 읽는 것은 위험하다. 이제 나에게 책은 배움의 한 소스일 뿐, 절대적 소스는 아니다. 방에서 책만 읽느라 잃어버린 것이 적지 않다. 다른 책이 우리 주변에 차고 넘친다. 눈에 보이는 대상들이 모두 다른 책이다. 그 대상들을 읽는 것, 그것도 독서다.

집 안에서 책만 볼 일이 아니다. 당장 내 앞에 마주한 대상이 얼마나 사랑스러운지 더 유심히 음미하고 바라볼 일이다. 그들이 어찌 책 한 권에 비하랴. 주변을 돌아보고 소중한 것들을 돌보는 경험이 책만큼이나 소중하다. 사실 그러기 위해 책을 읽은 것인데, 책은 때로 나를 현실에서 더 멀어지게 했다.

삶을 어루만질수록 책읽기도 깊어진다. 이럴 때 스승의 균형 잡힌 삶은 나의 좋은 기준점이 된다.

어떤 사람들은 일년에 100권도 아니고 300권 심지어는 1,000권을 읽고 그런 독서를 제안하기도 한다. 그렇게 하는 목적이 무엇일까? 무언가에 모든 에너지를 쏟아 붓고 목표를 성취해본 사람은 다른 성취도 잘 할지 모른다. 그러나 분명 그의 목표는 삶은 아닐 것이다.

안 해보았으니 할 말은 없지만, 책을 그렇게 읽어서는 삶의 실력이 늘지 않을 건 분명하다. 한 권이라도 제대로 읽고 삶에 실험하는 과정을 거쳐야 우리 안에 화학변화가 일어난다. 그건 수고스럽고 시간이 걸리는 일이다.

내가 정말 삶에 써먹어서 도움이 된 경험들은 책 안에만 있지 않았다. 오히려 내 몸을 써서 배운 것들이야말로 더 쉽게 내 몸을 설득해냈다. 책만 읽고 행동하지 않으면 자기 기만에 빠진다. 책을 읽으려면 옆에 놓고 삶과 함께 읽어야 한다. 나의 삶이 평탄했다면 나는 지금도 책을 패션으로 읽고 있을지 모르겠다. 책 옆에 지난한 현장이 같이 있었음에 감사한다. 삶의 절박함이 책을 읽게 했고, 덕분에 좀 더 삶을 살아낼 수 있었다. 그리고 그렇게 살아낸 삶으로 다시 책을 읽었다. 책은 살아낸 만큼 읽혔다.

살아 생전 스승의 마지막 강의도 공부[읽고 행하는 것]에 관한 것이었다. 공부란 읽고[博學] 질문하고[審問] 깊이 사유하고[愼思] 명확하게 분별하여[明辯] 삶을 바꾸는 것[篤行]이라고 스승은 말했다. 그의 지론대로라면 독서의 목표는 삶이다. 좋은 책 한 권은 평생에 걸쳐 읽어도 부족하다. 세월과 함께 책 한 권을 씹고 또 씹는 경험, 분명 해볼 만한 가치가 있다. 지나보니 삶을 잘 사는 데는 몇 권의 책이 필요치 않았다. 너무나 많은 책을 읽어내려는 것 역시 욕심임을, 내 결핍이 추동하는 허욕임을 이제는 안다. 책이 내 삶을 방해한다면 책 역시 덜어내야 할 대상이다.

내가 배운 것들을 제대로 써먹지도 못하고 시간이 흐른다. 이제부터 내가 더 배운다면 그건 머리보다는 가슴을 채우고 삶을 살기 위함이다.

나의 인생과 글쓰기

'한 번의 선택이 10년을 좌우합니다.' 금성TV 선전이 유행하던 때에 결혼했다. 독신으로 멋지게 자기성취를 하겠다며 서울까지 유학온 맹랑한 시골소녀는 어디 가고, 25세에 덜컥 '우발적으로' 결혼했다. 결혼의 영향력에 대해 가볍게 생각했고, 나만 잘하면 되지, 하는 어설픈 이상주의로 일관하다 큰 낭패를 봤다. 된통 당하고도 어설픈 이상주의는 아직도 내 트레이드 마크다. 그러나 그때와 달라진 게 있다면 한 번의 선택 뒤에는 언제나 다른 선택이 있다는 사실을 알았다는 것이다. 이제는 맘만 먹으면 언제든 좋은 선택을 할 수 있고, 잘못한 선택도 좋은 선택으로 만들 힘이 생겼다는 것이다. 그런 인식의 도약 사이에 내 글쓰기가 있다. 살기 위해 써야 했다.

우발적인 행동은 결혼에만 그치지 않았다. 출산도 마찬가지. 5년 만에 넷을 낳았다. 저지르는 건 쉽지만 수습은 언제나 어렵다는 것이 우발성의 문제다. 상품도 아닌 인간을 그것도 넷이나 세상에 불러왔는데 수습할 용량이 문제였다. 턱없이 부족한 용량으로 매일이 눈물바람이었다. 교육이니 양육이니 하는 세련된 언어는 언감생심, 하루하루 생존하는 게 숙제였다. 양이 질을 구축한다는 말이 있었던가? 닥친 일을 수습하고 또 수습하다 보니 용량이 늘어났다. 간장 종지만 하던 내 오지랖이 어느새 백자 항

아리만큼 커졌다. 이제는 안다. 그 우발성 안에 숨겨진 에너지가 생산의 에너지요, 창조의 에너지였다는 것을. 내 정체성의 뼈대를 이루는 핵심 자원이란 것을. 그리고 그 에너지가 내 삶을 끌고 왔고 끌고 갈 것이라는 것을. 나의 우발성 속에 신의 섭리가 내장되어 있다는 것을. 나는 계획하지 않았지만 그분은 계획하셨다는 것을. 돌아보면 내 삶은 온통 은총뿐이고, 고통까지도 그러했다는 것을.

인식의 도약 사이에 나의 글쓰기가 있다. 나는 살기 위해 썼다. '도대체 왜 나에게 이런 삶이'라는 질문을 오래 잡고 쓴 덕분에 스승을 만났고, 또 지금 내가 여기에 있다.

글쓰기를 너무 사랑해 모든 걸 기록으로 남기려는 강박주의자가 되었다. 그 강박은 쉽게 사라지지 않았고 지금도 여전히 내 옆에 있다. 이 글을 쓰기 위해서 지난 기록을 뒤졌더니 100페이지가 넘게 나왔다. 좀 더 꼼꼼히 모았으면 200페이지도 넘었을 것이다. 모으다 중단했고, 이미 모은 것을 가지고 어떻게 잘 엮어서 근사한 글을 남겨봐야지 종종거리다 길을 잃고 여러 날을 허송했다. 차라리 아무것도 없었더라면 그냥 썼을 것이고, 하루 이틀이면 원하는 분량이 보다 수월하게 흘러나왔을 것이다.

기록강박 역시 결핍과 불신의 자식인 걸 안다. 그러나 쉽게 버릴 수 없다는 것도 안다. 오랜 시간 나의 정체성을 이루었고 내 삶에 성과도 많이 내주었기 때문이다. 그러나 이제는 때가 되고 있다. 삶을 가볍게 하려면 기록에서조차 가벼워져야 한다. 글까지 쓰레기로 보고 필요가 다한 글은 가차없이 쓰레기통으로 직행시키라고 가르치는 나의 정리 선생님 캐런 킹스턴(『아무 것도 못 버리는 사람』), 다른 쓰레기는 다 버려도 책과 글 쓰레기는 못 버리겠다고 피우던 고집을 이제 조금씩 접을 때가 오고 있다. 역시 또 연습이다.

휴먼 구본형을 추억한다

1) 남도 여행

연구원이 되기 전, 2007년 12월에 남도로 이틀 여행을 갔다. 전환을 모색하던 성주 씨에게 스승은 '여행 한번 기획해보라'고 명을 내렸다. 그 여행의 참가자는 백오, 써니, 스승.

한 차에 탈 수 있는 인원은 다섯 명, 한 명 남는 자리에 고맙게도 그들은 나를 초청해주었다. 우리는 환상의 콤비였다. 좋은 풍경에 대한 칼날 같은 후각으로 성주 씨는 치밀하게 여행을 준비했지만 우리는 전혀 개의치 않았다. 어떻게 해도 재미있는 여행이 될 것이었다. 그때 나는 『죽기 전에 가봐야 할 곳 1000』을 쓴 패트리샤 슐츠의 말을 인용하며 디테일을 챙기느라 제대로 여행을 하지 못하는 성주 씨를 향해 잘난 척을 했다.

"최고의 여행가이드는 우연이라고~."

변경연의 입담 트리오였던 우리에겐 거칠 게 아무것도 없었다. 써니가 앞에서 물꼬를 트면 백오가 멍청도 사투리로 능청스레 받고, 나는 푼수처럼 오버하며 맞장구를 쳤다. 문제는 스승이었다. 우리에겐 여러모로 조심스러운 존재였다. 그런데 그가 우리의 그런 편견을 보기 좋게 깨뜨렸다. 그는 인생살이에서만 앞서가는 것이 아니었다. 그의 야성은 누구보다 강했고, 사제간의 경계도 초반 몇 시간이 지나지 않아 무너뜨렸다. 트림도 방구도 다 텄다.

구본형이 무너지자 우리는 '서로의 야성 꺼내주기' 미션을 가지고 모인 사람들인 양 미친 듯 농담을 했고 걸쭉한 우스개를 숱하게 날리며 한없이 속돼졌다. 이슥한 밤, 공동묘지에 등을 대고 누워서 밤하늘에 대고 '아오오오오~' 늑대 울음소리를 낸 이후로는 시도 때도 없이 괴성을 지르며 묵은 체증을 해결했다.

중간에 광주에서 근무하던 연구원 2기 도명수 선배가 조인하자 괴성은 더 화려해졌다. 너무 웃어서 오장육부가 자주 뒤틀렸다. '아휴 배야~' 배를 움켜쥐면서도 통쾌하고 짜릿했다. 그때 알아봤다. 스승이 얼마나 유쾌하고 함께 여행하기 좋은 휴먼인지를.

여행에서 돌아온 후 스승은 우리에게 문자를 보냈다.

'멤버 좋았다. 또 가자.'

기쁜 마음으로 '네 얼마든지요'라고 답을 드렸지만 이후 그 조합으로 다시 뭉치진 못했다. 다만 여행이 얼마나 즐거울 수 있는지 하나의 레전드로 그 여행은 우리의 기억 속에 깊이 각인되었다.

무엇을 물어보면 스승은 금방 답을 해주지 않았다. 한참 뜸을 들인 후에야 겨우 짧은 답을 주었다. 2008년 우리 연구원 기수와 뉴질랜드 남섬 캠퍼밴 여행을 했을 때도 사부는 마지막 날 데카포 호수 달빛 아래에서 산책하던 중에 느닷없이 한 마디를 던졌다. 낮은 톤으로 트윈폴리오 노래를 몇 곡 이어 부른 후였다.

"사는 게 너무 좋아. 나 죽기 싫다."

그날 나는 좋다는 단어와 죽기 싫다는 단어가 서로 어울리는 조합인지 헷갈렸다. 너무 좋다는 표현을 강조하기 위해 쓴 말인 걸 알지만, 지금 여기

안 계신 스승을 생각하면 그때의 그 말이 아프게 살아난다.

2) 스승의 썰렁 유머

4기 오프수업이 있는 날이었다. 오후 1시부터 정산네 회사 회의실에서 모임을 하기로 했는데, 사부가 미리 알려주지도 않고 늦는다는 메일을 웨버인 내게 보내왔다. 마지막 대목에서 많이 웃었다.

"로이스, 친구 딸이 결혼한다는구나, 하필 오늘 2시에 양재동에서 한다는구나. 잠시 얼굴을 보여야겠다. 정산의 사무실이냐. 그러면 3시까지는 갈 수 있을 것 같구나. 나 없이 먼저 자습하고 있어라. 떠드는 놈은 칠판에 이름 적어놓고."

3) 두 개의 양푼

전통대로 2009년은 해당 연도 기수인 우리 4기가 전체 연구원 행사를 주관했다. 웨버인 내가 챙겨야 할 일이 생각보다 많았다. 행사 마치고 돌아오는 날 점심은 식당이 아니라 풍광 좋은 들판에서 양푼에 밥을 비벼먹기로 했다. 그 준비도 웨버 몫이었다. 양푼비빔밥 아이디어는 한 해 전 몽골 초원에서 어쩌다 해먹게 된 양푼비빔밥에 흠뻑 빠져들었던 사부를 기억하고 써니가 제안한 것이었다. 다행히 찌그러진 커다란 양푼 두 개가 우리의 숙소였던 연수원 식당에서 놀고 있었다. 약간의 돈을 주고 얻어서 비벼먹을 밥과 야채를 가득 담아 들판으로 갔다. 예상대로 여럿이 달려들어 봄바람을 맞으며 먹는 양푼비빔밥은 운치도 있고 맛도 좋았다. 문제는 양푼이었다. 버리면 되는데 '내년에 또 하자'는 게 중론이어서 보관할 사람이 필요했다. 버스에 실려 서울까지 온 양푼 두 개는 결국 내 차지가 됐다. 다음 날 아침 스승이 메일을 보냈다.

"헤어질 때 네가 설거지되지 않은 커다란 양 푼 두 개와 보따리와 가방을 무겁게 들고 서 있는 것을 보았다. 그리고 아직 해결되지 않은 추가경비 부담까지 가지고 갔는지 모르겠다. 그동안 너로 인해 많은 사람들이 즐거움을 가졌다. 그러나 너는 그 즐거움의 피곤함을 고스란히 지고 있구나. 언제 어디서든 그게 좋은 리더의 한 모습일 것이다. 고마운 일이다."

그냥 내가 해야 할 일을 한 것뿐이고 아무런 동요 없이 양푼을 가져다 잘 씻어 베란다 장 속에 넣어두었다. 그러나 스승의 메일을 읽는 동안 나조차 챙겨주지 못한 내 안의 피로가 제 목소리를 냈고, 진정으로 위로를 받는 것을 경험했다. 예상치 못한 울음이 목울대를 타고 올라왔다.

4) 스승님 집에서

5기들이 수료를 앞두고 스승님 집에서 와인을 마시는 날이었을 것이다. 정확한 정황은 기억나지 않는데, 사정이 되는 선배들도 그날 모임에 합석했다. 나도 함께였다. 스승님네 데크에서 인왕산을 내려다보며 마시는 와인은 늘 달콤했다. 모두 편한 사람들이고, 풍광에 취해 홀짝거리다 그날 나는 수위를 한참 넘어버렸다. 화장실을 들락거리며 토하다 소파 한구석에 널브러졌다. 사람들이 하나둘 인사하며 떠나는 소리가 어렴풋이 들렸지만 어느새 잠에 빠져버렸다. 눈을 뜨니 써니가 '똑바로 잘 자'라며 다이닝룸 바닥에 깔린 요 위로 나를 부축해 데려갔다. 상황인즉슨, 집에 가기 어려운 나를 이곳에서 재우라고 스승이 말했고 써니가 남아주기로 한 것이었다.

보일러로 자글자글 데워진 바닥은 따뜻했다. 새벽녘이 되니 생각보다 외풍이 셌고 추워서 저절로 눈이 떠졌다. 그때 누군가 실내등을 켜는 소리가 들렸다. 스승이었다. 그는 담요를 들고 우리에게로 다가왔다. 모르는 척 눈을 감았다. 스승은 써니와 내가 덮고 있는 이불 위에 담요를 덮어주고 잘 다독여주고는 이층으로 올라갔다. 그러나 내 시리던 콧등과 손이 따뜻하게 녹은 건 담요의 포근함 때문만은 아니었다.

스승은 그 시간에 글을 쓰기 위해 일어난 걸까, 아니면 다이닝룸에서 춥게 웅크리고 자고 있을 우리가 걱정이 되어서 일부러 깨신 것일까?

얼마 지나지 않아 써니와 나는 일어났다. 주방 창을 열고 인왕산 너머로 푸르게 동이 터오는 모습을 바라보았다. 아름다웠다. 곧 이불을 잘 개 놓고 옷을 챙겨 우리는 살그머니 스승의 집을 빠져나왔다.

5) 팔레르모로 가는 페리 갑판에서

페리에서 제공되는 저녁을 먹고 사람들은 제각각 자기 시간을 즐겼다. 나는 어두운 갑판 위로 올라가 흰 포말을 일으키며 달리는 배를 오래 지켜봤다. 장엄하기도 하고 무섭기도 했다. 맞은편 나폴리 항구의 불빛들이 점점 시야에서 멀어지고 있었다. 배 안에서 이야기를 나누던 무리들이 잠자러 들어간 사이 몇 명은 캔맥주를 들고 갑판 중앙으로 올라갔다. 그곳에선 8기가 스승과 사랑을 주제로 수업 중이었다.

바람이 꽤 불었다. 사람들은 하나 둘 방으로 가서 담요를 가지고 왔다. 그것으로도 감당이 안 되니 8기들은 아예 배 안으로 자리를 옮겼다. 남은 우리는 이야기를 계속 이어갔다. '나라'의 이야기를 들었고 '동희'의 이야기를 들었다. 시칠리아 밤바람이 둘의 이야기를 부추겼다. 밤이 이슥해졌다.

술이 약한 나는 담요를 칭칭 말아 덮고 하늘을 바라보다 설핏 잠이 들었다. 그때 다시 스승이 나타났다. 8기 수업 마치고 들어가 주무시려다 우리가 걱정되어 올라오신 것이다. 그의 손에는 담요 몇 개가 들려 있었다. 담요로 덮어주고는 바람이 들지 않게 꼭꼭 여며주었다. 그 담요 덕분에 우리는 갑판에서 새벽까지 힐링 토크를 할 수 있었다.

동희 씨는 돌아와서 여행기를 길게 썼고 평생 잊지 못할 그날 밤의 힐링 토크를 글로 남겼다. 호텔보다 비싼 방을 마다하고 그날 우리는 왜 그런 고생을 무릅썼을까? 방에 가서 눈을 붙이려고 일어서는데, 삼각대를 들고 올라와 우리 앞에 세우는 한 포토맨이 있었다. 놀랍게도 재동 씨였다. 지중해 일출을 잡으려고 부족한 잠을 떨치고 올라왔다고 했다. 누가 시키는 것도 아니고 사진으로 밥을 먹는 사람도 아닌데 즐거워서 그 고생을 마다하지 않으니, 마음에 슬그머니 내려앉는 재동 씨의 사진들은 모두 그런 시간의 선물이었던 것. 감동은 내가 모르는 도처에 이렇게나 많이 포진해 있었다.

6) 돈나푸가타 와이너리 서머나잇 축제

변경연 유럽 여행에서 와이너리 방문은 늘 즐거운 축제였다. 항상 고심해서 와이너리를 골랐다. 너무 알려진 곳보다 가족이 대를 이어 운영하는 스토리가 있는 곳이 좋았다. 시칠리아에서는 돈나푸가타를 골랐다. 5대째 가족경영을 하는 곳으로, 예술적인 스토리로 레이블을 만드는 와이너리여서 흥미로웠다. 우리가 가는 날은 운 좋게도 야간에 샤도네이 포도를 수확하는 고블린 행사가 전국 와이너리에서 일제히 펼쳐졌다.

돈나푸가타는 수심에 찬 여인의 머리카락이 흩날리는 로고를 가진 와

바다를 좋아하는 스승은 자주 일정을 변경해 바다에 더 머물기를 원했다. 이곳 시칠리아의 터키 계단 바닷가도 마찬가지였다. 물속이 평평해서 파도타기 그만인 비치였다. 그는 말했다. "일상은 지루함 8에 즐거움 2를 넣은 순한 죽이고, 여행은 즐거움 8에 기다림 2를 섞어 만든 알싸한 칵테일"이라고.

이너리다. 너른 포도밭 한가운데 위치한 와이너리 저택으로 가는 밤길이 무척 아름다웠다. 일렁이는 토치 불빛 때문에 몽환적으로 보이는 길은 버스가 간신히 달릴 정도의 구불구불한 포도밭 길이었다. 돈나푸가타 축제에서 외지인 특히 동양인은 우리뿐이었다. 엄청나게 몰려든 동네 인파 속에서 이국의 축제를 즐기는 동안 그 좁은 도로는 승용차들로 양 옆이 가득 뒤덮였다. 우리 버스는 하루 운행 시간제한이 있어 무작정 그곳에서 즐기고 있을 수가 없었다.

11시쯤 떠나려고 버스에 올랐지만 차를 뺄 수가 없었다. 생각지 못한 일이었다. 우리 기사 주세페는 아주 조금씩 각을 틀어 버스를 돌리기 시작했다. 가능할 것 같지 않은데 그는 포기하지 않았다. 금방 끝날 일이 아니니 스승을 따라 우리는 버스에서 내렸다. 사방이 모두 포도밭이었다. 어두워서 크기가 가늠되지 않았지만 끝이 보이지 않을 만큼 넓어 보였다. 몇은 스승과 밭고랑으로 들어가 오줌을 누고, 몇은 포도를 따먹었다. 하늘을 보았다. 조명 때문에 가려졌던 검은 하늘에 별들이 촘촘히 박혀 보석처럼 반짝이고 있었다. 와, 저절로 탄성이 터졌다. 와인을 땄다. 시음할 때 받은 와인잔에 와인을 따랐다. 잔을 들어올려 건배를 했다. 크리스털 소리가 영롱했다. 선선한 지중해의 밤바람과 별빛이 와인잔으로 흘러 들어왔다. 이탈리아 여신처럼 생긴 줄리아가 강추한 화이트와인 '안탈리아'와 레드와인 '밀레 에 우나노테'(천 하루 밤의 이야기)의 은은한 향이 마시기도 전에 코를 간지럽혔다.

한 시간이 꿈같이 흘렀다. 그동안 주세페는 차를 완전히 돌려놓았다. 차가 어렵게 돈나푸가타 와이너리를 완전히 빠져나올 때는 모두 일제히 함성을 질렀다. 수고한 주세페에게 브라보를 외치며 힘껏 박수를 보냈다. 긴 하루였지만 기분 좋은 하루였다. 응급상황을 불평 대신 마술로 바꾼 변경연, 그들이 자랑스러웠다. 그런 우리 옆에 스승이 있었다.

다섯 줄로 표현해보는 나의 스승 구본형

세상이 만들어주는 길 대신 스스로 길을 낸 사람,

자신을 대상으로 실험하고 혁명하여 평범한 이들의 희망이 된 사람,

육체 속에 살면서도 영혼의 제안을 따라 시처럼 살려 했던 사람,

신이 준 사명을 알고 행하여 이 세상에 사람을 남기고 떠난 사람,

부재로 더 존재를 증명하는, 영원히 우리 맘에 살아있는 사람

이렇게 압축해보니 내 인생에 더할 수 없이 훌륭한 스승이 있었다는 것이 감사하다. 양지바른 처마 밑의 햇살처럼 그의 존재는 아직도 내게 고요하게 넘친다.

내 인생에 와준 사람

2007년에 쓴 10대 풍광의 마지막 장면을 드디어 이루었다.

2017년 3월
"그대들이 같이 있음에 공간이 있게 하라. 하늘의 바람이 그대들 사이로 춤출 수 있도록. 그대들 영혼의 해변에 일렁이는 바다가 있게 하라."

꿈에 그리던 그를 만났다. 칼릴 지브란의 시처럼, 그는 나를 나답게 하고 나로 숨쉬게 한다. 그와 나는 서로를 존중하며 지지하는 좋은 친구다. 우리는 일상의 소소한 것을 함께 누리는 행복을 알고 있다. 숲을 함께 걷고, 재래시장을 함께 돌며, 잎사귀를 떨군 나뭇가지 사이로 모습을 드러낸 달빛이 얼마나 아름다운지 눈을 반짝이며 얘기한다. 우리는 서로의 마음을 살피는 일에 부지런하며 몸의 열정을 살피는 일에도 그러하다. 그와 있으면 고향같이 가슴이 따뜻해지고 살아있음에 축배를 들게 된다. 이미 지긋해진 우리의 나이는 아무런 장애가 되지 못한다. 우리는 서로로 인해 더욱 안전하며 행복하다.

10대 풍광에 묘사한 대로 꿈에 그리던 사람을 만났다. 쓰기의 힘이란

게 이런 건가. 조금 더 시간은 걸렸지만 일어날 일은 일어난다는 것을 알 수 있다. 소소한 디테일은 다르지만 그때나 지금이나 내가 꿈꾸는 삶은 다르지 않고, 시간이 내 꿈을 밀고 있다는 걸 느낀다. 10대 풍광을 선물로 준 스승이 새삼 고맙다. 그때 그렸던 10년 후의 내 모습이 지금 내 모습인 것에 놀람을 금치 못한다.

2017년 5월

내가 잠들지 못하는 것은 감격 때문이다. 오늘은 홀로서기로 마음먹고 용기를 내어 내 길을 걸은 지 10년이 되는 날이다. 이렇게 평온한 일상을 즐길 수 있기까지 많은 눈물이 필요했고, 이제 그 눈물은 더 값진 것들로 보상되었다. 혼자 힘으로 독립을 이룬 내 자신에게 무한한 박수를 보내고 싶고, 누구에게라도 감사하고픈 심정이다. 내가 이룩한 이 작은 영토에서 나는 따듯한 햇살을 마음껏 즐기며 자유라는 이름의 공기를 흠뻑 마신다. 세월은 참으로 빨리 지나갔다. 지난 10년은 내 인생에 있어 가장 값진 시간이었다. 늘 그리움으로 존재하던 내 안의 나를 찾았고 나는 나와 더불어 평온하다.

10대 풍광에 묘사한 대로, 너른 테라스가 딸린 산속의 집으로 이사를 했다. 모닝페이지를 대한 순간 '그래 이거야!' 했던 것처럼 이 집도 보는 순간 '이 집이야!' 했다. 뒤도 안 생각하고 그 자리에서 계약을 해버렸다. 그런데 놀라운 건 '결정'이란 못을 탕탕 박고 나면 그 다음부터 모든 일은 그 결정을 밀기 위해 협동한다는 것이다. 칼 융이 말한 '동시성'(Synchronicity)이 그것인데, 언제부터인지 이 동시성이 내게 잘 작동하는 것을 느낀다. 남미 여행도, 이번 집 이사도, 결별도 그 어려운 파고를 모두 건너 결국 내가 원하는 대로 이루어졌다.

미래를 끌어와 현실로 가져다 놓으면 상상력이 일을 하기 시작한다는 걸 의심 없이 믿는다. 얼마 전에 10대 풍광을 다시 썼다. 무척 구체적인 계획들이 생겼고 나는 다시 2007년 그때처럼 새로이 아침의 한 해를 열고 있다.

앞으로 나는

매년 나라와 장소를 바꾸어 가며 살려고 준비한다. 아일랜드 골웨이, 프랑스 마르세이유, 스페인 바르셀로나, 이탈리아 몰타 등을 첫 거주지로 모색하고 있다. 오래전 버킷리스트에 올려놓았던 것인데, 그와 함께여서 더 빨리 실행에 옮길 수 있게 되었다. 1년 중 반은 지금 하는 여행업을 지속해 나가고 나머지 반은 우리의 여행으로 채워 나갈 것이다. 그러나 그런 삶은 단순히 책을 내기 위해서도, 누구에게 보이기 위해서도 아니다. 우리가 원하는 삶을 위해서 그렇게 한다는 것이 좋다. 이런 우리의 삶이 누군가의 가슴속에 감춰진 욕망을 꺼내게 하고, 또 다른 우리를 만들어내는 촉발제가 된다는 것도 좋다.

약점과 장점이 만들어내는 콘트라스트 어딘가에 균형점을 찾아가며 우리 삶을 창조해 갈 수 있다는 것도 좋다. 적당하게 포기하고 그렇게 포기한 삶을 변명하며 사는 것이 아니라 죽을 때까지 가능성 안에서 살 수 있어 좋다. 안 되는 이유를 세는 것이 아니라 아직 되는 이유를 더 많이 셀 수 있음에 감사한다. "너도 원한다면 그렇게 할 수 있어." 말이 아니라 삶으로 말해줄 수 있음에 감사한다. 아직도 정말 좋아서 선택하는 일이 많음에 감사한다.

여기까지 오기 위해 겪은 모든 진통을 사랑한다. 분명한 건 갈수록 나는 내가 하는 일을 좋아하고 더 좋아하는 방식으로 바꾸어 갈 것이라는 점이다. 나에게는 세상의 이목을 얻는 것보다 영혼이 기뻐하는 일을 하는 게 더 중요하다. 정말 원하는 것이 있으면 집중하고 꾸준히 물을 주어서 그것에 도달할 것이다. 내가 뭘 원하는지 잘 모른다면 내게 다가온 지금의 일에 성심을 다하며 기다릴 것이다. 세상이 내게 무엇을 가져다 줄지 설렘을 가지고 하루하루를 살면 삶은 나를 배반하지 않는다는 걸 안다. 계획은 하되 신이 섭리한 우연이 내 삶에 흘러들도록 늘 여지를 남겨둘 것이다. 그래서 내 하루 하루가 모험 인생이 되게 할 것이다.

통곡으로도 지워지지 않을 만큼 삶을 열렬히 사랑하려면 우연을 사랑해야 한다.
그 사람을 거기서 만난 우연을 사랑하고, 나에게 찾아와 내 일이 된 그 일을 사랑하고, 느닷없는 삶의 초대에 흥분해야 한다. 내 작은 계획의 그물망에 잡히지 않았던 일정이라고 거부해선 안 된다. 오히려 어떤 기회에 대해서는 나의 모든 계획을 적어둔 수첩을 송두리째 버리고 그 떨림을 따라 나서야 한다. 그리해 진정한 여행은 시작되는 것이다.

– 구본형, 『나는 이렇게 될 것이다』 중에서

–

이한숙(로이스)

연구원 4기

네 아이의 엄마이자 인생이라는 작품을 어떻게 빚을 것인가를 고민하는 삶의 아티스트다. “당신의 예술은 당신이 사랑하는 것에 대한 찬양이어야 한다”라는 존 러스킨의 말을 사랑한다.

신이 내려주신 최고의 창조성 도구인 ‘글’과 ‘여행’으로 사람들이 자신의 삶을 살도록 영감을 주기 위해 2011년 아티스트웨이(주)를 설립했다.

1년의 많은 시간을 밖에 나가 지낸다. 그러나 나가지 않아도 여행하는 법을 알고 있다. 세상은 모두 감탄의 대상이자 훌륭한 여행지다. 호기심만 반짝인다면 자신을 포함해 어떤 대상이든 최고의 여행지가 된다고 그녀는 믿고 있다.

네 삶에
주인으로 살고 있느냐

- 장 재 용 -

[구본형, 내 삶의 터닝 포인트]

나는 지독하게 평범했다

나는 지독하게 평범했다. "너의 평범이 위대함으로 가는 길"이라고 스승은 늘 말했다. 나는 믿지 않았으나 그의 맑은 눈에 정신이 뺏겨 '속는 셈 치고 믿어보마' 했던 지난날을 복기하여 쓰자니 접속사 하나에 반나절을 흘려보냈다. 훅, 훅거리며 지나는 장면 장면과 3D로 들리는 아득한 스승의 목소리에 눈을 감았다 뜨니 하루가 지나 있다. 혼자서, 바보같이 웃다가 청승맞게 눈이 뜨거워졌다. 결국 그날은 쓰기를 그만두었다. 활자화되기 전엔 오로지 나의 것이지만 활자화된 후로는 내 것이 아니게 되므로 쓰지 말까를 1초간 고민한 유치한 날이었다.

결심하여 쓰기로, 했지만 내 스승을 마냥 찬양해선 안 될 것 같다. 인간은 불완전하므로 맹목적인 인간찬양은 가뭇없는 데다 스승에 대한 제자의 상찬은 스승에 대한 예의가 아니지 않을까 한다. 제자는 스승을 뛰어넘어야 할 숙명을 타고난 자들이다. 스승을 찬양하는 제자, 스승을 뛰어넘지 못한 사람이 그리 한다면 자신의 책무는 이루지 못하고 스승을 자기에게 투사하여 스승이 이룬 일을 자기가 이룬 양하는 허영에 찬 자들이 아니겠는가. 더하여, 스승을 뛰어넘은 자가 그리하면 그것은 자신을 찬양하는 것과 같은 지적 마스터베이션에 지나지 않는다. 모두 스승을 욕되게 하는 일이다. 다만, 세상이 스승을 기억해줄 때 제자 된 자로 반가운 미소 한 움큼과 깊고 그리고 길게 허리를 굽혀주면 족하지 않을까 한다.

그러나, 그럼에도 불구하고, 나는 천둥벌거숭이 짓을 마지막으로 해야 할 것 같다. 내 삶에 북극성으로 향하는 떨리는 나침반 하나 툭 던지고 가신 내 스승을 끄집어내어 너저분하게 평범했던 나의 삶이 어떻게 특별해졌는지를 세상에 말한 다음 허영에 찬 반푼이 짓을 거두기로 한다.

나는 스승이 좋아했던 제자는 아니었다. 분명 그랬을 테다. 그가 그토록 제자들로부터 기다리던 천진한 질문 하나 하지 못했고 살갑게 다가서지도 못했다. 살갑기는커녕 인사치레라도 제대로 한 적이 있었다면 이토록 그립진 않을 테다. 그의 제자라면 한 번쯤은 몰려가 본 적 있을 스승의 자택도 가보지 않았고, 자연스레 깊게 나눈 대화의 기억도 없다. 식사할 때 그의 면전에 앉기가 부담스러워 일부러 자리를 피하기 일쑤였다. 왜 그랬는지 모른다. 나는 그렇게 졸렬한 인간이었다. 그래서 자문했다. 나에게 스승을 스승이라 부를 수 있는 자격이 있는가. 질문 뒤에 숨어 소심하게 답하자면, 내 도반들이 그를 사부라 부르며 다녔고 나도 그들을 따라 스승을 좇았으므로 그리 부르게 되었다. 감히 스승에 대해 말할 자격이 있나 싶을 정도로 면이 서지 않는 제자다.

나는 스승의 정신세계를 부검하지 않기로 한다. 그 일은 시간이 지난 뒤 누군가가, 그러니까 스승에 관해 말할 자격이 있는 사람이 공을 들여 스승의 저작과 일대기를 재조명하며 살사(殺師)를 불사하고 집대성해주리라. 그렇지만 나는 말한다. 스승에게 나는 별 볼 일 없는 제자 중 한 사람에 지나지 않지만 나에게 스승은 그의 작은 흉터마저 닮고 싶을 만큼 흠모했던 사람이었노라고.

그는 나를 초라한 시민성에 남지 않게 했다. 월급쟁이 사다리 끝이 무엇인지 볼 수 있게 했고 불나방처럼 달려드는 미친 삶의 대열에서 탈주하게 했다. 여전히 월급쟁이 쩨쩨함을 벗어나지 못하고 있지만 '잘 살고 있는 것이냐'를 늘 묻는다. 어쭙잖은 'middle class value'는 개에게 던져준 지 오래고 이제껏 이룬 게 어디냐며 차지한 자리 뺏기지 않으려 안절부절 않는다. 그런 게 있는지도 모르겠으나 혹시라도 있다면 지금의 지위나 안위를 더 이상 애지중지하지 않는다. 내 삶을 실험할 수 있는 사람은 나밖에 없다는 것을 잘 안다. 실험은 실패가 반이 될 테고 성공하더라도 듣보잡 필부(匹夫)의 삶을 세상은 알아주지 않을 게 뻔하다. 그러나 나는 내 삶을 나의 혀로 핥아가며 맛보고 싶다. 깨지고 낙담했다가 다시 희망하고 떠난다. 별난 아비, 남편 덕분에 내 가족들은 힘이 든다. 어쩌랴. 스승 덕이다.

스승이 나에게 가르친 단 하나는 낮에 꿈꾸는 법이었다. 나는 겁 없이 낮에 꿈을 꾸었다. 대낮에 괴물이 등장하고, 수치스러운 일들을 목도해야 했다. 낮에 무서워하고 낮에 울었다. 더러는 대낮에 승리의 깃발을 올리는 나를 보기도 한다.(가장 좋아하는 술도 낮술이 되었다.) 그것이 세상과 한판 싸움을 벌이며 진흙탕을 뒹구는 일인지는 훗날 알게 되었다. 카운터펀치에 나가떨어지지 않는 맷집을 스승이 쥐어줬다는 것 또한 나중에 알게 된 사실이다.

"생긴 대로 살아라."

그가 내 삶에 등장한 건 순전히 우연에 기대어 있다. 그 우연을 설명할

도리는 없다. 언젠가 이 말을 넌지시 지나가며 했을 때 스승은 버려질 그 말을 다시 주워 담아 정색하며 나에게 일렀다.

"준비된 자, 간절한 자가 스승을 만나는 건 우연이 아니다."

그랬다. 월급쟁이 그 지난한 인생이 에베레스트를 오르고, 학원비에 울고 웃는 자들이 작가가 되고, 직장에서 아무도 알아주지 않는 자가 저자가 되어 하루하루를 떨리는 가슴으로 사는 걸 보면 모든 것은 그리 되려 했던 정해진 만남이었는지 모른다. 아무도 가지 말라는 그 길을 가게 된 이유는 모두가 그리로 가지 말라 했기 때문이다. 아무도 가지 않은 길을 세상은 위험하다고 했지만 스승은 바로 그 길이 네가 유일함으로 가는 길이라 말했다. 멋지지 않은가. 나의 스승.

여량 이야기

강원도 정선 여량마을, 두 개의 강이 어우러지는 광경을 남의 일처럼 하염없이 바라본다. 난반사하는 봄 햇살에 얼굴을 찡그렸다. 봄날 환희를 즐기는 대신 쓰잘데기 없는 질문들을 머릿속에 잔뜩 쏟아놓고 혼자 어지럽다 중얼거렸다. 두 물이 합하여지는 어수선한 광경을 놓고 사람들은, 하물며 물도 저렇게 만나 한데 흘러가지 않느냐며 감탄했다. 그 풍경이 나에겐 감동이랄 것까진 없었으므로 내 좁은 식견과 사람들 다 읽어내는 은유조차 감지하지 못하는 얕은 시야를 자책했다.

나도 감탄해야 하지 않을까, 소심하게 조바심 내던 차였다. 보고 있던 풍광은 3D 질료처럼 바뀌더니 6년 전 그날로 가 있다. 불영과불행(不盈過不

2012년 4월 강원도 정선 여량에서 스승님과 함께한 8기 연구원(8기 연구원 입학식).

行), 채우지 않고는 흐르지 않는다. 스승의 굵은 목소리에 그제야 풀린 동공이 제자리로 돌아온다. 그 자리, 여량의 강둑에서 스승은 맹자(孟子)를 말하며 합수하는 개천을 가리켰다.

"물은 웅덩이를 그냥 지나치지 않는다. 채우고 나면 다른 웅덩이를 찾아 흐른다. 낮게 또 낮게 흐르기 때문이다. 모자라면 채우고, 채운 뒤엔 반드시 또 다른 질문을 찾아 흘러라."

50여 명, 100개의 시선 끄트머리에 나는 앉아 들었고 도반들 머리 위로 채움의 욕망들이 뒤엉킨다. 지혜를 채우고 싶은 욕망이었는지 허기진 배를 채우고 싶었던 욕망이었는지는 모른다. 마침 스승이 말한다. "배고프지?" 모두가 헤드뱅잉을 했다.

그때 나는 '포르말린에 담가둔 심장'처럼 반응 없는 일상을 살고 있었다. 비어 있었으나 독선과 아집 그리고 오만함으로 채워져 있었으니 공부는 채우는 게 먼저라는 스승의 명령을 나는 알아채지 못했다. 그러나 우연이었을 게다. 암만 둘러봐도 첩첩산골로 둘러싸인 여량은 사방 산들이 가득한 중에 텅 빈 땅이었다. 한반도 중부의 험한 준봉들이 뜬금없이 겸손떨 듯 가지런해지는 자리였다. 윤똑똑이 짓을 멈추지 않았던 나를 보며 마치 넌 원래 그런 놈이라는 듯 시니컬하게 썩소를 날리며 아우라지가 그 사이를 지난다. 여량은 대지의 웅덩이였으니 그곳에서, 채워진 줄 알았던 텅 빈 내 웅덩이를 처음으로 마주 대했다. 험한 산들 사이 움푹 패인 여량 땅에서 만난 개천은 영월군으로 빠져나가 채우며 부딪히며 남한강으로 흐른다. 나를 채우기 위한 기나긴 여정은 여량에서 시작됐다.

스승을 처음 만났을 때

스승을 처음 만났을 때 나는 사고로 발을 절고 있었다. 내막을 말해야 할 것 같다. 나는 히말라야 병이 들어 있었다. 히말라야, 그곳은 어디던가. 만 년도 더 된 눈이 산을 덮고 있고 수천 년 전부터 녹아내리는 회색의 빙하가 흐르는 곳이다. 1억 년 동안 검은 벽이 굳건히 자리를 지켰고, 시간이 더 이상 그곳을 지배하지 못하는 땅이었다. 고막이 터질 듯한 침묵이 사는 곳. 휑하니 불어오는 마른 바람, 그 바람은 또 언제 적 바람이던가.

산들이 희고 거칠수록 내 가슴은 요동쳤다. 미친 듯이 오르고 싶었다. 선홍빛 잇몸을 가진 젊은 날, 내 젊음의 언어는 히말라야였다. 순백의 만년설과 눈부신 설경에서 인간이 뱉어내는 메시지는 무력했다. 그곳은 사유와 이념이 관통할 수 없는 곳이었고 모든 것은 침묵에 동참했다. 나는 떨렸다. 2006년 여름 출정을 목표로 히말라야 원정대가 꾸려졌다. 오매불망 기다리던 히말라야 눈발을 드디어 맞을 수 있다는 기쁨에 나는 잠을 이루지 못했다. '감정을 일일이 실천해내는 무모한 맛으로 사는' 10대처럼, 마치 그것이 자신의 운명인 양 첫 훈련에 배낭을 둘러메고 나섰다.

그날, 빙벽에서 나는 떨어졌다. 지상으로부터 7m 지점을 오를 때 땅으로 추락했다. 선배들은 빙벽 앞에 널부러진 나를 안고 알아들을 수 없는 고함을 치며 끌어냈다. 고함소리는 들리지 않았지만, 입 모양이 컸고 침이 튀었던 걸로 봐서 고함치는 듯했다. 통증의 수은주가 벌겋게 팽창했고 나는 말을 잇지 못했다. 목덜미를 길게 뻗어 뒤통수를 땅에 처박았다. 희번득 눈을 뒤집고는 하늘을 보았다가 땅을 보았다가 했다. 그 와중에 나는 내 다리를 부여잡으며, 보고야 말았다. 인대가 죄다 끊어지고 아킬레스건이 파열되고 발목뼈가 제 멋대로 튀어나와 꺾여 있었다. 으깨진 왼쪽 발목에 크게 튀어나온 뼈의 윤곽을 보았다. 응급으로 처치된 진통제를 쏟아 부어도 고통을 잠재우지 못했다. 구급차에 동승했던 선배에게 소리치며 내 발목을 잘라 달라 했다.

죽은 거나 진배없었지만 내 발목을 내어주는 대신 나는 살게 됐다. 떨어져 죽었어야 할 나를, 내 발목이, 자신을 27조각 내며 살려냈다. 산산이 바스러진 발목을 차가운 수술대에 올렸다. 의사는 절단이라는 말을 무덤덤하게 뱉어냈다. 형사가 강제 자백받듯 절단 동의서에 서명했다. 수술이 끝난 뒤, 절단 대신 6시간의 대수술 끝에 산산조각난 뼈를 어렵사리 이어 붙였다고 의사는 으쓱하며 말했다. 성공적인 수술이었다며 말과 어깨에 힘을 주었다. 그러나 나는 제대로 걷지 못하고 절뚝거리며 다니게 되었다.

삶은 구석에 내팽개쳐진 목발처럼 초라했고 짝다리로 서서, 똑바로 선 모든 것들을 경멸했다. 절망이 지배했고 냉소와 비관으로 세상은 가득 찼다. 그때 스승을 만났다.

너는, 누구로 살고 있느냐

부러진 다리로 인해 절망이 내 안의 모든 희망을 진압하고 있던 때, 나는 내가 세상에서 가장 불행한 사람이라 생각했다. 그때 만난 스승은 난데없이 곡기를 끊으라 했다. 스승과 함께 3일간 단식을 하며 내 안에서 이미 사라진 희망, 그 1그램의 부피를 찾으려 필사적으로 내면을 헤맸다. 어제의 나와 영원히 단절하고 말리라는 의식[ritual]처럼 곡기를 끊었다. 어제가 더 이상 오늘을 지배하지 않도록 하기 위한 절실함만 남겨두고 일상의 모든 습관으로부터 나를 단절시켰다. 그러고는 오로지 나, 나의 미래, 나의 꿈에 대해서만 고민하기 시작했다.

나라는 인간은 무엇으로 이루어져 있을까, 나는 무엇을 좋아하며 무엇을 싫어하는가, 어느 곳에 있을 때 기뻐하고 누구와 함께할 때 편안한가, 무엇을 잘하고 무엇을 하고 싶은가, 예전의 꿈은 무엇이었으며 지금의 꿈은 또 무엇인가, 어떤 인간이 되기를 바라고 있는가, 과거 내가 이룬 성취는 무엇이며 내가 가장 가슴 아팠던 일은 무엇이었나.

나는 생전 처음 나에게로 깊이 침잠해 들어갔다. 나의 맨 아래, 그 내면의 고요함이 흘러넘치는 지점에서 앞으로 10년을 그렸다. 나를 지금으로부터 10년 후로 데려다 놓고 지난 10년간을 마치 나에게 실제로 벌어졌던 일처럼 기쁜 마음으로 회상했다. 나에게 일어날 그러나 이미 일어난 숨 막히는 광경 10가지를 뽑아 들고 생생한 기록으로 남겼다. 나에게 곧 일어나게 될 미래의 아주 멋진 일을 손에 잡힐 듯한 '지금'으로 묘사했다. 그렇다. 이 황홀한 풍광들은 바로 이루어진 미래였다.

떨리는 경험이었다. 나는 지금의 나를 미래의 어느 지점으로 끌고 가, 내가 이루고자 하는 장면들 속에 배치시켰다. 미래가 손에 쥐어졌다. 절망은 희망이라는 백신에 맥을 추지 못했고 비전이라는 주사에 환부는 가라앉았다. 단식 3일째 되던 날 아무것도 넣지 않고 끓인 배춧잎과 감자, 고구마를 스승과 함께 우걱우걱 씹으며 삶의 맛이 무엇인지 희미하게 알게 되었다.

먼지가 풀풀 날리는 지하에 오래 묵혀두었던 꿈이 솟아났다. 나는 차마 놓아버릴 수 없는 꿈 하나를 불러내어 곱게 빗질해주었다. 스승은 내 미래에 한 마디도 하지 않았지만 내 미래의 설계도를 그릴 수 있는 윈도 최신버전을 내 정신에 깔았다. 나의 이야기를 가만히 앉아 경청할 뿐 이래라 저래라 하지 않았다. 그가 시킨 것은 단 하나, 내 미래의 10가지 아름다운 풍광을 직접 기술하라는 명령이었다. 나는 10가지 풍광의 첫 번째로 지구의 용마루에 오른 순간을 포착하여 묘사했고 묘사한 글을 스승 앞에서 떨리는 육성으로 읽었다.

난 마치 웃는 듯 거칠게 호흡하고 있다.

기도를 하고 또 했다. 나는 간절했고 신은 나를 버리지 않았다.

의사는 다소 놀랐지만 내 왼발의 빠른 회복에 자신의 공인 듯 이내 우쭐했다.

정상에서, 내 옷은 눈이 덕지덕지 묻어 있고 난 마치 웃는 듯 거칠게 호흡하고 있다.

그러니까 그게 벌써 8년 전이었구나. 에베레스트 프리(pre) 몬순기, 4월이었다.

그때 나는 눈물을 보이고 말았다. 이루어질 수 없다는 걸 알기 때문이었다. 산산조각난 발목으로는 제대로 걷지 못했고, 눈치에 살고 죽으며 시킨 일만 하는 월급쟁이였다. 세 살배기 아이와 아내를 부양해야 하는 가장이었다. 꿈이 이루어질 수 없다는 걸 가장 잘 아는 사람은 나였다.

스승은 부러진 내 발목을 치유하지 못했지만 내 인생에서 절망이라는 암 덩어리를 걷어냈다. 나는 여전히 어두운 표정을 하고 다녔지만 낮에 꿈꾸는 법을 조금씩 알게 되었다. 현실에 쫄지 않는 배짱을 가지게 되었고, 내가 이루고 싶은 일을 일상으로 데려오기 시작했다. 무척이나 부끄러웠지만 나는 내 꿈을 말하고 다니기 시작했다. 가끔이지만 다시 미소가 돌아왔고 부러진 다리의 현실이 그리 혹독하지 않다는 생각이 서서히 고개를 들었다. 발목의 회복이 빨라졌고 혹독한 훈련을 감당할 수 있게 되었다.

네 오지로 들어서라

그리고는 거짓말같이 에베레스트(Mt. Everest, 8,848m) 등반의 기회가 찾아왔다. 가슴에 삭혀놓은 꿈이 몽글몽글 올라와 작은 불씨를 맞닥뜨리고 떨리던 그 순간을 나는 기억한다. 흰 산, 손에 땀을 닦아가며 자세를 고쳐 앉은 채 뚫어져라 쳐다보던 만년설, 내 가슴을 뛰게 했던 그들의 숨소리, 눈 감으면 들리던 청량한 바람소리, 높은 준봉들을 거느리듯 서 있는 정상 봉우리들의 의젓함. 뼈가 으스러져도 차마 잊지 못했던 그들을 볼 마음에 내 속은 타들어가고 있었다. 그러나 내 다리는 부러져 있었다. 나는 곧 성급한 상상을 그만두었다. '불같은 화살이 내 핏줄을 타고 지나가는 것 같은' 당황과 흥분을 애써 감추었다.

그 즈음 만나는 지인들에게 내 고민을 묻고 다녔다. 대부분의 사람들은 고민의 여지도 없는 질문을 한다는 어이없는 표정이었다. 그들 조언의 요지는 "산에 가면 돈이 나오나, 밥이 나오나, 잘나가는 대기업에 붙어만 있으면 앞날은 창창할 텐데 그걸 걷어찰 텐가? 네 꿈도 좋다만 처자식 있는 사람이 어른답지 못하게 그래선 안 된다"였다. 백 번 맞는 말이다. 그러고 보니 나는 늘 어른답지 못했다. 누군가 나를 어른 취급을 해도 내 마음 어딘가 거북했던 것 같다. 그런데, 그런데 말이다, 나다우면 되는 게지 왜 어른다워야 하는가. 어른답기 전에 나다우면 좋은 어른이 될 수 있을 듯한데 나답지 못한 채 어른이 되면 어른 노릇을 제대로 못하는 껍데기 어른이 되지 싶다. 내가 누구인지를 잊고 출근해서 저녁까지 회사에서 일하다 탈진해서 집에 들어오는 초라한 사람이 어른의 다른 이름은 아닐 게다. 조지오 망가넬리의 말처럼 "우리는 무익한 것에서 생명을 얻고 유익한 일을 하면서 탈진"하고 있는지 모른다. 나는 장고에 들어갔다. 꿈이냐 밥이냐를 놓고 잠들 수 없는 밤이 3일간 지속됐다. 잠은 중요하지 않았다. 고민의 중압 때문인지 식욕이 사라졌다.

첫째 날, 나에게 물었다. 삶은, 밥을 위해 모든 걸 희생할 수 있는가. 고민할 것 없다. 밥이 먼저다.

둘째 날, 가슴에 물었다. 헝클어진 머리 그대로 출근했다. 꿈이 사라진 삶의 모습은 어떠할까. 그 새벽, 떠나지 못한 나를 보았다. 구질구질하게 살아보려 애쓰는 모습을 하고 있었다. 인화성 짙은 사건들을 애써 피해간 삶의 무늬를 온몸에 두르고 있었다. 가지 못한 길을 언제나 그리워만 하고 있었다. 사람들 앞에선 언제나 주뼛주뼛했고 내 아이에겐 제 아비의 삶에 대해 해줄 말이 없었다. 쥐어박으면 쥐어박는 대로, 얻어터지면 얻어터지는 대로 살고 있는 나를 보았다. 어릴 적, 입이 찢어져라 해맑게 웃던 밝은 아이는 사라지고 굳게 다문 입술의 무표정한 얼굴이 유일한 표정이 되어 살아가고 있었다.

셋째 날, 하늘에 물었다. 입술이 부르텄다. 자신의 오지를 찾아 나서라는 음성을 들었다. 터진 입술이 됐을 때, 나는 불현듯 허리를 곧추 세우고 정좌했다. 나는 그제야 나를 찾아 나선다는 말이 얼마나 무서운 말인지 알아차렸다. 두려웠지만, 내 앞에 놓인 내일부터가 진정한 내 영토가 될 것임을 직감했다.

나는 오지로 들어서기로 했다. 그것도 가장 어두운 '나'라는 수수께끼 숲으로. 그곳에는 아무런 길도 없다. 만약 그곳에 어떤 길이 있다면 그것은 다른 누군가의 길이다. 그것은 나의 길이 아니다. 3,000년 전, 오이디푸스라는 사내가 그랬던 것처럼 스스로 자신의 수수께끼를 풀고 자신이 누구인지를 마침내 알고 난 뒤, 천륜을 거스른 인간적 고통에 두 눈을 스스로 찌르고 왕의 자리를 박차고 거지가 되어 세상을 떠돌 수도 있다. 나는 졸리지 않는 눈을 감는다. 인생이 나에게 말을 걸었다.

"지옥이란 말라붙은 삶이다. 우리는 스스로가 계획해두었던 삶을 기꺼이 내팽개칠 수 있어야 한다. 그래야만 우리를 기다리는 다른 삶을 살 수 있을 것이니까. 현재의 형상에 매달리면 우리는 다음의 형상을 지니지 못하게 된다. 계란을 깨뜨리지 않고서 오믈렛을 만들 수 있겠는가. 파괴가 있은 다음에야 창조가 있다."

넷째 날이 밝았다. 새로운 날이 시작되면 어김없이 어제의 확신은 다시 원점으로 되돌아갔다. 답답한 가슴을 삭히려 책장에서 아무 책이나 뽑

2016년 6월 북미 최고봉 데날리(Mt. Denali, 6,194m) 정상에 모시고 간 스승님.

아 펼치니 점괘 같은 문장이 눈에 확 박힌다. “지금이 아니라면 그럼 언제란 말인가?”(『탈무드』)

놀라운 일이다. 조금씩 내 심장의 박동이 꿈의 박동과 맞춰지고 있는 것 같다. 무엇이 성공인가. 매일 정해진 시간에 성실하게 ‘가로등 스위치를 올려 불을 켜는 또 불을 끄’는 일을 하다 죽는 삶이 인생인가. 머릿속을 떠나지 않는 먹먹함이 있었다. 나는 어쩌다 여기까지 오게 됐을까. 그러고 보니 어느 순간부터 어떤 사소한 결정에도 ‘나’는 없었다. 입이 벌어지는 가격 때문에 다 해져 빛바랜 허름한 옷을 그대로 입고 다녔고 나에게 근사한 저녁 한번 산 적 없었다. 학교를 가라 해서 학교를 다녔고 돈 벌어야 사람 구실한다 해서 취직했다. 그리하면 나도 여느 어른들처럼 훗날 떵떵거리며 살 수 있을 거라 생각했다. 그런데 어느 순간 나는 꼬박꼬박 월급을 받기 위해 회사 이익에만 충실히 복무하고 있었으며 부잣집 종살이 그 이상도 이하도 아니게 되었다.

절벽에 두 다리를 흔들거리면서 살아있다고 느끼고 싶다. 누르면 눌리고 짜내면 내 마지막 진까지 내어주는 삶을 걷어차기로 한다. 씨발, '나도 한번 춤추듯 살아보리라.' 다른 사람이 시켜서 사는 삶이 아니라 내가 내린 결정으로 내 삶을 한번 살아보리라. 생의 단명한 그 맛을 나는 봐야겠다. 아무도 내가 준비되기를 기다려주지 않는다. 저질러야 비로소 준비되는 때가 있다. 내 혀끝으로 맛보는 인생을 살리라. 실험으로 가득 찬 삶, 그 환장할 우연에 인생을 걸리라.

간절함이 목에 찼을 즈음 나는 스승에게 물었다. 내 꿈을 좇는다면 회사를 그만두어야 하고 가족이 천대받을 수 있고 생존이 위태로울 수 있다. 꿈을 좇지 않는다면 다른 모든 것들은 평탄할 것이나 나는 죽을 때까지 후회하며 살 것 같다. 어찌해야 하는가?

스승은 말했다.

"떠나라."

사람들이 가지 않은 오지를 다른 사람들에게 알려주기 위해서는 스스로 그 길로 들어서야 한다. 마찬가지로 다른 사람들이 가지 않는 길을 자신의 길로 선택한 사람은 먼저 자신의 문제를 풀 줄 알아야 한다. 그것이 자기라는 오지를 풀어가는 첫 번째 출발지다. 나라는 오지, 나라는 수수께끼, '나'라는 질문을 놓치지 말아야 '나'라는 사람이 걸어간 오지의 아름다움을 보여줄 수 있다.

칼날 같은 천 길 낭떠러지를 등반할 때 종국으로 떠밀리는 느낌을 받는다. 거기서 나를 갈가리 찢는 데는 한 입자의 바람이면 충분하다. 그러나 그렇게 되기 전까지는 인류가 힘을 모두 합치더라도 나를 해칠 수 없다. 매일같이 월급쟁이의 가면을 쓰고 다니지만 진짜 내 모습은 아니다. 자신을 가두었던 사람은 나였다. 발목은 부러졌지만 여전히 내 등뼈는 곧추세워져 있다는 걸 잊고 있었다. 발목은 산산이 조각났으나 내 단단한 허벅지는 아직 부러지지 않았다. 매일의 오늘을 부러진 발목으로만 살았었다. 단 하루를 살아도 나답게 살아보려 했던가. 나에게 남아 있는 날 중 가장 젊은 날, 바로 오늘, 그것을 시작하리라. 내 꿈을 세상에 내놓고 세상과 멋지게 한판 붙어보리라.

나는 스승 앞에서 처음으로 내 꿈을 말한 날로부터 3년 뒤 세계 최고봉 정상(Mt. Everest, 8,848m)에 올랐다. 스승의 명령으로 써 내려간 꿈의 한 장면이 그대로 현실로 소환되는 환장할 마력을 지켜보며 나는 기뻤으나 이내 온몸에 소름이 돋았다. 소름끼치는 일을 몸소 겪고 난 뒤 도대체 인간 구본형은 누구인가 싶었다. 놀라움은 여기서 그치지 않았다. 내처 그의 문하로 들어가 수학하기로 결심하고 스승의 가르침을 받은 지 3년 뒤, 내 이름으로 된 책을 출간하며 세상에 내 얘기를 내지른 저자가 됐다.

스승과 했던 공부에 관해 얘기할 차례다.

창조적 부적응자들

에베레스트는 죽음의 지대였다. 현장에서 내가 본 주검은 손가락으로 세도 모자라고 나와 말을 섞은 동료 중 일부도 영원히 산에 사는 법을 택하여 잠들었다. 죽음은 지척이었고 삶은 무참했다. 어찌하여 정상을 등정

했고, 받아도 되나 싶을 정도의 열렬한 환호를 받았고, 생존의 조건으로까지 격상시키며 고민했던 내 자리는 치워지지 않았다. 삶은 다시 제자리를 찾는 듯했다. 일상에 무섭게 적응한 듯했지만 동료들의 죽음과 정상부의 차가운 시신들은 내 눈 앞에서 사라지지 않았다.

영면을 택한 그들은 인간다웠다 말할 수 있을 것 같다. 인간답다는 말은 죽음이라는 단명한 사실 앞에서 신(神)적 은유를 거부하는 의미일 테다. 말하자면 인명은 재천이니, 운명이니, 소명이니, 천수를 누린다느니 하는 '목숨신수설'에 적어도 그들은 포함되지 않으니 말이다. 자살을 포함하여 스스로 자신의 삶을 마감하는 일은 한 사람이 던질 수 있는 가장 강력하고 명징한 메시지가 될 터인데, 그들이 자신의 죽음을 통해 하려 했던 말은 과연 무엇이었을까. 자신이 좋아했던 곳에서 삶을 마무리하는 그들의 마지막은 어땠을까. 행복했을까. 추웠을까. 무서웠을까. 이 빌어먹을 산을 살아 벗어난다면 무엇을 하려 했을까. 무엇이 되고 싶었을까. 누가 보고 싶었을까. 무엇이 후회됐을까.

죽은 사람은 말하지 않았다. 멀쩡한 사람들의 죽음을 곁에서 목도하고 나는 무서웠다. 덕분에 무서움에 떨던 내 졸렬함도 제대로 보았다. 가관이었다. 낮아지는 산소포화도와 요동치는 맥박은 두개골을 부수어 뇌를 꺼내고 싶은 충동을 느끼게 했다. 마음은 오르기를 원했고 몸은 내려가기를 바랐다. 나는 미친 듯이 살고 싶었지만 내가 죽어가는 모습을 목도해야 했다. 탱탱했던 피부가 늘어져 갔고 윤기 빠진 껍데기로 변하는 모습을 지켜보았다.

산소 없는 땅에 있었으므로 숨을 쉴 수 없었다. 산소통을 메고 살았지만 무생물 지대에 산소통 할아버지를 멘다 한들 지상의 1기압과 같을까.

매일 이를 부딪치며 지긋지긋한 추위를 견뎌야 했고 배가 고파 아귀처럼 달려들어 먹었지만 먹는 족족 토해내야 했다. 배가 고팠지만 먹을 수 없었다. 답답하고 갑갑하여 참을 수 없는 억울함에 하늘에 대고 개새끼를 소환하고 쉴 새 없이 욕지거리를 퍼부었지만 끝도 없이 이어지는 하얀 길이 나를 놀려댈 뿐이었다.

고함치지만 아무도 듣지 못하는 역설의 현장이었다. 나는 아무것도 이해할 수 없고 아무것도 보지 못하는 곳에서 내 민낯을 보았다. 고쳐 생각하니 사는 게 이리 무서운 것이었다. 사는 건 무엇인가, 어떻게 살아야 하는가. 질문은 끊이지 않았고 죽음과 삶에 대한 물음으로 산에 가기 전보다 내 머리는 답답해져 갔다.

왜 사는가, 회사일을 앞에 두고 동공이 풀리는 날들이 많아질 때쯤이었다. 나는 누구인가라는 물음에 답하라는 스승의 칼날 같은 명령이 내 가슴에 훅하고 담겼다. A4 20장에 달하는 내 대답으로 스승의 문하에 들어가 공부하게 됐다. 나는 기뻐했다. 그러나 기쁨은 잠시였다. 스승은 가혹했다. 스승이 내준 과제에 사람 죽겠다 싶을 정도가 한두 번이 아니었다. 살인적인 독서, 칼럼 과제에 혀를 내두르고 '싸부' 구본형, 사람이 이렇게 혹독할 수 있구나 생각했다. 훗날 그의 무시무시함이 어디서 비롯되었는지 비로소 나는 알게 됐다.

> 9년 동안 나는 변화경영과 관련된 전략적 업무를 탁월함의 수준까지 끌어올리기 위해 업무 시간 중 절반인 네 시간 정도를 매일 집중 투자했다. 네 시간씩 일주일에 닷새면 매주 20시간을 쓴 것이다. 1년은 대략 50주가 되니 1년에 대략 1,000시간을 쓰게 된 셈이다. 9년 동안 9,000시간을 수련 기간으로 썼

다. 거기에 마지막 3년 동안은 매일 두 시간씩 독학의 시간으로 새벽 두 시간이 추가되었다. 약 2,000시간이 더해졌으니 9년 동안 1만 1,000시간 정도가 투여된 것이다.

– 구본형, 『깊은 인생』 중에서

독하다는 말이 절로 나온다. 돌아가신 스승에 입을 삐죽거리며 귀여운 눈을 흘긴다. 자신의 빡센 경험을 제자들에게 그대로 강요하다니. 하기야 세상에 적응하지 못하고 모여든 부적응자들이니 그들 삶을 스스로 개척하는 사람으로 만드는 게 쉬운 일이었겠는가. 스승은 우리를 창조적 부적응자들이라 불렀다. 거창하게 들리겠지만 쉽게 말하면 '어른이 된 거리의 아이들'이다. 어른이 됐지만 눈빛은 언제나 불만으로 가득한 아이들. 스승은 그들에게 '불만 투성이의 노여움과 서러움으로 가득한 눈빛을 보고 예쁘다고 해준 사람'이었다. 겁에 질린 아이들이 눈치를 보며 스스로의 서러움을 하나둘 얘기하기 시작하고 마침내 뿜어져 나오는 자기불만을 스승은 모두 받아주었다. 한 달에 한 번 스승과 만나는 날은 축제가 됐다. 스승은 혹독하기 이를 데 없었지만 과제를 하며 잠 못 드는 밤이 길어질수록 외려 삶에 대한 자신감은 하늘을 찌를 듯 높아졌다.

스승이 남긴 스승

스승과 함께 공부한 뒤 얼마 지나지 않아 단번에 내가 왜 사는지 번뜩 알 것 같기도 했다. 대답을 잡았다 싶을 때가 있었다. 지나고 보니 그것은 미궁의 시작이었다. 그때마다 다시 모든 대답을 뒤집어엎어야 했고 드디어 해답을 찾았다 생각했을 때 얍삽하게 웃으며 내 삶에서 유유히 빠져나갔다. 질문은 여전히 나를 괴롭히고 있고 아마 죽기 직전까지 답을 내지 못할지도 모른다. 굳이 답을 얻어야 할 필요도 없다. 살아있는 것, 내 등짝에 햇살 받으며 사는 것 자체가 경이로운 일이라는 걸 알게 된 것, 이 짧고 얕은 결론이 오랜 질문의 시간을 지내온 궁핍한 소득이다.

어느 일요일 오후, 낮잠을 깨고 보니 이곳이 지구고 나는 인간이고 사람 얼굴을 한 귀여운 딸과 개구쟁이 아들이 있다는 사실이 불현듯 낯설다. 내가 아무것도 아니었던 시절을 무한히 진행하다 고생스런 여정이 끝나고, 비로소 나는 인간이었다.

답은 없었다. 처음부터 없었다. 없는 답을 찾느라 헤매고 탈진하고 나서야 알게 됐다. 미리 정해지지 않았으므로 예측될 수 없다. 복잡한 조건들과 혼란스런 사유가 끊이지 않아 답은 찾을 수 없다. 삶은 그렇게 전개되고 나는 그 안의 과정일 뿐이다. 겉멋에, 딴에는 사는 데 특별한 의미를 부여하지만 충분히 쓸데없는 정충 전달자에 지나지 않을지 모른다. 아마 죽을 때까지 필사적으로 매달린 일들이 죄다 쓸데없을지 모른다.

스승은 알고 있었다. 어쩌면 그래서 쓸데없는 일들을 부추겼는지도 모른다. 스승은 쓸데없는 일을 끊임없이 해댄 인간의 의젓함을 알고 있었다. 답이 없었음을 또한 알고 있었던 것 같다. 스승과 공부하면 질문은 사라질 줄 알았으나 시도 때도 없이 다시 생겨나 지구를 덮을 정도였다.

이제야 비로소 스승에게 질문다운 질문을 할 수 있겠다 싶었으나 스승은 없다. 나는 이것이 그토록 원통했다. 그가 한없이 그리울 때 주변을 돌아보았고 그때 또 한 번 스승의 『식스 센스』급 반전을 그제야 알아차린다. 나와 같은 질문에 밤새 뒤척이던 사람들이 내 옆에 있었던 거다. 스승을 가혹하다 여긴 사람들이 또 있었으니, 내 도반(나는 종교가 없으나 道伴, '道를 함께 닦으며 사귄 벗'이라는 의미는 아름답다. '내 도반'은 변화경영연구소 8기 연구원 9명에 더해진 연구원 전체다)들은 지체 없이 스승에게 물었다. 스승은 답했고 스승과 함께 여행하며 스승의 감성을 공감했고, 스승과의 깊은 대화로 제 자신이 깊어진 사람들이었다. 그들이 있었다. 스승은 나에게 그리고 우리에게 '굳건히 박힌' 지혜로운 자신을 남기고 간 것이다. 스승의 목소리가 들린다.

"그대들과 함께 스스로를 보우하라."

『고백록』을 쓴 아우구스티누스(354~430)는 그의 서간집 『편지』에서 집을 떠나 도반들과 함께 공부하며 지내던 때를 생애 최고의 시절로 기억하고 있다. 이때 참석한 동료 중 한 사람이 그 열정적이고 아름다웠던 시절을 회상하며 쓴 다음 시가 『편지』에 들어 있다. 김용규 선생의 책 『신』에서 재인용한다.

새벽이 마차를 타고 행복이라는
과거의 바퀴를 내게로 다시 굴려 올 수 있을까,
우리가 알프스 산맥의 그림자 아래
지혜로운 은둔을 계속하던 그때를,
서리가 내려도 굳건히 박힌
내 발을 뒤로 물러나게 하지 못했고
태풍도 바람도 앞으로 계속될
우정을 물리치지 못하리.

스승의 소리

승진에 미끄러지고 부러진 발목으로 절망에 빠져 허우적거릴 때 나는 내 스승을 만났다. 나는 지독하게 평범했다. 그는 나를 특별하다 말했다. 회색 인간인 나에게 그는 집요하게 "너는 무색인간이 아니"라 말했다. 나는 그를 믿지 않았다. 그때 나는 세상의 모든 이치를 아는 양했었기로.

아무것도 믿지 않았던 나를 무장해제시킨 건 믿기 어렵겠지만 어이없게도, 그의 목욕탕 목소리였다. '소리는 육체가 말하는 언어'라고 롤랑 바르트는 말했다. 하지만 나는 그의 굵고 묵직한 목소리는 복잡한 장기(臟器)와 이비인후(耳鼻咽喉) 사이를 뚫고 나올 법한 여정이 긴 소리가 아니라 여겼다. 단정 짓기 어려운 매혹적인 울림이 있었으니 아마도 물리적인 신체가 감당할 수 없는 구멍[空]이 어딘가 있어 내는 소리가 아닐까 했던 것이다.

그의 맑은 눈에 혹시라도 소리가 수여된다면……. 그래 맞다. 이루 말할 데 없는 시신경이 소리 진동과 만나 음성 파동을 만들어 낸다면 그래서 그 넓고 텅 빈 시야의 깊은 풍광과 만난다면 그 목소리가 나오지 않을까?

오바를 넘어 육바로 간다. 소리를 글로 표현하다니 어리석다. 들어본 사람은 알겠지만 그만큼 별 생각을 다하게 만드는 게 스승의 목소리다. 소리와 시신경을 엮어내는 어이없는 일 또한 육체를 엮어내지 않으면 설명하기 힘들기 때문이겠다. 그의 눈은 깊어서 늘 그렁그렁 무언가가 맺혀 있는 것 같다. 그의 목소리는 그의 깊은 눈만큼이나 깊어서 사인과 코사인의 각도로 날아드는 음파가 자신의 귓바퀴에 도달하면 듣는 사람은 속수무책이 되는 것이다. 유치하지만 오직 나만이 기억하는 그의 소리가 있다.

2012년 늦가을, 연구원 막바지 오프수업이었다. 문경의 한 리조트에서 밤새 수업을 하고 난 다음 날 아침, 묵었던 방의 화장실은 만실이어서 복도를 나와 공용화장실을 찾았다. 무거운 문을 밀고 들어가니 은은한 조명과 넓고 깨끗한 화장실에 근심이 놓였다. 자리를 잡고 무념에 빠져 있던 그때 누군가 내 옆 칸에 앉는다. 바지 벗어 제끼는 소리가 조신하게 들렸다. 몇 초의 시간이 흐른 뒤 그 사람이 중얼거린다. 스승의 목소리였다. 나는 혼자 눈을 크게 떴다. 움직이지 않았다. 작전상 상황 종료 시까지 음소거를 유지하기로 한다. 괄약근을 힘껏 조여 나오려는 모든 것들을 중단시켰다. 숨을 멎게 했다가 가늘게 내쉬며 숨소리조차 가라앉혔다.

그는 화장실에 앉아 시를 읊었다. 어떤 시였는지는 기억나지 않는다. 읽어 내리는 것인지 외워서 읊조리는지 알 수 없다. 나는 시를 듣지 않고 그의 멋진 목소리만 들었다. 그리고 이따금 무언가가 물에 빠지는 소리와 굽이굽이 스승의 장기를 빠져나온 가스 소리를 들었다. 귀를 쫑긋 세웠다. 소리들이 만연한 가운데에서도 그는 시를 멈추지 않았다. 멋진 시구에 이르면 감탄하기도 했다. 시의 연을 끊어내며 몇 초간 침묵할 땐 천장을 바라봤을 테다. 그의 목소리가 화장실 칸막이를 넘어 '사인 12도'로 전해졌다.

꽤나 컸던 화장실엔 그와 나 둘뿐이었고 아마도 그는 혼자라 여겼을 그곳에서 나는 그의 깊은 소리를 죄다 들었다. 간밤에 들이킨 값싼 포도주와 그 포도주와 곁들인 자칭 '못된찌개' (스승이 직접 주방을 지휘하며 만들었다. 나는 '참으로 맛난다'를 연발했지만, 이제야 말할 수 있다. 자이언츠가 역전패 당할 때의 그 맛)가 말썽이었던 모양이다. 누군가 내 스승은 어떤 사람이었는가 물어온 적이 있다. 나는 은근한 미소를 띠며 "(목)소리가 아주 멋진 분"이었다 말했다.

스승의 매력

만화방창 꽃들이 제 자신의 향으로 뽐어대는 봄을 스승은 좋아했다.

제각각의 색깔로 온 산에 울긋불긋 사춘기 열병을 앓듯 꽃으로 뒤덮인 봄을 스승은 겨워했다. 스승은 먼 산을 보며 지그시 눈을 감았다. 감은 그의 눈썹은 또 왜 그리 진한가. 내 많은 별명 중에 '모나리자'가 있다. 나는 내 스승의 까맣고 진한 (속)눈썹이 부러웠다. 어느 날 수업하는 내내 나는 그의 눈썹만 유심히 들여다본 기억이 있다. 스승의 짙은 눈썹을 보며 스승이 받는 사회적 존경은 마음을 울리는 그의 저작과 홍심을 겨누는 메시지, 무엇보다 말과 행동이 일치하는 자기검열의 윤리성에서 나올 것이라는 걸 의심하지 않았지만 그가 가진 눈썹, 어이없게도 나는 깊은 눈썹을 가진 그의 신체자본의 영향도 클 거라는 생각을 했었다. 그러나 그의 눈썹조차도, 놀라울 정도로 선량해 보이는 그의 눈, 곧 울음을 터뜨릴 것 같은 눈망울이 없었더라면…….

시각이 볼 수 없는 마음이 존재하듯 후각이 맡지 못하는 향기가 있다. 마음과 향기는 있기도, 없기도 해서 '있다'거나 '없다'가 아니라 존재한다고 말해야 할 것 같다. 필멸의 인간에겐 역한 체취가 일생을 따라다녀서 향기라는 건 애초에 없지만 살면서, 내 아내를 포함한 몇몇 사람들에게서 인간도 향기를 지닐 수 있구나 느낀 적이 있다. 향기는 아름답거나 말끔하거나 풍요로울 때는 날 수 없다. 인간의 향기는 한 사람의 처지나 삶이 핍진해지거나 굴욕을 당하거나 어려움에 처해지거나 고뇌를 거듭한 후에 보이는 최종적인 행동이나 언행의 언저리에 서식한다.

스승은 먼저 말하는 법이 없었다. 누군가가 밤 새워 자신의 이야기를 하면 스승은 졸린 기색 없이 밤을 새워 들었다. 이야기가 끝나면 스승은 고심 끝에 하려는 말을 꿀꺽 삼키고 조용히 가서 안아준다. 안긴 사람은 비로소 어깨를 들썩거리고 스승은 가만히 토닥인다. 돈이 없는 젊은 학생의 무리가 강의를 요청해 오면 그들의 진심을 가늠하고는 그곳으로 달려간다. 돈 많고 높은 지위를 가진 사람 앞에서 주눅 드는 법이 없고 내세울 것 없고 초라한 월급쟁이 앞에 어깨 펴는 법이 없다.

순식간에 지나가는 스승의 향기들을 잡아채어 재빨리 텍스트화하라.

1. 스승은 가끔 머릿속에 있으나 갈무리되지 않은 생각을 말할 때가 있다. 반듯하게 닦인 소리는 아니지만 한번 미세하게 눈치 채지 못할 만큼 더듬고 난 다음 나오는 표현은 기가 막힌다. 나는 무릎에 손이 올라간다.

2. 왼손 약지엔 늘 반짝이지 않는 금반지가 끼워져 있다. 그것은 금인지 도금인지 금을 가장한 장난감 반지인지 아무도 모르지만 나는 아무런 무늬가 없고 반짝이지 않는 스승의 반지가 늘 마음에 들었다. 까무잡잡한 피부에 끼워진 늙은 반지는 늘 무언가를 말하고 있는 듯했다. 스승이 말씀하실 때 손으로 제스추어를 섞었으므로 손이 움직일 때마다 내 시선은 그 반지를 따라갈 때가 많았다.

3. 스승은 챙이 넓게 둘러쳐진 모자가 잘 어울렸다. 조금 많이 벗겨진 스승의 이마도 싫지 않았지만 단추를 하나 더 풀어버린 껄렁한 셔츠를 입고 정상이 뭉개지는 밀짚모자 비스무리한 카우보이 모자를 쓰고 희고 흰 의자에 길게 앉아 지중해를 보고 있을 때 나는 스승의 옆에서 '깍' 했다.

4. 터키 이스탄불 뒷골목 빵집 앞에 있는 테이블에 나와 스승이 함께 앉았던 적이 있다. 스승의 앞을 지나가는 나를 불러 "앉거라" 했다. 누군가가 스승에게 사준 에스프레스 한 잔을 사이에 두고 앉게 됐다. 둘은 한참을 말없이 앉아

있다가 스승이 물었다.

"너는 이 도시가 어떻게 생겨났는지 아느냐."

지금 앉은 도시의 경계가 그어진 옛이야기를 목욕탕 목소리로 나지막이 들려주었다. 콘스탄티누스 황제가 자신의 홀을 거꾸로 잡아 갈기 휘날리는 말을 타고 만 하루를 달리며 그었던 경계, 콘스탄티노플의 탄생 이야기였다. 나는 이야기를 듣지 않고 이야기를 하는 스승의 눈빛만 보았으므로 그 눈빛을 잊지 못한다.

그는 이야기를 하며 말을 달리고 있었고 의젓한 눈은 콘스탄티누스 황제의 그것이었다. 지금 생각하니 꿈같다. 무심한 분이다. 스승은 어디에 있는가. 이제 스승은 눈을 감아야만 보인다. 오늘 밤 맑은 소주 한 잔 넘기며 스승을 소환하리.

한 시인이 있었다

철마다 열매가 열리는 걸 기다릴 게 아니었다. 떨어지면 그 자리에 다시 열렸다. 어느 날 떨어진 이름 모를 과일을 베어 물었더니 구아바였다. 마당의 큰 나무에서 망고가 익어 떨어지고 구석의 바나나 나무에서는 바나나가 열리고 또 열렸다. 커다랗고 딱딱한 코코넛을 따서 칼로 몇 번을 내리쳐 딱딱한 껍질 속에 있는 청량한 과즙을 벌컥벌컥 들이켰다. 한낮에 맑은 하늘이 갑자기 쏟아지는 비로 바뀌면 누군가 팬티바람으로 마당에 나가 하염없이 쏟아지는 맑은 비를 맞았다.

누가 뭐랄 새도 없이 모두 팬티만 걸치고 굵은 비를 얼굴로 맞고 뛰어다녔다. 뛰다 지치면 그 자리에 주저앉았고 주저앉은 자리에서 그대로 누웠다. 누워서 비를 맞으며 서로의 손을 찾았고 손을 잡고는 즐거운 비명을 내질렀다. 비가 그치면 실루엣이 분명한 표백한 듯한 하얀 구름이 온 하늘에 뭉글거렸다. 조국을 떠나 나는 이곳으로 왔다. 그가 떠나라 했(을 게)다.

주변 사람들은 해외로 나가면 거친 삶을 살게 될 거라 했다. 고맙게도 사람들이 반대했기 때문에 나는 확신하며 떠났다. 어디서 오는 거만한 확신인지 나도 모르지만 언제나 그랬듯 마지막으로 그에게 물었다. 스승이라면 어떻게 했을까. 확인사살차 혹시나 하여 스승이 남겨둔 스승에게 물었다. 그들은 또 어쩜 그리 스승과 닮았는가. 옳거니, 나는 지체 없이 바다를 건넜다. 조국을 떠나오며 나는 무서웠다.

몸담은 회사의 구조조정이 세 차례 진행됐었다. 당시 팀장이었던 나는 내가 끌어모은 팀원들의 반강제적인 해고를 지켜봐야만 했다. 무너지는 조직에서 인간 군상들이 진흙탕 뒹구는 모습을 보기가 힘들었다. 고민 끝에 그들을 대신해 내가 회사를 나가는 법을 택했다. 폼 나게 살 나이는 지났지만 스스로 부끄럽고 싶지 않았다. 정작 가족의 생계가 위태로웠던 것은 세계 최고봉을 오르니 마니 하며 사직서를 가슴에 품었던 때가 아니라 월급이라는 생존수단이 구체적으로 내 삶을 파고들었던 구조조정의 시기였다. 월급의 힘을 다시 알게 됐다. 그러나 월급과 붙어 밀리지 않았던 싸움의 흉터가 나에겐 있지 않았는가. 월급의 물리적인 파괴력은 상당했지만 나는 내 인생을 비커에 올려 실험해보기로 했다. 이렇게도 살 수 있는지, 저렇게도 살 수 있는지, 이렇게 살면 어떻게 될지.

'실험하는 삶'은 스승이 알려준 잘 사는 법 중 하나이기도 했다. 일어날 일을 알지 못하기 때문에 삶은 황홀하다.

"인생이라는 무대에서 한 번도 다른 배역을 맡아보지 못하고 한곳에서 하나의 배역에 그치고 말 때, 그것은 항구를 떠나본 적 없는 배와 같다."

이와 같이 나는 스승으로부터 들었다.

내 나이 마흔이 되었다. 스승이 세상에 자신의 이름을 알리던 때 스승은 지금의 나보다 젊었다. 이 사실에 나는 몸속 깊은 곳까지 동요했었다. 그를 뛰어넘으리라. 스승을 감히 넘어서 보려 욕심을 부렸다.

어느 날 첫 책을 출간하며 써댄 원고에 스승의 흔적이 여기저기 박혀 있음을 알았다. 원고 모두를 지워버렸다. 처음부터 다시 쓰는데 구토가 나왔다. 나는 스승의 아류인가. 비겁하게도 스승이 없는 지금, 고백하건대 나는 그와 한판 대결을 벌리려 했다. 들뢰즈가 니체에게 당한 것처럼 스승을 용케 피했다 싶을 때마다 스승의 글은 나를 덮쳤다. 탈고를 목전에 두고 나는 괴로웠다.

그러나 스승은 극복의 대상이 아니었다. 내가 어찌 스승과 대자 구도를 이어가는 것인가. 같잖은 생각에 이내 코웃음이 나온다. 서두에 언급한 '제자는 스승을 뛰어넘어야 할 사람'이라는 말을 고쳐야겠다. 스승은 스승이 말씀한 대로 내 친구이자, 도반이자, 스승이었다. 깊이 그리고 또 깊이 내 내면의 오지를 탐험할 때 동행하는 단테의 베아트리체와 같지 않을까. 나는 스승의 길을 흠모한다. 그 길을 함께 걸으며 스승에게 안내받고 그러다 따라하고, 모방하며 닮아가고, 닮아가며 끝내 넘어서려 한다. 단지, 스승이 여전히 내 안에 살아 계시기로 내 인생이 풍요로워지는 것과 같이.

이 글을 끝내려니 내 눈앞에 갑자기 멋진 수염을 기르고 얼굴 무너지도록 웃는 시인이 나타난다. 항상 그의 오래된 책상에 앉아 무엇을 쓰거나 읽는 한 시인. 스승은 시인이었고 마지막 그의 삶은 시였다. 불현듯 뜬금없이 스승에게 미안하여 억울할 때가 있다. 아무것도 아닌 자들을 안아주고 그들의 이야기를 가슴 깊이 들어주는 삶이 어찌 평탄하길 바랄까. 그

네들을 안아줄 때 자신의 심장에서는 피가 빠져나감을 어찌 몰랐겠는가. 스승의 피를 쏟는 시(詩) 작업이 바로 나였음을 비로소 알게 된다. 함부로 살 수 없는 이유다.

이제 우리는 그가 안았던 심장을 기억하는 수밖에 없다. 봄에 관해 쓰기 좋아했던 내 스승은 봄이 왔으나 봄을 쓰지 못한다. 그 봄, 병실에서 스승은 쓰지 못하고 말씀하지 못하시는 중에 우리에게 노래를 불러달라 했다. 병색 짙은 스승의 초췌한 모습에 눈물 보이는 우리에게 춤을 추라 했다. 우리는 울면서 노래를 불렀고 박수를 쳤고 어깨를 흔들었다. 스승은 몸에 있는 뼈란 뼈가 다 부러져 있으면서 자신의 온 힘을 다해 검지로 박수를 쳤다. 그리고 마지막 힘을 내어서 눈으로 말씀하셨다.

"이것이 시와 같은 삶이다."

행간의 도약과 함축, 복선과 반전. 시와 같은 삶, 인류가 위대한 이유에 스승의 삶이 보태어졌다. 나는 잠시 스승과 같은 호모사피엔스로 살았다는 게 자랑스럽다.

사족1. 스승은 살아 계실 때 1년을 회임 주기로 책을 출간했다. 신기한 것은 돌아가신 뒤 여전히 스승에 관한 책이 매년 출간된다. 믿기 힘들다. 살아 매년 책을 썼고 사후(死後) 매년 출간되는 스승의 책에 그가 언제까지 살아 있을 것인가 궁금해진다. 님은 갔지마는 님을 보내지 아니한 이들이 많아 그럴 게다. 하여 스승이 하소체를 용인한다면 꼭 드리고 싶은 말이 있다. 죽어서도 꿈을 이룬 그대가 부럽소.

사족2. 끝으로 자기표절을 고백한다. 내용 중 일부는 졸작 『딴짓해도 괜찮아』(비아북, 장재용, 2017년 10월)에서 가져왔음을 밝힌다. 자기표절은 타인의 저작을 표절하는 것보다 나쁜 일이라 여기고 있다. 첫째 그간 자기발전이 없었다는 부끄러움의 반증이고 둘째, 더 이상 생산할 수 없는 작가적 상상력의 빈곤함을 자기까지 속여가며 무마하려는 행위다. 무엇보다 자신의 느슨한 윤리적 잣대를 부끄러워하지 않는 의제 자백이다. 그러나 과거 나에게 일어났던 일을 또 다시 상기하여 다르게 채우고, 고쳐 쓰는 과정에서 어떠한 상황이나 또는 누군가가 미화되거나 아름답고 좋은 기억만 남아 재구성될까 두려웠다고 말해야겠다. 구차한 자기표절의 변을 들어주시라 간청한다.

–

장재용

구본형변화경영연구소 8기 연구원

구본형의 흉터마저 닮고 싶어 했다. 그를 샅샅이 뒤져 찾아낸 건 애꿎게도 "우리, 살아있지 않은가? 맘껏 살자, 먹고 마시고 즐기자"였다고 말한다. 생긴 대로 살기를 고집하고 있으나 생긴 대로 살 수 없게 하는 사회와 체제, 구조의 문제를 발견하곤 무던히도 버둥거리는 중이다. 아내와 함께하는 낮술을 가장 좋아한다. 자신의 발로 걸었던 산 능선을 찾아 나설 때 가장 기쁘다. 국내 대기업에서 기획/전략, 혁신 업무를 12년, 글로벌에도 자신의 능력이 통하는지를 몸으로 확인하고 싶어 해외로 자리를 옮겨 같은 일을 3년째 하고 있다. 도합 15년간을 국내/외 회사인간으로 지내며 그 정체성을 혐오하면서도 좋아한다. 어차피 인생은 역설이지 않은가. 지은 책으로는 『딴짓해도 괜찮아』가 있다.

사랑밖엔 난 몰라

- 정 재 엽 -

[구본형, 내 삶의 터닝 포인트]

나는 울고 있었다. 택시 기사 아저씨는 백미러로 우는 모습을 슬쩍 훔쳐보았다. 라디오에서 나오는 심수봉의 '사랑밖엔 난 몰라'가 택시 안을 가득 채웠다. '그대 내 곁에 선 순간 그 눈빛이 너무 좋아.' 차는 빠르게 강변북로에 접어들었다. 만 원짜리 한 장만 달랑 있던 것이 마음에 걸렸다. 미터기는 1만 3,000원을 넘고 있었다. 금액은 점점 올라갔다. 아…… 씨……. '어제는 울었지만 오늘은 당신 땜에 내일은 행복할 거야.' 심수봉의 음색은 애절했다. 벌써 1만 5,000원을 넘긴 미터기를 보고, 중간에 내려달라고 말씀드릴까, 머뭇거렸다.

절두산 성지. 회사가 부도가 난 뒤, 나는 울적해지는 일이 생기면 무작정 여기를 찾아가곤 했다. 매번 차를 몰고 가던 길이었지만, 더 이상 운전도 못할 정도로 차 정비를 하지 않은 탓에 무작정 택시를 탔다.

좀 더 솔직히 말하면, 자동차 종합검진을 받을 여윳돈조차 없었다. 신용카드도 정지가 되어 현금으로만 결제하던 시기였다. 대중교통을 이용하자니, 시간이 너무 많이 걸릴 것 같았다. 그만큼 애절했고, 간절했다. 누군가에게로 향하는 그 길은.

택시 안에서 참았던 울음이 다시 터졌다. 그날, 그토록 기다렸던 기업회생 개시결정이 나오는 날이었다. 담당자는 자기가 맡았던 수십 건의 사건 중에 개시결정이 안 나온 적은 없다며 걱정 말라 했다. 결과는 기각. 회사가 부도가 난 것도 모자라, 어렵게 기업회생 신청을 했는데, 그 결과도 기각이라니. 나는 그 소식을 듣고 자리에 주저앉아 울고 말았다.

'지나간 세월 모두 잊어버릴래. 당신 없인 아무것도 이젠 할 수 없어. 사랑밖엔 난 몰라.'

심수봉은 계속해서 '사랑밖엔 난 몰라'를 흥얼댔다.

부도가 난 뒤, 가장 어려웠던 일 중의 하나는 직원들의 마음을 추스르는 일이었다. 발 빠른 일부 직원들은 이미 이직했다. 나는 직원들이 회사에 대한 신뢰가 거의 없다는 것을 알면서도, 한 명 한 명 직원들을 직접 만나 설득했다. 지금 주어진 상황에서의 최선은 '기업회생' 절차를 밟는 것이라고. 한 번만 다시 일해보자고.

현금보유율이 적었기에 주변의 도움으로 겨우 마련했다. 그렇게 설득하기를 수십 차례. 십시일반으로 다시 공장을 돌렸다. 일부였지만, 몇몇의 영업부 직원들도 다시 거래처를 돌아다니며 기업회생에 동참했다. 그들에게는 일터이자, 가족을 이끌어가야 하는 밥줄이었던 것이다. 그렇게 다시 마음을 달랜 지 한 달. 직원 모두는 법원의 판결만을 바라보았다. 기업회생 절차의 첫 관문인 개시결정. 그러나, 회사는 이 문을 넘지 못하고 말았다. 기업회생조차도 할 수 없다는 법원의 판결에 다들 절망했다.

기업회생 개시결정 공고가 예정되어 있던 날. 나는 소식을 법원에 가서 직접 듣고자 했다. 법무법인에서는 굳이 그럴 필요가 없다 했지만, 나는 기업회생의 첫 관문을 직접 맞이하고 싶었다. 부도가 나고 낮아져만 가는 자존감을 그나마 조금이라도 보상받고 싶었나 보다.

그러나 나의 바람과는 달리, 개시결정의 문턱을 넘지 못한 것이다. 나는 기각 소식을 회사 직원들에게 전달할 용기가 없었다. 그러자 울음이 터져버린 것이다. 법원 화장실에서 울고 있는 나를 지나가던 사람들이 힐끗 쳐다보았다. 거울 뒤로 지나가는 사람들의 모습이 보였다. 그중에는 우리 회사의 회생사건을 맡았던 판사님도 계셨을 것이리라. 아니, 나의 우는 모습을 보고 계시길 바랐다는 것이 더 솔직한 표현이리라. 결국, 결과를 휴대폰으로 바로 전달하지 못한 채, 그 길로 절두산을 향했다. 절두산은 나의 멘토이자 스승이셨던 구본형 선생님의 유해가 모셔져 있는 곳이다. 절두산(切頭山). 즉 '머리를 자르는 산'이라는 무시무시한 이름이 붙여진 것은 1866년의 병인박해에 그 유래가 있다고 한다. 병인박해 때 흥선대원군은

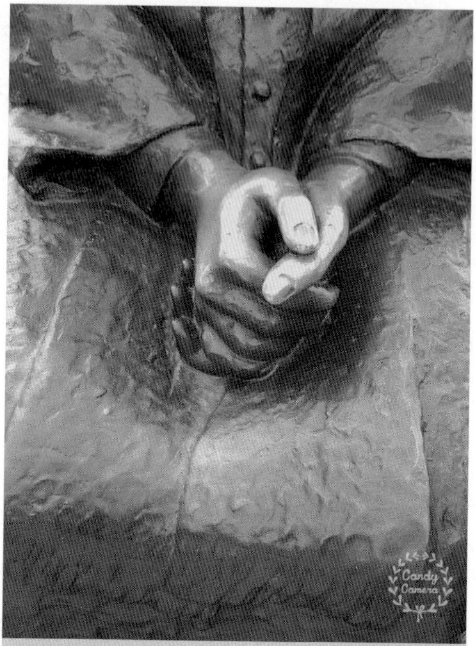

절두산에 있는 김대건 신부님의 기도 손.
이 손은 나 자신에게 물어보는 듯하다.
무언가에 이처럼 간절했던 적이 있었느냐고.

가톨릭 신자들을 잡아다 처형했는데, 바로 이 산에서 목을 잘라 죽이는 '참수형'을 시행했기에 '절두산'이라는 이름이 붙여졌다고 한다.

이곳은 가톨릭 성당과 순교박물관, 그리고 '부활의 집'이라고 불리는 유해안치실이 조성되어 있다. '살아 있는 자'와 '죽은 자'가 함께하는 장소로, 방문만 해도 삶과 죽음에 대해 음미하게 된다.

'십자가의 길'을 따라가다 보면, 고통의 의미에 대해서 생각하게 된다. 삶과 죽음의 문제, 고통과 행복의 문제들을 고민하다 보면 현실에서 벌어지고 있는 문제들이 축소되어 보인다. 한마디로, '죽음 앞에서는 다 사소한 일인데 뭐'라고 정리하게 해주는 장소다.

어쩌면 나에게는 그런 위로가 필요했는지 모른다. 기업회생 기각이 '죽고 사는 문제'는 아니야, 라는 따스한 위로. 또 다른 길도 있으니 너무 걱정하지 마, 라는 진심어린 위로. 뭐 까짓것 다시 시도해도 괜찮아, 라는 덤덤한 위로.

억울하고 분한 마음에 엉엉 소리를 내어 우는 동안에도, 마음 한구석에는 기사 아저씨에게 부족한 택시요금을 어떻게 말씀드려야 할지 걱정되었다. 부도 소식을 들은 이후에도 여전히 배가 고파 밥을 먹고, 화장실에서 일을 보는 것처럼, 일상 속에 스며들어 있는 미래에 대한 불안은 여전히 해결되지 않았다.

절두산에 도착해서 요금을 지불하지 못하고 영수증 뒷면에 계좌번호를 받아 송금해드리겠다고 사정을 말씀드렸을 때, 기사님은 조금의 주저함도 없이 흔쾌히 그러세요, 라고 답변하셨다.

그날, 나는 구본형 선생님의 납골당 앞에서 또 한 번 통곡했다. 그러나 이 눈물은 그저 기업회생의 개시결정이 기각된 것에 대한 아픔이 아니었

절두산에 핀 동백꽃. 설경 사이로 빨갛게 핀 동백꽃은 홀로 아름다운 자태를 자아낸다. 마치 그리운 구본형 선생님처럼.

다. 절두산으로 가 달라던 승객의 울음에 심수봉의 '사랑밖엔 난 몰라'의 볼륨을 줄여주신 택시 기사님에 대한 고마운 마음이 더해진 '감사의 기도'였다. 그래도 나를 이해해주는 건 기사 아저씨밖에 없다는 사실. 왠지 사랑밖엔 난 몰라, 라며 사랑을 갈구했고, 그 사랑을 오직 기사 아저씨만이 알아주었다는 위안. 심수봉, 택시 기사 아저씨, 그리고 구본형 선생님으로 이어지는 그 길들이 무척이나 나에게는 간절했다. 기업회생의 제도권 안에 들 기회마저 박탈당한 나에게 위로를 건네주던 아저씨의 잔잔한 위로가 '감사'로 바뀌었던 것이다.

***

나는 구본형을 잘 몰랐다. 그의 책은 한 권도 읽지 않았다. 2005년, 2기 연구원이 되겠다고 지원했을 때에. 내가 유일했다, 그의 책을 한 권도 읽지 않았던 사람은. 무슨 용기였을까. 나는 그저 '변화경영연구소'라는 말에 홀려, 귀신에 홀린 듯이, 문을 두드렸다. 내 안에 있던 약간의 '허세'를 건드린 것도 분명했다. 하지만 본질적으로 나 자신을 변화시킬 수 있을 것 같은 믿음 때문이리라. 아니, 그랬으면 했다.

10여 년 이상 아버지와 함께 제약회사를 이끌어 가던 나는, '변화'와 '경영'이라는 두 키워드에 매혹을 느끼지 않을 수 없었다. 대기업도 아닌, 그렇다고 구멍가게도 아닌 중소기업을 하던 사람의 아들로서 '갑(甲)질'도, '을(乙)질'도 할 수 없는 애매한 포지션에서 나는 늘 방황했다. 경계의 안에도, 경계의 밖에도 있지 못하는 그런 삶 속에서 내가 세차게 붙잡은 것이 바로 '변화경영연구소'였다.

나에게는 늘 회사가 우선이었다. 언제나 회사 이야기로 가득했다. 가정에서도 늘 회사일로 분주했다. 주말에도 회사일로 바빴고, 언제나 회사가 우선인 삶이 지속되었다. 내가 대학을 선택했을 때도, 회사일을 하기 위한 전공을 선택했고, 미국 유학을 선택했을 때도 그러했다. 우연히 접하게 된 다른 수업에 흥미를 느꼈을 때는 이미 한국에 돌아와 함께 일을 하자는 아버지의 의견이 절대적이었다. 아버지와 함께 아침마다 밥상머리에서 회사 이야기를 했고, 저녁때 퇴근해서는 소주를 한 잔 하며 회사 이야기를 했다. 아버지께서는 늘 나에게 이야기했다.

"내가 회사를 물려줄 생각이 없었으면 이 어려운 사업은 시작도 하지 않았다."

그러나 늘 공허했다. 대학 시절, 미국에서의 대학원 시절 그리고 잠시 동안의 직장 경험을 뒤로 하고 한국행을 결정해서 돌아왔건만, '나'의 회사에서 '주인'으로 '나의 직장'과 '나의 일터'를 가지고 일을 했지만, 속마음은 그러지 않았다. 아버지와 함께 늘 같이 출근을 하고, 같이 퇴근을 하며, 함께 일할 직원들을 뽑고, 월말이 되면 100여 명의 직원들의 월급을 걱정하며, 나날이 오르는 물가상승률을 걱정했지만, 나는 이 조직에서 동화되지 않았다. 첫 3년이 지나면 적응이 될 줄 알았다. 5년차가 되면, 나와 이 조직이 일치될 줄 알았다. 8년이 지나고, 10년이 지나면 정말 이 조직은 완전히 나의 것이 되고, 조직은 곧 신체의 일부분이 될 줄 알았다. 그러나 나는 이 조직에서 이방인이었고, 늘 변방에서만 노는 것 같은 느낌이었다.

그런 공허감 때문이었을까. 나는 이제 조직 내부에서는 그 답을 찾기 어렵다는 판단을 했다. 나를 도와줄 해답을 적극적으로 모색하기로 하였다. 그 답을 찾기 위한 방편이 '변화경영연구소'였고, 그 핵심은 '구본형'에 있었는지도 모른다.

우연히 보게 된 홈페이지에서 2기 연구원을 뽑는다는 공지를 보고, 그의 책을 '단 한 권'도 읽지 않았음에도 불구하고 무모하게 지원했다. 10페이지의 자기소개서를 써내라는 '지원서'도 이틀 만에 써냈다. 제출하면서도 과연 될까 싶었다. 10페이지의 개인역사를 쓰는 데도 거침없었다. 나중에는 될 대로 되라지, 싶은 마음으로 휘갈겼다. 그 첫 문장은 아직도 기억이 난다.

"전 가진 것이 많은 사람입니다. 그러나 제가 가진 모든 것이 제 것이 아니라는 생각이 드는 이유를 알고 싶어 지원합니다."

내면의 고백에서부터 시작했다. 막상 제출했을 때는 불합격이 되더라도 10페이지의 개인사는 남겠다는 생각이었다. 그리고 '계획에 따라' 연구원으로 합격하였다는 통보를 받았다. 나는 생각했다.

'아. 그래. 이제야 나는 내 조직을 나의 것으로 만들 수 있는 수련을 받게 되겠구나.'

첫 시작은 그러했다. 나는 '연구원'이 된다는 것을 나의 조직을 '아버지의 것'이 아닌 '나의 것'으로 만들 수 있는 수련을 받기 위한 프로그램쯤으로 생각했다. 이 커리큘럼을 그대로 따라가다 보면, 나는 온전한 CEO로서의 자리를 잡게 되겠구나라는 생각에 야호!를 외쳤다.

그러나 막상 연구원이 되고 보니 '왕따'였다. 그의 책을 읽지 않고 들어온 이는 '나 하나'였고, 인문학에 대한 이해가 가장 낮은 것도 '나'였다. 한 달에 한 번씩 만나는 오프 모임에는 빠지기 일쑤였다. 변명을 하자면, 나는 토요일에도 회사에 나가서 일을 했다. 제약회사의 생산라인을 주말에 돌리게 되면, 자청해서 토요일 근무를 진행했다. 그러나 한 달에 한 번 나는 그 핑계를 대고 변화경영연구소 모임도 빠졌다. 가게 되더라도 늘 양복 차림에 한두 시간은 늦었다. 정해진 숙제를 홈페이지에 올리는 것도 가장 늦은 시간에 대충 대충 올렸다. 마감에 굉장히 민감했던 선생님의 눈치를 보며 '요령껏' 진행하는 데 익숙해져 갔다. 나의 몰입하지 않은 행위는 '그래도 회사가 우선이야'라는 생각이 자리잡고 있었던 이유였을 것이다. 늘 회사가 우선이었기에, 나는 다른 연구원들이 다 함께 가는 해외연수의 기회도, 하다 못해, 주말에 지방으로 가는 수업도 참가하지 않았다. 1박 2일 과정으로 지방 펜션에 가서 하는 수업에도 참가하지 않은 유일한 연구원이었다.

생각했던 수업이 아니었다. '내가 조직을 사랑하게 되는 법' 혹, '나와 조직을 일치시키는 법' 아니면 '내가 조직을 이끌어 나가는 법'을 기대했던 나에게, 선생님께서는 '나는 누구인가' 혹은 '이렇게 태어난 나는 이 조직을 어떻게 변화시킬 수 있을까'에 대해서 생각하게 했다. 불편했다. 특히 '내가 누구인가'에 관한 질문이. 이전의 나는 그저 '회사를 이끌어 나가야 하는 CEO로서의 나'의 존재만 생각했다. 이것이 나의 운명이라 생각했고, 나는 주어진 운명에 순응하면서 살면 된다는 생각이었다. 그저, 그런 운명에 순응하지 못한 나의 처지가 불쌍했고, 주어진 삶을 자연스럽게 받아들이지 못하는 내적 갈등으로 찾아온 나에게 '너는 누구인가'라니.

'나는 누구인가'라는 거대한 질문에 나는 조금씩 CEO와는 거리가 멀게만 느껴졌다. 연구원 생활을 하면서 점점 알게 된 나는, 문학을 좋아하는 한 '소년'이었고, 시를 읽으며 눈물을 흘리는 감수성 짙은 '학생'이었다. 구본형 선생과 와인을 한잔 하게 되면 헤르만 헤세와 로맹가리에 대해서 밤을 새며 이야기를 하는 '문학 청년'으로 변모했다. 그런 나의 모습은 제약회사를 이끌어가는 카리스마 있는 CEO의 모습과는 거리가 멀었다. '나를 따르라' 소리 지르면서 기간 내에 생산을 마쳐야 하는 제조업의 일상과는 거리가 먼 모습이었다.

매주 쏟아져 나오는 인문학 책들에 대해, 나는 점점 더 편식으로 일관했다. 문학과 관련된 책들은 빠르게 흡수했고, 대학 내내 전공으로 했던 경영, 경제 서적들이 과제로 나오면 대충 읽고 서평도 하는 둥 마는 둥했다. 한번은 '니체'에 대한 책이 지정도서로 나온 적이 있었는데, 그 책을 읽고는 당장에 니체 전집을 사서 읽은 적도 있었다. 괴테의 『이탈리아 기행』을 읽고서는 그가 남긴 고전들을 섭렵하기도 했다. 이것은 당초에 내가 기대했던 온전한 CEO로 가는 길이 아니었다.

나에 대해 더 알게 되는 것이, 나의 모습을 더 발견하게 되는 것이, 나를 더 불편하게 했다. 내가 연구원이 되고자 했던 이유와 새로 만나게 되는 모르는 나의 모습이 '변화경영연구소'에서 멀어지게 만들었다. 이러한 간극 때문이었을까. 나는 스스로를 더 '왕따'로 만들었다. 게다가 선생님께서는 친절한 스승이 아니었다. 조금 더 솔직히 이야기하면, 그런 질문도 선뜻 편안하게 하기 어려운, 쉽게 다가가지 못할 스승이었다.

결국, 선생님과는 몇 번 대화를 나누지 못한 채 겨우 연구원을 수료했다. 책을 내지 못했음은 당연했다. 이윽고 3기, 4기 연구원이 들어오면서 연구소 분위기는 더욱 활기를 띠었고, 홈페이지는 좋고 멋진 글들이 넘쳐났지만, 나는 점점 홈페이지와도, 연구소와도 멀어져 갔다. 당연히 구본형이라는 사람과도 멀어졌다. 무엇보다도 연구소 내에서 그를 신처럼 떠받치는 분위기도 싫었다. 뭘 얼마나 도움을 받았길래 저렇게 좋아하지? 누구는 예수님의 12명의 제자 같은 심정으로 선생님을 따르는구나, 라는 생각이 들 정도의 과열된 분위기였다. 다들 그에게만은 열렬했다. '인류를 구한 단 한 명의 사상가(?)'와도 같이 너도 나도 높이 평가하는 연구원들의 태도를 나는 수긍할 수 없었다.

결국 나의 삶은 어느 한 곳에 깊숙이 들어갈 수 없음을 이곳에서도 느끼는구나, 싶어 점점 더 고립되어 갔다. 일과 삶 사이에 균형을 잡고자 했던 나, 인생의 구루를 만나 허심탄회하게 이야기를 나누고 싶었던 나, 그리고 어떤 일에 직면했을 때 스스로 해결하는 능력을 배우고자 찾아갔던 나, 그러나 그런 나, 를 받아주는 곳은 없구나 하는 생각에 점점 더 딱딱한 껍질 속으로 들어가는 기분이었다.

10명으로 시작한 연구원 동기들이 9명, 8명이 되고, 그들의 열정마저도 시간이 지남에 따라 점점 더 시들어져 갔다. 가장 중요한 의문은 바로 이것이었다. '이런 책들이 과연 나의 삶을 바꾸어 줄까? 일과 삶의 균형을 맞추고자 하는 나의 바람은 한낱 바람이 되어 날아가 버리지는 않을까? 내가 책 속에 파묻혀 있는 시간 동안 차라리 현장에서 직원들과, 더 적극적인 멘토를 만나는 것이 더 실용적인 선택이 아닐까'라는.

당시 쏟아지는 자기계발서의 홍수 속에서 '새벽형 인간만이 성공한다'던지, '성공하는 데 7가지 법칙을 지켜야 한다' 등 '지켜라. 지킬 수 없으면 당신은 곧 루저(looser)'라는 식의 처세술의 바람이 거세게 불었다. 그 홍수 속에서 선생님께서는 『신영복의 강의』를, 마르코 폴로의 『동방견문록』을, 그리고 『주역』과 니체의 저서들을 읽으라 하셨다. 서점에서는 이래야 성공한다! 저래야 성공한다! 라는 울긋불긋한 구호들이 남발할 때, 보기에도 읽기에도 따분한 고전들을 읽어야 했다. 가끔씩 변화와 시대의 흐름을 읽는 책들도 있었으나, 여전히 말초신경을 자극하지 않아 한번에 훅~ 하고 들어가지 않는, 인스턴트 같지 않지만, 실제 독서까지 들어가기 힘든 책이 대부분이었다.

그럼에도 그런 내가 불쌍해 보였던 탓일까. 선생님께서는 나에게 한 번의 기회를 주셨다. '왕따'인 내가 존재감을 드러낼 수 있도록 배려해주신 사건이 일어났다. 『코리아니티』라는 책 개정판을 발간할 때, 마지막 부분에 연구원의 감상평을 싣게 된 것이다. 연구소의 일이라면 별 관심이 없었던 나에게, 어느 날 느닷없이 문자가 왔다.

'나의 책 『코리아니티』(Coreanity)의 개정판을 내게 되었는데, 연구원으로서

의 감상평을 써 줄 수 있겠느냐?'

가장 먼저 들었던 생각은 '왜 나지?'였다. 기쁨도, 황송함도 아니었다. 그저 놀라움이었다. 아마도 불쌍해서 한번 구제해주신 걸 거야. 그래도 이 연구소를 벗어나지 말라는 하나의 조치일 거야, 라는 생각을 했다. 원래 그러지 않은가. 한 조직에서 약간 아웃사이더로 벗어나려는 자에게 약간의 기회를 던져주는 것. 지극히 한 조직에서의 CEO와 같은 생각을 하며 나는 이 기회를 덥석 물었다. 책을 체하도록 급하게 읽고는 고맙다는 생각도 잊은 채, 그저 손이 가는 대로 감상평을 썼다. 마음은 어디에 있는지 모르면서, 그저 손이 가는 대로, 내가 아는 만큼만 쓰자는 생각으로. 놀라운 것은 내가 쓴 감상평을 단 한 글자도 고치지 않고 고스란히 '날것 그대로' 출판한 것이다.

지금도 그 글을 읽으면 당시 나의 냉소가 느껴진다. '한국인다움'을 인문학적으로 풀어냈던 『코리아니티』라는 책을, 나는 공항에서, 아무데서나 막 읽을 수 있는 페이퍼백처럼 읽혀지기를 바란다고 써댔다. 그 마음 한구석에는 이 책이 그렇게 읽힐 수 없을 것이라는 묵시적인 체념이 숨어 있었을 것이다. 나는, 늘 그랬다. 어찌 보면 비뚤어짐을 자초했고, 왕따임을 선택했고, 완벽하게 적응하지 못한 껍데기로의 역할을 스스로 만들어갔다.

여전히 회사는 바쁘게 돌아갔고, 나는 나의 존재를 어디서 발견할 수 있을지 모르는 채 한 해, 그리고 두 해가 지나갔다. 연구원 동기들과의 관계도 점점 소원해지고, 후배 연구원들을 보면 나도 모르게 '안녕하세요'라고 이야기 한 후, 더 이상 말을 이어나가지 않은 채 기수를 말하지 않는 버릇이 들었다. 동기들은 하루가 멀다하고 자신의 책을 써냈고, 누구는 베스트셀러 작가 칭호를 얻었다. 그들은 명함에 꼭 '구본형변화경영연구소 연구원'이라는 타이틀을 넣었다. 10개가 넘는 출판사들을 모셔놓고 자신의 브랜드로 된 책을 소개하는 북 페어가 진행이 되는데, 나는 씁쓸하게 돌아서야 했다. 구본형을 모르고서는, 그의 존재를 도저히 이해하지 못하고서는 넘을 수 없는 산 같았다. 이 모든 것들이 다~ '구본형을 모르기 때문이야'라는 자책 아닌 자책으로 다가왔다.

회사에서도 그리고 연구소에서도 나는 적응하지 못한 채 시간이 지났다. 그러던 중, 선생님께서는 또 한 번의 기회를 주셨다. 2012년 8월, EBS 라디오에서 『고전읽기』라는 방송을 진행하시게 된 것이다. 이 방송을 진행하면서, 방송에서 소개한 작품들을 모아 후에 책으로 함께 내 보자는 제안을 해주셨다. 이번에도 '왜 나지?'라는 생각이 들었다. 아마 이번에도 불쌍해서 구제해 주신 두 번째 대책일 거야, 라고 생각했다. 이면에는 선생님과 공저로 책을 낸 다른 연구원들이 부럽기도 했던 터였다.

선생님께서는 이왕 이렇게 된 바에, 방송에 고정 게스트로 참여해서 청취자들을 대변하는 목소리를 내주면 어떻겠느냐고 하셨다. 나는 일주일에 두 번 참석하는 이 제안에 흥미를 느꼈다. 좁은 스튜디오 안에서 선생님과 함께 숨 쉴 수 있다는 것이 좋았다. 처음으로 선생님을 가까이서 느껴본 것이다. 다른 연구원들이 1박 2일로, 14박 16일로 해외로 연수를 갈 때, 나는 단 한 번도 그런 기회를 만들어 내지 못했다. 모든 것은 '회사 탓'이었다. 주위의 동료와 선배, 그리고 후배들이 선생님과 만나면서 나날이 변하는 모습들에 자극을 받았기 때문이다. 한 번의 기회를 놓쳤으나, 왠지 이번 기회를 놓치면 다시 돌아올 것 같지 않은 느낌이 강하게 자리 잡았다.

매년 회사가 어려워져서 깊은 고민에 빠지게 된 것도 한몫했음을 고백한다. 매일이 야근이고, 집에서는 회사에 대해 더 많은 이야기를 나누었건만, 회사는 점점 더 어려워져 갔다. 강도 높은 직무에 더 버티지 못하고 퇴사하는 직원들이 늘어갔고, 재정상태는 점점 더 악화되어 갔다.

방송이 끝나면 간단하게 저녁을 먹었지만, 나는 회사의 어려운 사정을 이야기하지는 않았다. 회사의 어려운 이야기를 들어주실 만큼 여유가 있다고 생각하지 않았다. 그저 방송 중 나왔던 책에 대해서 그리고 다음 방송에서 하게 된 문학작품에 대해서만 이야기했다.

겨울이 되던 어느 날이었다. 스튜디오에 가보니 계셔야 될 선생님께서 오시지 않고, 다른 분께서 방송을 진행하고 있었다. 어떻게 된 거지? 하고 의문을 가지기 이전에 들었던 느낌은 약간의 분노였다. 방송에 오지 않으실 거면 사전에 미리 나에게 말씀은 해주셨어야 하지 않나? 하는 서운함이었다. 그리고 휴대폰으로 연락을 드렸건만 전화기는 꺼져 있었다.

후에 나는 알게 되었다. 그 당시 선생님께서 갑상선암 수술을 받았다는 것을. 본인의 상태를 누구에게도 말씀하고 싶지 않았다는 것을. 수술을 받았다는 사실을 말씀하시는 것이 부담스러웠을 수 있다고 생각한다. 적어도 자신을 바라보는 변화경영연구소 연구원들에게만은 비밀로 하고 싶으셨던 마음을 이해한다. 나는 그것도 모르고 다른 연구원들에게 불평을 한바탕 쏟아냈다. 당시 나는 이 상황을 이해하지 못한 채, 그저 떠들고 다녔다. 스튜디오에 가보니 선생님이 아닌 다른 분이 마이크 앞에 계셨다는 사실을, 그리고, 말 한 마디 못하고 다시 집으로 돌아가야 했던 상황을, 그리고, 선생님의 휴대폰이 꺼져 있었던 충격을. 나는 이야기보따리를 만들어 다른 사람들에게 전달했다. 내가 말을 전달하는 동안, 선생님께서는 피를 흘리며 수술을 하고 계셨다는 사실을 상상조차 하지 못했다. 선생님과 나는, 그렇게, 늘 빗나갔다. 스튜디오에서 둘만의 시간을 보낼 수 있었던 기회마저, 이렇게 비켜나고 말았다.

후회했다. 스튜디오 안에서 그렇게 춥다며 몸을 웅크리셨을 때, 자진해서 따뜻한 난로를 조금 더 선생님께 가져다 드리지 않았던 것을. 선생님께서 몸이 아프신 것을 전혀 눈치조차 채지 못했던 나의 무지를, 나는, 두고두고, 후회했다.

결국, 갑상선암 수술 이후에 폐로 전이되었고, 그 겨울을 넘기자마자, 따스한 봄날에, 선생님께서는 돌아가셨다. 다시 선생님을 스튜디오 안에서 만날 수는 없었다. 죽음조차도 선생님을 닮았다고 생각했다. 조선백자 같은 죽음. 단순하고, 부산하지 않으며, 한번 치면 부서지는 그런 삶. 많은 생각을 하게 만들었다. 그의 마지막에 물리적으로 가장 가까이 있었던 나에게조차 별 말씀을 하지 않은, 늘 일정한 거리를 두는, 그런 죽음이었다. 선생님과 친해질 수 있는 그 기회를 놓쳤다는 생각에, 내 인생에 마지막 남을 멘토를, 구루를, 다시는 볼 수 없다는 생각에 나는, 오열했다.

그의 죽음 앞에서, 나는 약속했다. 그와 함께한 그 약속을, 꼭 지켜야겠다고. 그와 함께한 고전읽기에 관한 방송을 반드시 책으로 내야겠다고. 어떤 어려움이 있어도 그의 마지막 방송을 꼭 책으로 내겠다고 다짐에 또 다짐했다.

변화경영연구소 연구원들은 모두 힘을 합쳐 책을 내는 데 동참하기로 했다. 그의 마지막을 함께하고자 중지를 모았다. 미완으로 남은 『고전읽기』 방송을 마무리하는 데 모두 함께하기로 마음을 모았다. 처음에는 과연 책으로 엮을 수 있을지, 이 프로젝트에 관심을 가져줄 출판사 섭외부터가 난항을 겪었다. 이렇게 책을 낸들, 정말 구본형 선생님과 함께 낸 책이 될까, 싶었다. 다행히 평소에 구본형 선생님을 잘 아는 출판사들의 도움이 컸다. 어느 정도 책의 윤곽이 드러나면 세심하게 검토하겠다는 확답도 받았다.

책은 출간 과정에서 많은 어려움이 있었다. 선생님의 메시지를 생생하게 살리는 작업이 필요했기 때문이다. 변화경영연구소 연구원들 약 20여 명이 나누어 EBS 라디오 『고전읽기』 총 83시간, A4 1,000여 장, 원고지로는 대략 8,000매 정도 되는 방대한 분량의 녹취 작업을 했다. 녹취를 하는 과정에서 그의 음성을 다시 들으며 흐르는 눈물을 주체할 수 없었다. 중저음의 목소리, 무뚝뚝하면서도 결정적인 순간에 따스했던 그의 목소리는 스튜디오에서는 느끼지 못했던 감정이었다. 그의 끝을 알기에, 그의 목소리를 다시 글로 옮겨 담는 과정은 나를 슬프게 만들었다. '아- 저 말씀을 하셨을 때 내가 바로 옆에서 키득대면서 웃고 있었는데'라는 생각에 그에 대한 그리움은 커져만 갔다.

출간을 하기로 한 출판사가 정해지자 6기 박미옥 연구원과 함께 구본형 선생님께서 남긴 604편의 『구본형 칼럼』과 375편의 『마음편지』에서 해당 고전의 내용을 취합하는 작업을 했다. 나는 주로 출판사와 연구원들을 이끌어 가고, 출간 일정을 조율하고, 녹취를 독려하고, 원고 내용의 수위를 조정하는 일들을 담당했고, 책의 목차와 컨텐츠 그리고 인용과 관련된 부분은 박미옥 연구원이 전적으로 담당했다.

그의 책을 드디어 출간하게 되었다. 『구본형의 마지막 수업』.

나는 아직도 그 책을 읽지 못한다. 그와 함께했던 스튜디오, 그와 미처 나누지 못했던 대화들, 무엇보다도 그 책을 만들면서 내내 '정재엽이란 누구인가'에 대해서 고민했던 나의 시절이 떠오르기 때문이다.

그의 죽음을 맞이하고, 정확히 3개월 뒤에 회사는 부도가 났다. 그의 죽음 앞에 혼란스러웠던 나는, 밤낮으로 회사 이야기를 하던 아버지와의 대화에도 불구하고 부도의 덫에 빠지고 만 것이다. 그 후로 3년간, 나는 암흑과도 같은 시기를 보내야 했다. 힘든 일이 생기면, 나는 그가 있는 절두산으로 향했다. 절두산 '부활의 집'에서 선생님은 때론 웃고, 때론 울고 있었다. 한번은 나를 향해 소리를 지르고 계셨고, 무섭게 화를 낸 적도 있다. 결국, 회사는 모두의 바람대로 기업회생 종결 판정을 받았고, 새로운 주인을 찾아 기적과도 같은 M&A에도 성공했다. 그리고 그렇게도 바랐던 책을 쓰게 되었다. 『파산수업』.

부도가 나고 서서히 침몰해 가는 타이타닉 안에서 유유하게 독서를 하며 심연으로 들어가는 나의 경험담을 써내려갔다. 나는 부도라는 암초를 만나 침몰해 가는 배 안에서 어떻게든 살리려고 애쓰는 CEO가 아니었다. 다만, 내가 아닌 거대한 짐을 잘 정리하고, 사람들을 구출해낸 뒤, 맨 마지막에 잠수를 하며 유유하게 나와 나만의 통통배를 타고 싶은 사람으로 변해 있었다.

선생님께서 살아계셨을 때 부도가 났더라면 어떤 조언을 해주었을까, 상상해본다. 그저 참고 견디라, 말씀하셨을까. 아니면, 이건 당초에 네가 가야 할 길이 아니었어, 라고 말씀하셨을까. 나는 『구본형의 마지막 수업』 책을 편집하면서 그의 저작들을 다시 한번 읽어보았다. 책 속에서 그는 나에게 나지막히 속삭였다.

"그래. 재엽아. 인생의 어려움은 누구나 다가오게 마련이란다. 그런데, 그 어려움을 어떻게 받아들이냐는 전적으로 본인의 선택이다. 그래. 잘 했다. 피하지 않고, 기죽지 않고, 너만의 방식으로 잘 받아들였다. 나는 네가 자랑스럽다."

기업회생이 시작될 무렵 그리고 기업회생이 잘 진행되지 않고, 아버지마저 구속 수감되셨던 그날, 나는 절두산에 찾아가서 나의 스승님께 물어보았다.

이렇게 모든 것을 다 잃어버리는 상황을 어떻게 받아들여야 하죠? 하다못해 변화경영연구소 연구원들마저도 내게 등을 돌리는 이 순간을, 저는 어찌 견뎌야 하는 것인지요?

나는 묻고 또 물었다. 그는 침묵했다. 부활의 집 앞에서 그의 유해를 향해 울며불며 이야기했건만 그는 마침내 침묵하고 말았다.

그의 침묵 아래 나는 이야기했다.

선생님. 이젠 알겠습니다. 선생님의 침묵 아래, 저 혼자 답을 찾아보도록 하겠습니다. 기업회생이 정리가 되면, 그때 다시 찾아오겠습니다. 그리고, 그때 책을 꼭 쓰겠습니다. 저의 이야기를, 가장 정재엽다운 책으로 백짓장을 물들이겠습니다. 그 책이 나올 때까지 잠시 선생님을 가슴에 담아두고 있겠습니다. 안녕히 계십시오.

터져나오는 울음을 꾹 참았다. 그의 침묵 아래 나는 더 이상 울고만 있을 수 없었다. 어떻게든 나 혼자 답을 찾아야 했다. 어느 누구도 가르쳐주지 않은 답을, 나는 스스로 개척해야 했다. 변호사 없는 기업회생을, 누구의 도움도 받지 않은 M&A의 험난한 길을, 나는 똑똑똑- 문을 두드리면서 하나하나 개척해 나갔다. 멈춰버린 공장과 썩고 있는 원료창고 앞에서도 나는 눈물을 흘리지 않았다. 선생님과의 약속을 지키기 위해, 나는 절두산행도 멈추었다.

절두산의 기도하는 김대건 신부님 상.

당장이라도 달려가고 싶은 때가 수십 번은 있었지만, 그때마다 더 큰 목표를 향해 현재의 욕망을 자제했다. 나는 이미 목표를 이루고 있다고 생각했는지도 모른다. 아버지께서 구치소에 계셨을 때도, 나는 먹먹한 마음에 '그래도 구본형 선생님처럼 돌아가신 것은 아니다'라며 위안을 했고, 수십 번의 전화에도 불구하고 직원들이 소통을 거부했을 때도 '그래도 살아 있는 사람과 이야기하는 것인데……'라며 마음을 다독였다. 이미 받은 것으로 미래를 단정지었기 때문이었을까. 쉽지 않은 일들도 술술 풀려나갔다. 회사일은 깔끔하게 마무리되었고, 그런 이야기를 담고자 했던 책의 출간도 쉽게 풀어졌다.

나는 아직도 생각한다. 내 책 『파산수업』을 선생님께서 읽으셨다면 어떤 생각을 하실까. 잘했다 하실까. 아니면, 그저 침묵으로만 일관하실까.

나는 알 수 없다. 그것은 그분의 몫이다. 하지만, 한 가지 알고 있다. 이것이 바로 가장 정재엽다운 책이구나, 라고 말씀하셨을 것이라는 것을. 나는 내 책이 마음에 안 든 적이 있었다. 특히, 추천서를 써주신 분들께 보여드렸을 때 디자인과 관련된 반응들이 좋지 않았다. 나 또한 그랬다. 급하게 냈다고, 그때 내지 않았으면 나오기 힘들었을 것이라고, 변명하고 또 변명하며 최대한 내 책을 향한 끝없는 반박을 해댔다.

하지만, 마음 한구석에는 늘 미숙아 같은 느낌이 자리 잡고 있었던 것도 사실이었다. 뭔가 조금 더 완성되어야 하고, 뭔가 조금 더 손을 봐야 직성이 풀릴 것 같은 그런 느낌. 마지막 1퍼센트를 남겨놓고 더 잔소리를 했어야 했나? 하는 생각도 들었다. 하지만, 나는 그를 생각한다. 아마도 그는 나를 향해 말할 것이다.

"아니다. 이것이 가장 정재엽다운 책이다. 무언가 미숙아 같지만, 무언가를 향해 끊임없이 지켜내고, 끝없이 내 편을 향해 지지를 보내는 모습, 바로 정재엽다움이다."

그래. 결국 경영자로서의 나, 그리고 관리자로서의 나를 어떻게 발전시킬까 하는 기대심리로 나는 구본형 선생님의 문을 두드렸다. 하지만, 막상 들어갔을 때, 일반적인 경영자로서의 방식을 기대했던 나는 이내 실망하고 말았다. 뭐랄까. 낯설었다고나 할까. 아니면 실망했다고 해야 할까. 나는 누구인가, 나를 어떻게 변화시켜야 하는가, 그리고, 나는 어느 방향으로 흘러가야 하는가에 대한 철학적인 질문은 얼핏 보면, 현실의 밥벌이와는 먼 이야기 같기도 하다. 이런 형이상학적인 질문만 하는 연구소의 분위기에 적응하기 어려웠다. 그렇게 세월은 흘렀다. 후배 연구원들이 들어왔고, 그들은 원하는 책들을 내기 시작했다. 그러자 선생님과 나의 간극은 더 커져만 갔다. 내가 보낸 그에 대한 연정은 그렇게 없어지는가 했다. 그렇게 나에게 '변화경영연구소'의 의미는 소진되어 없어지는 것 같았다. 하지만, 나에게 진정한 의미는 선생님이 돌아가시고, 회사가 부도가 났을 때에야 비로소 빛을 발하기 시작했다.

절두산에 조성되어 있는 '십자가의 길' 조각 중 하나. 손에 나 있는 못자국이 부각되어 있다. 십자가의 길(Via Crucis)은 그리스도의 마지막 시간(수난과 죽음)을 기억하며 구원의 신비를 묵상하는 기도 방식이다. '고통의 길'이라고도 한다.

내가 진심으로 바라는 삶, 그리고 가슴에서 우러나오는 '나다움'을 느끼는 것이 바로 진정한 삶인 것을. 나는 깨닫는다. 단순한 밥벌에에 관한 질문보다, 내가 누구인가가 더 본질에 충실한 질문이었음을. 회사가 정리되고 『파산수업』을 내고 나서야 나의 회사 부도 소식을 들은 연구소 분들도 계셨다. 그들은 나에게 물어보았다.

"어쩌면 그렇게 아무렇지도 않게 웃고 다니셨어요? 지난번에 만났을 때도 그럼 그런 어려움에 있었던 것 아니었어요?"

그래. 그랬다. 그렇다고 웃으면서 이야기했다. 어떻게 그럴 수 있었는지는 나도 모른다. 하지만, 한 가지. 어려움이 닥쳤을 때, 그것을 적어도 피하지 않는 법을 나는 이곳을 통해서 알 수 있게 된 것 같다. 오딧세이아의 '여정'을 통해서, 니체의 '초인정신'을 통해서, 조르바의 '자유정신'을 통해서 말이다.

나는 선생님께서 돌아가시고 나서야 그의 책을 다 읽었다. 그리고, 그의 빈자리를 느끼고 나서야 그의 존재를 느꼈다. 이 글을 쓰는 지금도 그와 나의 간극은 여전히 존재한다. 내가 그의 스튜디오를 자발적으로 찾아갔을 때, 전화가 꺼져 있으면서 비어 있던 그 황량한 스튜디오를. 우리는 늘, 이렇게 다른 방향으로 어긋났다. 하지만, 이제는 그 간극을 받아들인다. 그에게 다가가지 못했던 나의 수줍음이, 어렵게만 느껴졌던 장벽이, 결국 그에 대한 사랑이었음을, 이제야 깨닫는다. 살아서는 그의 존재를 느끼지 못했으며, 내가 누군지 몰랐으며, 주어진 삶에 충실하지 못했건만, 그의 죽음을 통해서 비로소 존재를 깨닫고, 남아있는 자들을 통해 그를 다시 느끼게 되는 나의 스승이여. 이제 나는 울지 않는다.

무심히 버려진 날 위해 울어주던 단 한 사람
커다란 어깨위에 기대고 싶은 꿈은
당신은 깨지 말아요
이날을 언제나 기다려왔어요
서러운 세월만큼 안아주세요

그리운 바람처럼 사라질까
사랑하다 헤어지면 다시 보고 싶고
당신이 너무 좋아

– 심수봉 '사랑밖엔 난 몰라' 중에서

–

정재엽

구본형변화경영연구소 2기 연구원

연구원을 지원할 당시, 구본형에 대해 잘 몰랐다. 그와 가까워지고 싶었으나, 일정한 거리가 있음에 늘 그를 갈망했다. 그리고 그의 사후 3개월, 가족기업이 부도가 나면서 그를 알게 되었다. 15년간 제약회사를 이끌며 다양한 경험을 했고, 현재는 의료기기 벤처기업에서 임원으로 일하고 있다. '삶'과 '예술' 그리고 '일상'과 '일'이라는 키워드를 중심으로 책도 쓰고 강의도 한다. 지은 책으로는 『파산수업』, 『구본형의 마지막 수업』(공저)이 있다.

한 사람의 스승을 만나는 거, 그리고 그를 기억한다는 건

- 정 예 서 -

[구본형, 내 삶의 터닝 포인트]

실로 어떤 한 사람, 특히 스승을 만난다는 게 어마어마한 일이라는 걸 그를 만나기 전에는 미처 알지 못했다. 사람은 믿되 관계의 가변성을 일찍이 알았기에, 사람으로 인해 기쁘거나 스승을 만난다는 건 내 생애, 상상해보지 못했다.

그와의 만남이 진나라 원언백이 만 년에 한 번 온 기회, 천 년에 한 번의 만남이라고 말한 그 만남이었음을 나중 알게 되었다. 그 후 내 삶을 돌아보니 그와의 만남뿐 아니라 모든 인연이 그러했다. 다만, 볼 때마다 관계의 예를 다하고, 귀를 크게 열어 잘 들어야 함에도 우리의 관계들이 '사공견관'(자주 보아 타성이 된다는 뜻)이 되어 그 만남이 퇴색한 거다.

내가 그를 천 년에 한 번 만날 인연이라고 여기게 된 건 그의 탁월한 지성과 인품 때문만은 아니다. 나는 그 당시, 더 이상 물러설 데가 없는 절박함, 일상이 온통 대답할 수 없는 질문으로 가득한 시험지 같은 현실의 가파른 절벽 위에 서 있었다. 모든 만남에는 간절한 갈망의 타이밍이 우선되어야 하는 법이 아니던가.

내가 10년간 운영해온 함께성장인문학연구원의 제자들을 통해, 성장

상담소의 임상을 통해 품게 된, 사람을 움직이게 하는 추동력은 간절한 갈망이 그 시작점이었다. 나도 그랬다. 아침에 뜨는 해를 갈라 다시는 떠오르지 않도록 바다에 수장시켜버리고 한 줌의 빛도 내게 닿지 않도록 두툼한 커튼을 치고 싶었던 그때, 그를 만났다.

처음엔 그 만남이 무엇인지 알지 못했다. 재능은 뛰어나지만 늘 자고 있어 공자의 한숨을 듣던 재여는 아니었지만, 내 일상의 곤고함에 지쳐 자칫 스승과의 만남을 지나쳐버릴 뻔했다. 그랬다면 나는 그 후의 세월을 어떻게 살았을까? 여전히 우문으로 스스로를 괴롭히며 삶을 벼랑으로 내몰고 있지 않았을까? 지금도 나를 집요하게 흔드는 질문을 간혹 만나지만, 『관자』에서 "골똘하면 귀신이라도 그 답을 보여준다"라고 했던 거처럼, 이제는 스스로 답을 찾는 과정의 기쁨을 안다. 그러므로 그는 '만세일기 천재일우' 천 년에 한 번 온 기회, 일만 년에 단 한 번의 귀한 만남, 일기일차, 맞다.

그런 만남이 홀연, 나와 함께 이고 있던 하늘을 두고 이생을 떠났다

그가 이생을 떠난 지 벌써 5년. 그럼에도 나는 아직 그를 애도하는 시간을 산다. PC를 켜도, 노트북을 켜도 늘 그의 모습이 나타난다. 얼마 전까지는 휴대폰 배경화면도 그와 동기들과 함께 찍은 사진이었다. 이 글을 쓰면서도 나는 평생, 스승을 보내지 못하겠구나라는 생각이 들어 슬프다. 그의 나직한 음성도. 다른 사람처럼, 아주 가끔 불같이 화를 내던 모습도(그런 모습, 세 번 봤다) 이젠 다시 볼 수 없기에. 어떤 제자는 내게 스승의 이야기를 그만하라고까지 한다. 그런데 그 없는 내 삶을 말할 수 없어 나는 자꾸 그의 이야기를 한다. 나 같은 제자들 때문에 그는 저 너머에서도 성가실 거 같지만 나는 도무지 그의 이야기를 멈출 수가 없다.

첫 만남

아래 글은 그렇게 떠나버린 그의 장례식, 첫 번째 추모식을 진행하며 내가 썼던 추도사다.

사랑밖에 몰랐던 스승

지금으로부터 10여 년 전, KBS에 인터뷰를 갔다가 당시 경제 프로그램을 진행하던 분에게 사부님을 소개받아 처음 인터뷰했습니다. 여의도 쌍둥이빌딩에서 만난 '평이한 모습'의 변화경영전문가에게 저는 "3일 일하고 4일 쉬면 가족들 밥은 먹을 수 있느냐"라고 비아냥거리듯 첫 질문을 던졌습니다. 24시간을 쪼개고도 휴일 없는 격무에 시달리고 있던 제게 사부님의 말씀은 뜬구름 잡는 이상주의자의 주장처럼 공허하게 들렸던 거지요. 좀 주저하던 사부님은 잠시 후 "그럴 수 있다"라고 대답하셨습니다. 하지만 자기주장을 확실하게 펼치고 어필하는 저명인사와의 만남에 익숙했던 저에게 사부님의 첫인상은 자신의 명함을 선뜻 내밀기도 어색해하는 어눌한 모습이었습니다. 이제 돌아보니 그때가 현장을 즐기며 현장에서 생을 마감할 것이라던 사부님이 20여 년간 근무하던 현장을 떠나 자신의 현장을 날마다 개척하며 1인 기업의 신화를 맹렬히 쓰던 그 시절입니다.

그 후, 몇 년이 지나 강연 요청 때문에 다시 뵈었습니다. 인터뷰 때와 달리 무척 젠틀해진 사부님의 모습에 놀랐습니다. 제가 어떤 일을 요청하자 사부님은 '어린 왕자' 같은 제자가 있는데, 그와 진행해보라 하셨지요. 나중에 보니 그 어린 왕자는 이미 결혼도 하고 자녀도 둔. 40대에 접어든 중년이었습니다. 그런 제자를 어린 왕자와 같다고 칭하며 아비와 같은 모습으로 환하게 웃던, 사랑이 넘치던 그 표정. 순간 부럽다는, 저도 그런 제자가 되고 싶다는 생각이 불현듯 들었습니다.

변화경영연구소의 글들을 구석구석 살펴보기 2년여. 저는 15페이지를 못 넘긴 '미스토리'를 연구원 지원서로 써서 마감 2분 전에 이메일로 보냈습니다. 그리고 다음 날인 3월 1일. 사부님 댁을 찾아가 우편함에 서류를 넣고 돌아서던 장면을 몇 년이 지난 지금도 선명히 기억합니다. 사부님 댁 뜨락에 비추던 햇살, 유난히 따스했던 3월의 바람, 그 골목을 걸어 나오며 제 마음에 물결처럼 번져오던 설렘. 그래도 그때가 우리 제자들이 말하는 그 '터닝 포인트'인 줄은 기실 몰랐습니다.

그 후 연구원이 되고 사부님을 뵐 때마다 마음이 뜨겁고 시도 때도 없이 눈물이 났습니다. 스승님 곁에서는 왠지 잘 못 돌았다고 생각되는 생의 골목까지 다시 제대로 고쳐 돌 수 있을 것 같았습니다.

아직도 사부님의 부재가 실감 나지 않는 빈소에서 저희 제자들은 비슷한 기억과 느낌을 내내 나누었습니다. 그 이유는 무엇이었을까요. 모두 각기 다른 개성을 가진 사람들이 자신의 이야기를 다 들어주는 큰 나무 그늘 아래 앉아 여일하게 쉬고 있는 듯한 느낌. 저마다 특별히 사랑받았다고 생각되는 그 이유. 사부님 앞에서는 누구나 큰 사람인 것 같고 누구나 명랑히 웃을 수 있었던 것. 감히 성장한 거 같다고 조심스레 말할 수 있었던 이유는 바로 그것이었습니다.

사부님이 지난 신년회 때 저에게 청하셨던 그 노래. 저는 별로 부르기를 즐기지 않건만 기회가 될 때마다 저에게 청하셨던 '사랑밖엔 난 몰라' 그 노래를 왜 그렇게 좋아하셨는지 이제 알게 되었습니다. 사람을 '사랑할 줄밖에 모르셨기에' 그 노랫말이 그토록 좋으셨던 거지요. 사부님이 쓰신 19권의 책은 어떻게 하면 자신을 사랑하며 살 수 있는지를 가르쳐주는, 사람을 깊이 사랑하지 않고는 도저히 쓸 수 없는 구절로 가득합니다.

사부님. 저희는 오래도록 이 생이 다하는 날까지 여기 있겠습니다. 사부님 다시 뵙는 그날까지 여전히 사부님께 길을 물으며. 사모님과 따님들, 사부님이 괜찮은 새 가족이 생겼다고 기뻐하셨던 사위, 자랑을 일삼으시던 손녀, 사부님이 그렇게 사랑하던 그분들 가까운 곳에서 든든해하던 연구소 선배들 뒤를 따라 저희는 함께할 것입니다.

무엇을 하거나 말과 삶, 글로 품어 사랑하라는, 그것이 먼저라는 물려주신 가르침을 받들며, 멀리 가지 말라던 사부님 말씀대로 손 내밀면 닿을 거리, 가까운 곳에 머물겠습니다. 그리하여 일천하지만 감히 모두가 리틀 구본형으로 살아보려 걸음걸음을 따라 보겠습니다. 혼자선 불가능하지만 스승님이 손잡아 맺어주신 '우리'라면, 어쩌면 가능하리라는 꿈을 꾸어보면서요.

같은 하늘 아래 당신이 없는 것이 사실이라지만, 다신 볼 수 없는 것도 사실이라지만, 그보다 더 넓고 평안하고 유쾌한 곳, 그 어딘가에 당신이 늘 함께하심을 알고 있는 제자들, 당신을 닮아 '사랑밖에 모르고 싶은' 제자들입니다.

마지막으로 이 땅에서의 당신, 스스로 오늘을 그리신 그 구절을 낭송하며 마치겠습니다.

나는 내 마지막 날을 매우 유쾌하게 상상한다. 나는 그날이 축제이기를 바란다. 가장 유쾌하고 가장 시적이고 가장 많은 음악이 흐르고 내일을 위한 아무 걱정도 없는 축제를 떠올린다. 눈부시도록 아름다운 것은 단명한 것들이다. 꽃이 아름다운 것은 그래서 그럴 것이다. 한순간에 모든 것을 다 피워내는 몰입 그리고 이내 사라지는 안타까움, 삶의 일회성이야말로 우리를 빛나게 한다. 언젠가 나는 내 명함에 '변화 경영의 시인'이라고 적어두려고 한다. 언제인지는 모른다. 어쩌면 그 이름은 내 묘비명이 될지도 모른다. 나는 내 삶이 무수한 공명과 울림을 가진 한 편의 시이기를 바란다.

– 구본형, 『신화 읽는 시간』 중에서

아직 실감이 나지 않지만 스승은 '네 할 일을 하라'고 이르며 응원하고 계시는 것을 알기에. 저는 또 일어나 길을 갑니다.

– 2013년 4월 16일

나는 이 추모제를 진행하고 3일을 꼬박 앓아누웠다. 다시 그를 만나기 전의 심리상태로 돌아간 듯, 손가락도 까딱할 수 없는 무기력 상태가 됐다.

변화경영연구원이 되고 나서 첫 수업을 하러 강원도에 갔을 때였다. 많은 선배들도 우리를 환영하기 위해 참석한 아침이었다.

"그대 미스토리는 빨강머리 앤이더구나."

낯가림이 심한 내가 그를 스승으로 받아들인 공식적인 첫 자리, 나란히 걷는 것이 어색해 저절로 발걸음이 빨라진 내 곁으로 다가온 그가 건넨 말이었다. 지원서를 내기 한참 전, 일 때문에 이미 몇 번 만나는 동안 그를 별스럽게 대하지 않던 내 태도를 보았던 그. 지독한 내향인 두 사람이 스승과 제자로 어떻게 역할 바꿈을 해야 할지를 고민할 필요가 없게 된 순간이었다. 그런 그에게 "왜 절 뽑으셨어요. 딱 2분 전, 지원서도 다 못 채우고 보냈는데"라고 묻자 그는 "네가 탐구심이 많아서 재미있을 것 같았다"라고 대답했다. 그날부터 나는 빨강머리 앤이 되었다.

연구원이 되고 첫 워크숍을 가던 버스 안에서

훗날 사부는 내게 MBTI도 똑같고 기질, 자라온 환경도 비슷하고, 일로 움직일 때 오히려 사람들과의 관계가 훨씬 편한 것도 닮았다고 하셨다. 그해, 1년을 기억하면 분명 시간에 쫒겨 종종거렸음에도 자꾸 웃음이 난다. 학교에서는 8과목을 들으면서 중간·기말 시험을 치렀고, 가사와 프리랜서 일을 하면서 다문화가정 여성에게 한글 교육 봉사까지 했다. 그러면서도 연구소에 매주 20쪽의 도서 리뷰와 칼럼을 게시하고, 한 달에 한 번 있는 세미나에 참석했다. 참으로 치열하고 뜨거운 그러나 책을 읽는 시간이 너무나 흥미진진했던 연구원 시절이었다. 그해 늦가을, 어느 날. 믿을 수 없는 소식이 내게 전해졌다

빨강머리 앤에게

"사부님, 마음이 내내 잠들지 못한 갈대밭처럼 수런거렸어요. 오늘은 특별한 날입니다. 돌이켜보니 오늘을 맞으려, 저는 오랜 밤 시간을 잠들지 못했나 봅니다."

어느 날 저녁 그녀는 짧은 편지를 내게 보냈습니다. 그날 아침 그녀가 쓴 시가

당선되어 고료를 받게 됐고, 그날 저녁 그녀가 쓴 소설이 당선되어 등단은 물론이고 1,000만 원의 상금을 받게 됩니다. 그리고 그날 낮에 그녀는 내년 1년 동안 여러분에게 가는 '마음을 나누는 편지'의 필자 중 한 명으로 선정되었습니다. 여러분들은 내년 매주 한 번씩 그녀를 만나게 될 것입니다. 여러분들의 기쁨이고 또한 그녀의 기쁨이 될 것입니다.

그날 하루 동안 세 개의 기쁜 소식이 그녀에게 달려갔습니다. 신기한 일입니다. 그날은 온 우주가 그녀를 축하해주기 위해 그녀에게 가장 잘 어울리는 선물을 준비해준 날인가 봅니다. 내가 그녀를 처음 만난 것은 그녀가 잡지사의 주간일 때 나에게 인터뷰를 요청해서입니다. 그리고 몇 년이 지나 강연을 섭외하느라 한 번 더 만나게 되었습니다. 그리고 올해 초 그녀는 변화경영연구소의 연구원이 되었습니다.

그녀는 재미있습니다. 나이를 어디로 먹었는지 알 수 없습니다. 씩씩하고 관록 있는 해결사인가 하면 애교 있고 경쾌한 소녀 같기도 합니다. 그래서 시와 소설을 쓰는지도 모릅니다. 아니, 반대일 수도 있겠군요. 잠 못 이루고 시와 소설을 쓰기 때문에 바로 그런 감성적 젊음에 머무는지도 모릅니다.

그녀는 지금 학교에 다닙니다. 심리학인가 뭔가를 새로 배우러 다닙니다. 바쁘기 짝이 없습니다. 가끔 너무 힘들어 탈진해서 병원에 입원하기도 합니다. 그래서 내가 당장 때려치우라고 말했습니다. 누군가에게는 학교가 꼭 필요한 것이지만 누군가에게는 바보가 되는 길이니까요. 학교 다닐 시간 있으면 책을 더 많이 읽고 글을 더 열심히 쓰라고 말했습니다.

그녀는 학교 같은 곳에서는 배울 수 없는 강한 성분의 감성적 소화액을 이미 가지고 있습니다. 더욱이 이야기의 실을 자아낼 수 있는 탁월한 거미류의 소설성을 가지고 있습니다.

오랜 밤 시간 잠을 이루지 못하고 쓸 수밖에 없었던 것은, 그런 어쩔 수 없는 힘 때문이었을 겁니다. 때때로 두려워 제방을 쌓아 흐르는 기를 잡아 가두려 하지만 인생의 어떤 때는 살아지는 대로 살아야 합니다. 가두어둔 둑이 터져 흐르듯 그 힘이 넘치게 놓아두어야 합니다.
한군데로 밀려 쏟아지는 물길에 삶을 맡겨두어야 합니다. 도도한 물길이 제 길을 찾아 흐르도록 말입니다. Let it go! 그러면 1년도 지나지 않아 지금과 비교할 수 없는 정말 좋은 일이 그녀에게 생길 겁니다. 그녀는 이미 매우 그녀다운 주제의 밝고 감미로운 글들을 차곡차곡 써 가고 있으니 그녀와 사회는 잘 어울려 춤추게 될 것입니다. 글을 쓰는 사람은 글로써 사회를 격려하고 그 어둠을 밝히게 되는데, 그녀는 특히 밝고 유쾌한 힘을 가지고 있습니다. 지금 그녀를 표현하는 가장 유사한 상징은 꽃이 피기 시작한 벚나무입니다. 곧 꽃으로 가득 뒤덮일 것입니다.

– 사부님이 내게 써 주신 '구본형의 금요편지'

당시 컴퓨터로 그림을 그리고 시를 매일 쓰기 시작하셨던 사부는 내 편지에 답장으로 연구소 금요편지에 그림을 그려 보내셨다. 나를 상징해서 그려주신, 벚꽃이 만개한 그림. 해마다 벚꽃이 필 때면 여의도에 사는 학교 동기가 벚꽃 번개를 치는데, 그 꽃그늘 아래를 거닐고

구본형 선생님이 직접 그려 주신 그림.

있노라면 수많은 꽃송이처럼 사부님 얼굴이 피어나곤 한다. 그립다는 말은 볼 수 없는 대상에게 전하는 말, 스승과 그리움은 이처럼 동의어가 되고 말았다.

스승과 제자의 관계 – 이상화

지난주에 말씀드린 것처럼, 그를 스승으로 맞이하기 전에 저는 그가 저의 스승이 될 수 있을 것인지에 대한 의문이 있었습니다. 그 전까지 스승과 저는 인터뷰 때문에 한 번, 강연 요청 때문에 한 번 정도 만난 관계에 불과했습니다. 대한민국의 유명인사를 인터뷰이로 만나 그들의 삶이 그들의 말과 다를 수 있다는 것을 익히 보아온 저는 그가 몇 권의 책을 내었다는 이유로 스승으로 맞을 수는 없었습니다. 그의 제자가 되어야만 하는 보다 분명한 명분이 필요했습니다. 때문에 저는 스승이 몸담고 있는 커뮤니티의 글을 1년간 하나도 빠짐없이 읽었고, 마침내 마감 2분 전에 연구원에 지원하게 되었고, 다음 날, 직접 스승의 댁 우체통에 지원서를 놓고 돌아왔습니다. 그 후, 연구원이 되어 그의 곁에서 11명의 동기들과 제자로 수학하게 되었습니다. 그러면서도 사이비 기자의 호기심으로 사부님께 많은 질문을 드렸습니다.

누군가의 공헌에 기대어 처음 받는 교육, 그런 실천을 하는 스승이 궁금해, 또 바른말을 전하는 그의 언행은 일치하는가라는 궁금증도 더해져 질문이 많았던 거지요. 그러나 수료 1년이 다 되어가는 지금, 스승보다 큰 사람을 저는 알지 못합니다. 며칠 전 커뮤니티의 행사에 참석하고 돌아오면서 처음 본 이에게 그의 어떤 점에 이끌려 사부로 맞게 되었느냐는 질문을 받게 됐고, 저는 망설임 없이 대답할 수 있었습니다. 휴머니즘이 결여된 스승의 모습을 상상할 수 없었고, 그래서 그를 스승으로 받아들이게 되었노라고. 성찰의 말을 하고, 대쪽 같은 성품을 지녔다 해도 사람을 품어줄 그릇이 아니었다면, 저는 그를 스승이라 부르지 못했을 것입니다.

스승을 끊임없이 이상화하려 했던 기억에 문득 실소를 금치 못하는 시월의 아침입니다. 스승은 높은 곳에 있는 것이 아니라 어디서든 함께 기뻐하고, 슬퍼하고, 실수도 하는 한 사람의 인간이라는 것 또한 스승의 곁에서 알게 됐습니다. 스승을 이상화하는 어리석음은 다시 범하지 않겠습니다.

닮고 싶은, 그중에 제일로 닮고 싶은 모습은 스치는 모든 것에 이름을 물어주고, 손 내밀어주고, 아픔을 살펴 안아주시는 모습입니다. 며칠 전 뵙고 왔는데도 다시 그리워지는 스승님. 저는 아직도 갈 길이 먼 어린 제자입니다. 지금 이대로의 모습으로 즐거이 함께 같은 길을 가실 사랑하는 스승님. 시월이 깊어가고 있습니다. 바쁜 중에도 아쉬움 없이 계절을 즐기는 행복한 시간이면 좋겠습니다.

쓸데없는 탐구심으로 쓸데없는 질문을 무던히도 하던 그 즈음, 마침내 쓰게 된 수요편지이다. 지금 읽어봐도 맹랑하지 않은가. 누구와도 내일을 의논하지 않았고, 누구에게도 타이름을 듣지 못했던 나였기에, 가끔 던져주시는 사부의 말씀이 내겐 푯대가 됐다.

이윽고, 부족한 제자지만 나와 동기들은 후배들을 맞으며 수료를 하게 됐다. 그때만 해도 사부님은 수료식 날 일일이 편지를 써 주셨는데, 내게는 "멀리 보며 후배들을 가르치라"라고 하셨다. 이 말씀은 결국 내가 쓰임이 있을 때 움직인다는 것을 알고, 부족하지만 가르치라고 주신 말씀임을 안다.

게으른 나는 나를 위해서는 잘 움직이지 않는다. 예로, 혼자 여행을 가면 음식을 잘 사 먹지도, 마구 돌아다니지도 않는다. 그저 물끄러미 보이는 것을 바라보고 있을 뿐. 그 게으름을 일찍이 간파한 스승 덕에 어쨌든 그 말씀대로 살고 있다.

돌아보면, 자상히 말씀해주지는 않았지만 나는 사부의 말씀을 몇날 며칠 고민하다가 어떻게든 실행해보려 했다. 내 책의 콘셉트를 '시련의 빰을 때리는 앤'으로 잡고 써보면 어떻겠느냐고 하신 것이, 후일 『유쾌한 가족 레시피』가 되었고, 후배들을 가르치라고 한 것이 지금의 함께성장인문학연구원이 된 것이니, 나는 정말 내가 생각해도 범생이다.

가깝지만 어렵게 느껴지기도 했던 스승, 더 가까이 했어야 한다는 것을 이미 생전에도 알고 있었건만 막상 그러지는 못했던 것 같다. 아래는 오래 제자들과 함께하다 보니 그런 스승의 마음이 문득 읽어져 쓴 글이다.

스승에게 헌정한, 내 책이 출판되던 날

모든 사람이 그다움을 존중하고 인정할 때에야 비로소 성장하며 자신의 역할을 수행하듯이 어른 역시 어른임을 인정하고 따라야 어른의 역할을 잘 해낼 수 있습니다. 한 권의 책이 나오기까지 지난 몇 년간 스승은 기회가 있을 때마다 제가 쓰고 있는 책에 대하여 물어주셨습니다. 스승과 같이하기를 몇 년, 스승에 대한 감사함을 넘어서 친화감이 되고, 차츰 스승과 제자의 경계가 무너지려 할 때 제게 찾아온 물음은 '나는 스승을 스승으로 대하고 있는가, 제자의 길을 제대로 걷고 있는가'라는 것이었습니다.

허물없이 유하게 마치 물이 흘러가듯 스미도록 가르쳐주시려는 것을 편히 여겨 무례를 범하고, 어떤 말씀에도 긍정으로 인정해주시는 깊은 뜻을 되새기지 못하는 건 아닌가 숙고하게 됐습니다. 의구심을 품지 않고, 스승의 말씀을 생각하고 또 생각하며 책을 쓰는 일은 곧 저의 삶을 쓰는 일이 되었습니다. 기다려주고 지지해주시던 그 스승님을 모시고 『유쾌한 가족 레시피』 북 콘서트를 하게 되었고, 그 행사를 주최하는 후배에게 아침에 '드디어 오늘입니다'라는 문자를 받았습니다. 그 문자를 들여다보고 있자니 스승의 얼굴이 떠올랐고 『예기』에서 이른 말이 떠올랐습니다.

"예의의 시작은 자세를 바르게 하고 얼굴빛을 반듯이 하며 말을 삼가는 데 있다."

징검다리 하나를 막 건너온 제가 스승을 대할 때 잊지 않고 행해야 할 말입니다. 스승이 보시기에 자세를 바르게 하고, 얼굴빛을 맑게 하고, 말을 삼가며 스승의 말씀을 되새겨 앞으로 걸어가는 것. 스승이 잘 걸어가실 수 있도록 보필하는 것, 행복한 제자인 제가 가슴에 품고 걸어가야 할 길입니다.

– 2011년 6월 '수요편지'

고맙게도 변경연 후배 기수가 마련해준 과분한 그 자리에서 사부님이 축사를 하시다 나를 보고는 "너 울려고 그러지? 오늘은 울어도 된다"라고 하셨다.

오직 그의 부지깽이 덕에 세상에 나오게 된 책이니 무엇이라도 보답하고 싶어 생각이 많았던 나는 그의 이니셜을 새긴 푸른색 가죽 노트를 선물로 드렸다. 그러나 이 노트는 훗날, 마음 아프게 되돌아왔고 그 노트의 첫 장에는 사부가 연구원들과 여행하며 써둔 기록이 남아있다. 이제 그 노트는 여행 때 나와 동행한다. 어쨌든 나는 그날 뒤풀이 자리에서 사부님께 약속을 드렸다. “허락하신다면, 사부님 자서전은 제가 써 드릴게요.” 그 약속을 지켜야 한다는 마음이 이렇게 여기에 이르러 ‘제자가 기억하는 구본형’의 원고를 쓰고 있는지도 모르겠다.

그러나 좋은 제자가 아니었다

2009년, 사부께서 하지 말라고 하셨던 그 일, 연구실을 냈던 것 등의 일로 심한 걱정을 들었다. 연구실을 낸 뒤 어느 날, 공저를 하던 이들과 사부님이 오셨다. 연구실에 처음 오셨기에 내심 격려의 말씀을 기대했던 내게 사부는 대뜸, “이런 걸 얻어놓으면 글 쓸 시간에 임대료 내느라 더 일해야 하지 않느냐”라며 언짢아하셨다.

나는 잊고 있었던 거다. 그가 일주일 중 3일 일하고 4일 쉬는 삶을 표방하는 1인 기업의 선구자라는 것을, 그러므로 일찍이 홈워크를 지향하셨다는 것을. 어쨌든 만류하던 일을 해버린 내게 사부는 “너와는 갈 길이 다르니 아무것도 말할 게 없다, 글을 쓰든 말든 내 알 바 아니다”라고까지 하셨다. 그때 내 마음은 마치 표류하는 난파선 같았고, 어찌나 사부께 서운하던지 한동안 선생님 계신 댁 쪽으로 고개도 돌리지 않았다.

그러나 곱씹어볼수록, 그때도 지금도 그 말씀은 옳았고, 내 결정은 어리석은 것이었다. 그러므로 그 일을 생각하면 부끄럽다. 그 때문에 사부님 작고하신 그해 나는 연구실을 비웠다. 그러나 이런저런 일로 다시 그 자리를 지키게 됐고, 그 지엄했던 목소리가 되살아 올 때 나는 여전히 부끄러운 지경에 머물러 있다. 그러므로 지금도, 그때도 나는 좋은 제자가 아니다.

'당장 오너라'

사부는 평소에는 조용하지만 하고자 하는 일에 있어서는 추진력이 대단했다. 변경연에서 사자의 무리들, 즉 공동체를 어떻게 이루고 있는지 취재해 공저를 쓰게 됐는데 아무리 생각해도 그때의 내 상황으로는 참여가 어려울 듯해 사부께 편지를 보내고 그 다음 날이었던 집필여행에 참여하지 않기로 했다. 그런데 다음 날 아침에 득달같이 사부에게 문자가 왔다.

'함께 가는 차편을 놓쳤으니 어떻게든 당장 오너라, 와야 한다.'

사부의 지엄한 말씀에 나는 자동인형처럼 벌떡 일어나 차비를 했다. 장거리 운전을 하고 싶지는 않아 시외버스를 몇 번이나 갈아타고 어둔 밤길을 걸어 둔내에 도착했다. 예상과는 달리 막상 얼굴을 마주한 사부는 온화하게 맞아주셨다.

다음 날, 아침 비가 억수같이 쏟아지는데 사부님은 그 비를 뚫고 직접 운전을 해 선배님 한 분과 함께 주문진 수산시장에 가서 도루묵을 사 왔다. 돌아오는 길, "너 이거 할 줄 아느냐"고 물으셨고, 양념도 제대로 없는 그곳에서 도루묵을 요리해 공저팀 연구원들과 맛나게 나눴다. 이제는 추억이 된 기억, 어쨌든 그 빗길, 사부의 운전, 가속도가 상당했다. 조수석에 앉았던 나는 빗길에 속도를 내신다며 걱정을 했고, 사부님은 결국 조심하겠다는 말을 하시고야 말았다. 그날, 일정을 마칠 즈음 사부님을 모시러 멋진 모습으로 나타난 사모님을 뵙자 사부님은 강연을 갈 때 사모님이 종종 운전을 해주신다고 자랑하셨다.

그는 자칭 음치였지만 삶을 은유하는 시인이었다

얼마 전, 함께성장인문학연구원 '치유와 코칭 백일쓰기' 워크숍 자리에서 책걸이를 하던 선배들이 이제 막 백일쓰기를 하는 신입 기수들에게 노래를 요청했는데 '젊은 그대들' 중 한 사람이 쌍팔년도 분위기라며 결국 노래를 하지 않았다.

나는 유난히 사부와 국내 여행 기억이 많다. 일행들과 차를 타고 어딘가로 가던 길, 우리는 돌아가면서 차가 떠나가라 노래를 불렀다. 그리고 마땅한 자리면, 여지없이 선생님은 내게 노래를 청하셨다. 그러면 늘 투정을 부리듯 노래를 하곤 했는데, 공자를 좋아하게 되면서 사부가 왜 그러시는지 알게 됐다.

『논어』에는 공자가 얼마나 시를 좋아했는지 곳곳에 나타나 있다. 시를 좋아하는 것을 넘어서 공자는 시와 예, 악 세 가지를 통한 교육의 중요성을 곳곳에서 역설했다. 시 300편을 읽으면 사특함이 없어진다고 여겼고, 시를 통해서 예를 배우고 악(樂)에서 삶을 완성한다고 믿었다. 이로써 공자가 생각했던 이상, 도덕 실현이 가능하다고 확신했다. 시와 노래와 자연을 벗 삼아 그것에서 사는 이치를 깨우칠 수 있다면 시가, 노래가 절로 나오지 않을 수 있을까.

고대 그리스에서도 노래는 예술의 것이 아닌 뮤즈의 것이라 했다. 스승은 그것을 알고 있던, 스스로는 음치라고 하셨지만 누구보다 시와 노래를 사랑했던 변화경영사상가였다. 변경연 행사가 가을에 있을 때면 으레 저음으로 '시월의 마지막 밤'을 부르시던 사부, 이제 다시는 들을 수 없는 그리운 노래가 됐다.

사부를 우리 연구소, '함성연'에 강연자로 초대하다

함께성장인문학연구원 5주년 기념식에 초대된 사부는 신화를 주제로 한 강연을 마치고, 뒤풀이 자리에서 "모인 사람들의 기운이 참 좋다"라고 하셨다. 평소 내가 늘 이야기하던 사부를 동경하는 이들이 별을 대하듯 사부를 바라봤으니 그럴 수밖에. 그날, 택시 타는 곳까지 배웅해드리며 평소 선생님 앞에서의 명랑이 되살아난 나는 "선생님, 혹시 책 안 팔리고, 강연이 줄어들면 저희 1인 기업 하는 제자들 연구소에 돌아가며 초대 드릴게요. 1년에 한 번씩 12개 연구소만 도시면 되잖아요. 강연비도 특A급은 못 드려도 최선을 다해 드릴 테니 저희 제자를 연금으로 삼으세요"라며 허물없이 말씀드렸다. 사부는 "네가 나 처음 강연 섭외할 때 이메일로 강연비 비싸다고 깎아달라 그랬잖아"라며 웃으셨다. 그랬다. 너무 비싸다, 강연료 비싸니 깎아달라던 내 메일에 사부는 답을 하지 않으셨는데, 그것을 기억하고 계시다니……. 우린 인도에 서서 크게 웃었다. 그때만 해도 언제든 초대 드리면 다시 와 주실 줄만 알았던 그였다.

『깊은 인생』 출간, 강연을 기억하며 쓴 편지

어느 해던가 『깊은 인생』이 출간되고 출판사에서 연 저자 강연회에 스승께서 사회를 봐 달라 청하셨습니다. 진행에 앞서 저는 스승에게 저자 소개를 어떻게 하면 좋을지를 여쭈었고, 스승은 '변화경영사상가'로 불리길 원하셨습니다. 그때 스승은 20여 년간의 변화경영연구를 집대성하느라 바늘 끝처럼 스스로를 갈고 있던 시기였기에 어느 때보다 눈빛이 형형했습니다. 강연회가 끝나고 그 자리에 참석했던 저의 제자들 식사 자리에 잠시 머물고 있던 제게 전화를 거신 스승은 제가 또 홀연 사라질까 염려하셨다고 합니다. 그러니까 스승은 제가 사람이 많은 자리에서 자주 사라지고 잘 안 나타난다는 것을 알고 계셨던 거지요. 또 제 진행이 나쁘지 않으셨는지 반 농담처럼 "저자 강연 때 네가 줄곧 사회를 보면 좋겠다" 하셨고, 저도 부르기만 하면 어디든 달려가겠노라는 대답을 농담처럼 드렸습니다.

그날 집으로 돌아오며 스승께 저는 환갑이 되면 제자들, 독자들이 모두 참석하여 1박 2일 동안 축하하는 북 콘서트를 열어드리고 싶다는 말씀을 드렸습니다. 제자들이 첫 책을 내며 북 콘서트를 할 때는 그곳이 어디든 달려가시는 스승님을 위한 북 콘서트를 정작 저희가 한 번도 열어드린 적이 없었습니다. 그것이 늘 마음 한켠에 아쉬움으로 남아, 기회가 될 때마다 운을 떼었던 제게 늘 고개를 가로저었던 스승이셨지요.

그동안 출판하셨던 책을 전시하고 책 구절과 시, 공자가 그러했듯 제자에게 노래를 즐겨 청하셨던 선생님의 청을 받아 노래로 이어지는 1박 2일. 참으로 좋을 것 같다는 제 말에 그날, 스승은 어쩐 일인지 환히 웃으시며 "그럼 진행은 네가 하는 것이냐. 장소도 네가 많이 알고 있으니 적당한 데를 찾아보고"라며 흔쾌히 응하셨습니다.

그날 이후 변화경영연구소 동문회장에게 제의를 해서 스승님의 환갑 때 제자들이 다 같이 기획하여 물 좋고 산 좋은 곳에서 세상에 다시없는 1박 2일의 북 콘서트를 스승님께 선물로 드리는 잔치를 열어보려 했·습·니·다. 그런데 오늘, 그의 유고집 『마지막 편지』 출간기념, 북 콘서트가 있습니다. 이 편지를 받아보는 그대, 혹시 오시고 싶거든 나비처럼 나붓이 날아오세요. 저희는 기다리고 있겠습니다. 마치 스승을 뵙듯이 스승의 글 독자인 그대를 반기게 되겠지요. 그리고 마지막 편지가 아닌 생이 머무는 동안 현존하는 목소리를 간직하게 되실 겁니다.

별일 아닌 걸로

우리 연구소가 사부님 댁과 가까이 있는 터라 가끔 점심을 내가 청하거나 시내, 서점에 오실 일이 있으시면 사부가 기별을 주시곤 했다. 상황이 좋지 않아 환대해드릴 수 없을 때는 종일 마음이 불편했다. 이맘때, 사부와 나는 때때로 점심을 나누며 제자를 둔 선생의 고충이나 제자들에 대한 동기부여를 화제로 공감대를 나누었다. 사부는 선배 선생님으로서 명약이 되는 말씀을 나눠주시곤 했다. 어느 날, '변경연'에 꼭 드려야 할 말씀이 생겼고 (우리는 구본형변화경영연구소를 이렇게 줄여 부르곤 했다. 함께성장인문학연구원은 '함성연'이다) 아무리 생각해도 사부가 알고 계셔야 할 것 같아서 고민을 거듭하다 인사동 '조금'에서 만나 식사를 하게 됐다. 그런데 뜨거운 솥밥을 드시다 그 말을 들은 사부는 그만 입속을 데고 말았다. 숟가락을 놓고 한참 생각에 잠겼던 사부는 송구해 어쩔 줄 모르는 내게 "연구소가 해를 묵으며 좋은 일도 많지만 사람이 모이는 곳인지라 별일도 생긴다. 별일 아니게 지나가 보자"라고 하셨다. 입속을 델 정도로 큰일이었는데, 그 일은 정말 그의 깊은 말씀처럼 별일 아니게 지나갈 수 있었다.

아직도 애도 중인 스승의 추모식에 이어 곧 다가오는 스승의 날은 내게 참 아픈 날이다. 그때마다 나는 도리 없이 그에게 편지를 쓴다.

사부를 잃고 나는 쓰네

때로 개구쟁이 소년 같았던, 때로 외로운 소년 같았던,
때로 지엄한 회초리 같았던,
때로 뜨겁게 달군 부지깽이 같았던,
삶은 곧 쓰는 것이라는 것을 이해했던,

어떻게 스승의 길을 걷는 것인지 모습으로 보여주셨던,
주일학교를 시작으로 16세 때부터 지금껏 가르쳤다는 내게
'네가 스승이구나' 해맑게 웃으시던 내 스승.
병실로 달려갔을 때 곧 지아비를 잃게 될 사모님의 "이렇게 마음 아프게 해 미안해요"라는 부창부수의 말씀을 듣고 얼싸안고 울어야 했던 잔인한 4월. 그 4월도 그예 지나 꽃무릇 지친 이 계절을 사람들은 그저 여름이라 부르고, 어제 사모님을 뵙고 돌아서며 흘린 눈물이 더 큰 수로를 낸 듯 밤새 가슴을 관통하는 물소리.
산 같고 바다 같던 스승의 부재가 낯설고 낯설어 새벽까지 뒤척이다 이른 아침 깨어 오늘 써야 할 글 시간을 놓치고도 하염없이 베갯머리 적신 채 움직이지 못하다, 그래도 스승이라고 연구원에서 당도한 과분한 꽃바구니 물끄러미 바라보니 송이송이 그대들의 얼굴인 것을.

"늘 제자를 생각하고 있으니 좋은 선생인 게다."

어느 날 주셨던 말씀, 부지깽이 삼아 스승 떠나고도 무연해 보이는 야속한 거리로 나서
오늘까지만 울리라, 오늘까지만 울리라.
내 스승님, "예서야. 눈물이 강산이여. 울면서 길을 가되 도망가지 말고, 슬픔과 맞서 눈물을 닦아라." 어디선가 우레와 같은 말씀 귓전을 울리고.
울면서 울면서 문득 깨닫네.
어디에나 없고 어디에나 있는 내 스승은 그리하여 영원히 현존하게 되셨음을.
내 스승이 '제자가 힘'이라고 말씀하셨던 것처럼 오늘은 그대들에게 기대어

보나니
오늘 아침 사랑하는 그대들이 보내는 편지와 메시지가 더더욱 아프고
모자란 선생이지만 슬픔이 깊어질수록 더 귀해지는 내 사랑하는 그대들.
어여쁜 이들, 어제보다 오늘 더 그대들을 힘껏 사랑하겠네만,
사부를 잃고 스승의날에 카네이션 한 송이도 전하지 못한 채 고작 나는 쓸 뿐이네.

– 2014년, 스승의날 즈음한 '수요편지'

살어리 살어리랏다

며칠 전 제자의 메시지를 받았습니다. 조용한 성품의 그녀에게 무슨 좋은 일이 있는지 문자에 경쾌함이 전해졌습니다. 연구원 앞으로 온 그녀에게 마침 점심때가 되어 식사를 하겠느냐고 묻자 그녀는 저를 데리고 찻집으로 향했습니다. 한동안 근황을 나누다 그녀는 종이가방에서 무언가를 꺼내 다탁 위에 펼쳤습니다.

주택에서 살기를 바라던 그녀가 정말, 스승님 병환 중에 그 댁으로 세를 든 것도 참 신기한 일이었는데, 그곳에서 그녀 부부는 푸른 것들을 키우며 활기차게 살고 있다 했습니다. 뜻하지 않은 가운데 일어난 신기한 일인지라 저는 사모님을 뵈온 자리에서 사모님을 위해 사부님이 보내준 이들이 아니냐는 말을 나누기도 했습니다.

"이슬 머금은 싱싱한 여린 쑥을 뜯어 전을 부쳤어요. 식기 전에 드리려 달려왔어요. 어서 드세요."

그녀가 내놓은 것은 따듯한 쑥부침개였습니다. 그것을 바라보며 저는 울컥 뜨거운 것이 올라왔습니다. 그렇지 않아도 스승의날이 다가오며 납덩이처럼 마음이 무거웠는데 그녀가 가져온 부침개를 보며 그만 그 무거움이 터져 나온 것이지요. 출근하기 전에 부지런히 쑥을 뜯어 씻어 밀반죽을 하고, 송글송글 맺힌 땀을 씻으며 전을 부쳤을 그녀의 정성. 저도 그런 마음을 여러 번 경험해보았기에 더 목이 메었습니다. 만두를 만들어 행여 질어질까 꽁꽁 얼려, 사부님 댁 눈 쌓인 계단에 슬며시 올려놓고 오면 '예서야. 그렇게 놓고 가면 내가 너인지 모르는 줄 아느냐'라는 문자가 득달같이 왔습니다.

음식에 얽힌 스승과의 추억은 손가락으로 다 셀 수 없습니다. 서산 집필여행 때 직접 장을 봐오신 꽃게를 가지고 제가 있는 솜씨 없는 솜씨를 부려 끓였던 꽃게탕, 강원도 집필여행에서 지천이었던 도루묵을 사다 감자를 넣고 졸여 먹던 일. 졸업여행 2박 3일을 하며 먹었던 갖가지 음식들, 연구원 입학식 날 돌아오는 길 풍광 좋은 아무 곳에나 차를 세우고 양푼에 비벼 한 숟가락씩 나누던 비빔밥.

길거리 좌판의 찬 맥주, 마음 아팠던 선짓국, 갑자기 쳐들어간 스승의 댁에서 사모님이 손수 해주셨던 가지그라탕. 그 외에도 셀 수 없는 음식의 추억이 있습니다. 2년 전 이맘때, 우리 연구원에서 강연을 하신 후 뒤풀이 자리에서 와인 건배사로 "좋다"라고 하셨던 그 음성이 아직도 생생합니다. 그런데 이제는 그중 어느 한 가지도 나눌 수 없게 되었습니다. 다만 편지를 써서 스승이 계신 곳에 일찌감치 다녀오는 것밖에 할 일이 없는 스승의날은 아프기만 합니다.

그녀와 저는 한동안 아픈 마음을 달래느라 음식에 손도 못 대고 앉아 있었습니다. 저는 제 스승 생각에 잠겨, 그녀는 우는 저를 보며 함께 눈물을 흘린 것이지요.. 그녀가 돌아서 가는 뒷모습을 보며 "가르치니 좋지 않으냐. 힘껏 가르치거라" 하시던 스승의 말씀이 떠오릅니다. 부족하나 선생으로 살면서 제가 늘 기억하는 스승의 말씀입니다.

많은 이의 가슴에 별이 되어 꽃이 되어 살고 있는 스승은 행복한 사람인지도 모르겠습니다. 그러나 볼 수 없다는 사실은 참으로 아픈 현실입니다. 스승님. 그곳에도 사람들의 아픈 말, 기쁜 말들이 스승님께 다가와 꽃이 되고 별이 되어 종내는 꿈으로 만개하는지요. 이렇게 마음이 아파도 스승은 말씀하시겠지요, **"그래도 살어리 살어리랏다."**

사람의 연을 누가 짐작할 수 있으리오

위 글은 제자가 찾아온 이후 내가 쓴 글이다. 신기하게 내 제자가 스승의 댁에 세를 들게 된 것은, 도대체 누구의 뜻이었을까. 사부님 장례, 추모식이 금요일이었고, 다음 날이 토요일이었다. 장례식이 없었다면 나는 제자가 단독주택으로 이사를 했으니 집들이 겸, 세미나를 그곳에서 한다고 초대를 받은 터라 토요일 아침에 그곳에 가야 했다. 그러나 나는 앞서 쓴 것처럼 추모식을 진행하고 다음 날 아침, 기력이 다해 일어날 수가 없었다. 연구소를 시작하고 세미나를 취소한 것은 처음이었다. 훗날 연구소 게시판에 그녀의 집, 사진이 올라왔다. 그날 세미나가 취소된 터라 음식을 많이 해서 동기들이랑 좋은 시간을 보냈다며. 그런데 그 전경이 너무나도 낯이 익었다. 다음 세미나 때, 나는 그녀에게 혹시 이사한 동네가 홍지동 아니냐고 물었다. 구본형 선생님을 잘 모르던 그녀가 세든 곳이 마침 스승의 댁이라는 걸 안 순간, 그 필연 같은 우연에 소름이 돋았다. 예정대로라면 나는 스승의 추모식을 진행하고 그 다음 날 그 댁 3층에서 제자들과 세미나를 진행해야 했던 거다.

훗날 사모님은 이 일을 이렇게 전하셨다.

"그날, 선생님 통증이 심해 다시 앰뷸런스로 병원으로 이동하는 중에 부동산에서 3층 세를 놓으라고, 젊은 사람들인데 바로 계약하고 싶다는 전화를 받았어. 그 말을 듣고 있던 사부님이 그냥 주라고 하셨어. 그런데 알고 보니, 예서, 제자더라고. 예서, 잘 살아야겠더라. 제자들 생각해서라도."

사모님의 이 말씀도 내게는 내내 기억해야 할 길잡이가 됐다. 그녀는 사부님 돌아가시고 몇 해를 그 댁에 더 살았다.

스승에게 배운 것들

1. 끝까지 들으며 기다린다.

변경연 세미나는 어떤 때는 10시간도 넘게 걸릴 만큼 길기로 유명했다.

어느 날 후배들 세미나장에 들러보니, 사부는 세미나장을 천천히 돌고 계셨다. 아침부터 시작한 세미나는 이미 5시간이 훌쩍 넘어 있었다. 그날, 사부는 좀 지쳐 보였다. 무형식에, 발표하는 이의 말이 끝날 때까지 절대로 끊지 않는 세미나. 사이비 기자 출신인 나는 중복된 말을 싫어하고 긴 말이나 사변적인 말을 듣고 싶어 하지 않는 경향이 있어서 이런 시간이 사실 제일 힘들었다. (그러므로 우리 함께성장인문학연구원에서는 시간을 정해주고 요약 발표를 하게 한다. 요약 발표가 핵심을 오래 기억하게 하고, 더 많은 공부를 한다는 명분하에.) 그런데 내가 우리 연구원에서 공부를 처음 시작하는 제자들의 각기 다른 골든 벨을 마음속으로 정해두고 추동을 하는 거처럼 사부도 우리의 골든 벨 지점을 기다려주셨던 거라는 걸 뒤늦게 깨닫고, 이후 변경연 시절의 세미나 시간이 자주 떠오르는 장면 중 하나가 됐다.

동기들과의 세미나 중 한 장면.

변화를 연구하며 이미 10권이 넘는 책을 펴낸 사상가로서, 제자들이 변화의 지점에서 말이 발화될 때 실행의 의지가 커진다는 걸 알고 귀 여겨 들으시던 공헌의 장면. 연구원 시절, 더 열심히 공부했어야 한다는 자책이 커지는 지점이다. 스승과 동기들과 '함께'가 얼마나 중요한지도 배웠으나 54권의 지정도서를 더 꼼꼼히 읽고 깊게 성찰하며 앞으로 나아갔어야 했는데, 사부가 생각하던 내 골든 벨의 지점에 도달하지 못한 채 수료를 했다는 아쉬움이 크다.

2. 공헌이 무엇인지 그에게 몸으로 배웠다

변경연 지원자 중 한 명을 탈락시켜야 했던 면접 장소. 선배의 자격으로 합류해 모두를 면담한 나는 고심 끝에 사부께 모두를 합격시키자는 청을 드렸다.

사부는 진지한 표정으로 "수업시간이 너무 길어져 힘들다"라고 하셨다. 그도 그럴 것이 한 명당 발표시간이 40분에서 한 시간이 소요되니 10명이면 대략 열 시간. 물론 한 달에 한 번이었지만, 이미 명강사로 이름을 날리던 시기였기에 사부는 추측컨대 1,000만~3,000만 원의 공헌을 하고 계신 거였다. 이 역시 제자로서 미처 생각하지 못한 점이었다.

어떤 기수의 연구원 면접여행 때였다. '동기들에게 공헌할 것'을 묻는 질문에 어느 지원자가 "공헌할 것이 없다"라고 하자 조는가 싶던 (사부는 가끔, 취침할 시간이 넘어서면 깜박깜박 조는 모양새다) 사부가 벌떡 일어나 몹시 언짢아하며 "나 비싼 사람이다"라고 하신 일화는 사부가 시간을 얼마나 귀한 가치로 쓰고 있는지 잘 보여주고 있다.

사부의 공헌력을 이해하며 멀리 전망하는 관점의 변화를 겪었고 배웠다. 그에게 공헌을 배운 나는 부족하나 실행하고 싶어 함께성장인문학연구원에서 1년 과정의 '나를 세우는 네 가지 기둥'을 재능기부로 시작하여 어느덧 5기를 맞을 예정이다.

3. 무엇이든 함께 나누고 싶어 하셨던 가족

어느 날 후배들의 세미나장에 들렀을 때, 내 손에는 호두파이 두 개가 들려 있었다. 그것을 보고 사부가 왜 두 개냐고 물었다. "사부님. 호두파이 좋아하시잖아요. 생신도 다가오고, 또 맛난 게 있으면 꼭 댁에 가져가고 싶어 하시니까 하나는 댁에 가져가시라고요." 사부는 그 말에 예의 너털웃음을 웃으며 "너는 나를 많이도 아는구나"라고 하셨다. 그랬다. 고소득자였음에도 세미나 등 특별한 날, 제자들이 댁에 돌아가실 때 음식을 좀 챙겨드리면 한 번도 마다하지 않고 들고 가셨다. 그런 모습이 신기해 어느 날, "그런 거 안 들고 다니실 것 같은데 들고 가신다"라고 여쭈니 "내가 맛나면 가족들 입에도 맛날 텐데 이런 수고쯤 마다하겠느냐"라며 웃으셨다.

우리 기수 북 페어(출판사나 관련자, 편집자들을 초대해 기획서를 발표하는 시간) 때, 나는 사뭇 동기들과의 감회가 남달라 그 자리를 기념하기 위해 행사에 필요한 음식을 만들어 갔다. 그날, 참여 예상자 50인분의 김밥과 샐러드, 잡채 등을 마침 기별이 왔던 절친한 학교 동기가 도와 마련할 수 있었다. 그날 사부는 "정성이 있는 음식에 감동이 있는 자리구나. 그런데 내 다이어트에는 도움이 안 되니 어쩔 거냐. 너무 많이 먹었다"라고 하셨다. 음식에 특별한 의미를 두는 분이었기에 가족 특히 사모님과 음식을 나누는 일을 즐긴다고 하셨다.

『유쾌한 가족 레시피』의 추천사를 써 주시기 전 출판사에서 초고를 출력해 사부께 보내드렸더니 두 시간 후 전화가 왔다. 사부는 웃으며 "여기 나오는 남자들, 나랑 닮았다. 너 나를 어떻게 알고 이렇게까지 썼느냐. 노력하는 거지, 나도 이런 면 많다"라고 하시는 게 아닌가. 늘 아버지로서 남편으로서 노력하고 계신 듯한 사부님을 염두에 두고 쓴 구절은 없었기에 그 말씀은 내게 뜻밖이었다. 그는 가정에 관하여 다음과 같이 썼다.

'이 세상에서 가장 아름다운 가정 하나를 만드는 것. 이것이 몇 년 전부터 내 삶의 의미 가운데 중요한 하나가 되었다. 나는 좋은 아버지가 된다는 것이 무엇인지 생각해보았다.
이것저것 가르치려 들면, 어느새 멀어진다. 가만히 놓아두면 사회의 어른으로서 아이들을 방기한 책임을 져야 한다. 너무 가까우면 지켜야 할 것이 지켜지지 않아 상처를 받고, 적절한 간격을 두면 그 간격이 허전하다. 어떤 책에서 이탁오라는 사람이 이런 말을 한 적이 있다는 것을 읽었다. "친구가 될 수 없다면 스승이 아니고, 스승이 될 수 없다면 진정한 친구가 아니다." 그 뜻이 너무 선명하여 잊혀지지 않는다. 아비 역시 스승과 친구 역할을 모두 해야 하는 것 같았다. 이것은 내게 '적절함'에 대한 생각을 하게 했다. 또 '적절한 표현'에 대한 생각도 하게 했다.

- 구본형, 『마흔세 살에 다시 시작하다』 중에서

『유쾌한 가족 레시피』가 출판되고 독자들에게 가장 많이 들었던 말은 사례자의 모습이 독자의 아버지나 자신을 닮았다는 거였다. 출간기념회 뒤풀이 때 사부는 "아버지로서 노력해야 한다니 노력하는 거지, 아버지가 어때야 하는지는 며느리도 모르잖느냐"라고 우스개를 하셔서 모두 웃었다. 나도 그랬다. 관계의 역할에 무지해서 했던 시행착오를 공부하면서야 알게 됐다. 그러면서 비로소 내 곁의 관계 또한 수동에서 능동으로, 부정에서 긍정으로 전환하게 됐다.

아버지로서의 사부

사부님이 자녀들에게 사과상자만큼 편지를 썼다는 건 이미 인터뷰를 통해서도 알려진 바다. 가끔 막내 해언 양이 우리 세미나 때도 참석했는데, 아빠의 팔짱을 낀 다정한 모습은 가히 부러움이었다. 그 막내따님의 결혼식에 참석하지 못한 사부님은 얼마나 애석하셨을까. 아래 글은 사부님 생전에 장녀의 결혼식장에 다녀와 쓴 수요편지다.

지난 주말에 스승의 큰 자녀 결혼식이 있던 성당에 다녀왔습니다. 제가 식장에 도착했을 때 스승님과 사모님은 혼주 빔을 곱게 차려입고, 입구에 서서 하객을 맞느라 분주하셨습니다. 그런데 축하인사를 드리러 앞에 서자 스승은 제 손을 마주 잡아주시며 사모님과 예상치 못한 말씀, 지난번에 전해드린 만두를 정말 맛있게 먹었다는 인사를 주셨습니다.
새해가 되면 꼭 스승을 뵙고 한 해를 시작해야 하는 저였고, 마침 스승의 생신도 가까웠기에 만두를 빚어 스승을 뵌 것이 지난 정초였습니다. 그것을 잊지 않고 특별한 날, 하객들이 몰려들어 경황이 없을 시간이었음에도 인사를 건네주는 스승의 그 마음이 귀하게 다가왔습니다.
성당에서 치러진 결혼식은 경건했고 부부의 서약을 맺은 신혼부부는 참으로 어여뻐 결혼의 의미를 다시금 생각해보는 좋은 시간이었습니다. 자녀의 결혼식을 지켜보는 스승의 마음은 어떠실까, 또 어떻게 이런 경험들이 글로 표현될까 헤아려보았습니다.
명망으로만 스승을 따르지 않았기에 누릴 수 있는 감사, 돌아오는 길의 제 마음에는 따사로운 아지랑이가 모락모락 피어났습니다. 저 또한 우리 연구원 제자들의 열정을 담은 글이 어찌나 뜨거운지 자다가도 불현듯 깨어 혹시 새로운 글이 올라오지 않았을까 게시판을 열어보게 됩니다. 모자란 선생을 설레게 하는 제자들 덕분에 자주 새벽을 설치고, 그 설렘의 힘이 저로 하여금 읽고 쓰며 앞으로 나아가게 합니다.
스승에게 저는 어떤 제자인지 문득 궁금해지는 춘삼월입니다. 설레는 새봄, 이 편지를 읽는 그대의 설렘은 무엇인지요.

4. 순한 者

순한 者를 꿈꾼다

산의 모습이 순하면 물길도 순해지는 것이지요. 어느 날부터인지 두 아이의 결핍이 채워지며 자존감이 높아지고 웃음꽃이 피기 시작했습니다. 늦은 밤에도 작은아이가 큰아이에게 슈퍼에 가자고 하면 꼼짝없이 둘이 산책길을 나서듯 수다를 떨며 함께 나서는 광경을 보면 제 마음이 어느새 헤헤 풀어집니다. 두 아이의 별명이 어느새 순둥이가 될 만큼 웬만한 일에 화를 내지 않게 된 겁니다. 그렇게 되기까지 엄마로서 몰라서 했던 잘못을 바로잡으려고 훈육의 부름이 아닌 다정한 어감으로 천 번의 이름을 불러주어야 했던 저의 과정이 있었습니다.
저도 어느새 순한 사람이 지향점이 됐습니다. 가장 중요하다고 생각하는 두 가지만 제외하면 늘 편한 사람이고 싶고, 또 그렇게 화를 낼 일도 없습니다. 그러나 중요하다고 생각하는 두 가지에 대해 여러 말을 하게 되면 아직도 때로 화가 나기도 합니다. 그러나 이제는 압니다. 작은 것들을 수용하게 되는 것이 결국, 내 평화의 시간이 늘어나는 것이고 그 평화의 시간이 중요한 일을 하는데 쓰는 에너지가 된다는 것을요. 그러니 점점 화를 낼 일이 줄어드는 것이지요. 그러므로 순한 者를 꿈꾸는 것이 제 삶의 지향입니다.

– 어느 날의 함성연 '수요편지' 중에서

내가 이런 수요편지를 쓰게 된 건 필경, 사부의 부드럽고 여유로운 모습에서, 또 재미있는 삶을 추구하려던 모습에서 나 또한 순한 자를 꿈꾸게 됐을 거다. 그는 변화경영사상가이자 좋은 스승이다. 그를 통해 나는 부족한 중에도 '좋은 선생이란 어떤 사람인가'라는 질문과 답을 계속해 올 수 있었다.

5. 선생과 제자는

스승과 말씀을 나누다 존경은 담아두는 것이 아니라 표현하는 것이며 스승의 자리에 스승을 두되 함께 더 많은 것을 나누어야 하는 것이라는 말씀을 듣고 그 말을 해석하느라 한동안 생각에 잠겼습니다.

스승과 제자의 관계. '사제동행(師弟同行). 스승과 제자가 한마음으로 연구하여 나아감.' 그 틀 안에서 멀리서라도 존경하고, 감사하다고 생각만 하고 있으면 스승을 섬기는 것인 줄 알았던 저는 여러 날 생각해야 했습니다. 스승을 스승의 자리에 높이 올려두고 바라만 보아서는 안 된다는, 스승 앞에서 부끄러운 점이 있어도 함께 많은 것을 나누어야 더 좋은 관계로 공부(工夫)가 된다는 말씀이었습니다. 이제는 그런 제 마음을 그분이 알아주실 것이라는 막연한 생각을 하지 않습니다. 무엇이든 마음을 표현해야 더 좋은 관계가 지속된다는 것을 알게 되었으니까요. 그대도 스승을 스승의 자리에 올려두지만 말고, 기꺼이 함께 공부하는 시절을 함께 즐길 수 있기를 바랍니다. 제가 저의 스승에게 배운 것처럼 말입니다. 스승이 있는 저는 어느 때보다 감사하고, 행복합니다.

– 2012년 스승의 날의 '수요편지'

6. 왜 가르치는가?

잠깐의 외도를 했던 몇 년여를 제외하고, 가르친 지 어언 20여 년이 훌쩍 넘었습니다. 제자들의 질문에 답하다가 저는 과연 어떤 이유로 이 일을 계속해 왔는가 자문해봤습니다. 교사의 교사로 불리는 파커 파머의 말은 제 마음을 대변해주고 있습니다.

"'나는 누구인가?'라는 질문에 '너는 무언가를 아는 존재다'라고 대답해준 교육을 통해 얻게 된 지식은 앎의 주체로서 자기 이해의 원천이 됐다. 또 나아가 교육은 내가 살고 있는 세계에도 정체성을 부여해주었다."

제가 배우기를 좋아하고 나아가 가르치는 일을 계속해 올 수 있었던 건 바로 그 같은 이유였습니다. 그동안 수많은 제자들이 제 곁을 지나갔고 혹은 머물러 있습니다. 일찍이 공자는 "배우는 이가 마음속으로 분발하지 않으면 열어주지 않으며, 표현하고자 애태우지 않으면 말문을 열어주지 않으니, 사각형의 한 귀퉁이를 들어주었는데 이것을 가지고 남은 세 귀퉁이를 이해하지 못하면 더 가르쳐주지 않는다"라고 했습니다.
하지만 거의 대부분이 직장인이면서 성장을 위해 주경야독하는 그들을 존경하지 않을 수 없고, 시간에 떠밀려 가는 우리 사회의 특성을 너무나도 잘 알고 있기에 함께하는 시간이 귀하기 그지없어 세미나 중에도 종종 애틋해지곤 합니다. 그러니 공자가 제자들을 가르치며 여러 번 겪었을 어려움 끝에 한 말에

백 번 공감하면서도, 무엇을 위해서라기보다 그 과정에서 충분히 이미 빛나고 있는 모습이 고마울 밖에요. 제 생애주기에 겪어왔던 많은 어려움을 배움으로 극복했고 가르침으로 함께 나아가고 있습니다.

요즘, 책을 쓰며 제가 제자들에게 주고 싶은 한마디는 무엇일까 곰곰 정리해보니 그 말은 스스로를 포함해 세상을 바라보는 눈의 '긍정적 탐구심'입니다. 저 또한 아직도 삶의 파문을 만나 어려울 때가 있지만 저 명제를 푯대로 삼으면 무엇을 하더라도 즐거이 나아갈 수 있게 되더라는 것이지요. 공자는 또 "태어나면서 아는 자는 상등이요, 배워서 아는 자는 다음이요, 통하지 못하는 바가 있어서 애써 배우는 자는 그 다음이며, 통하지 못하는 바가 있어도 배우지 않으면 백성으로서 하등이 된다. 이는 하늘도 어쩔 도리가 없다"라고 했습니다. 교육의 중대성을 깊이 인식하고 전하는 공자의 말들은 제가 그를 교육의 대 스승으로 모시는 이유가 됐습니다.

파커 파머는 "'교육하다'(educate)의 어원적 의미는 '이끌어내다'(draw out)라는 거고 교사의 책무는 학생들에게 지식을 전하는 것이 아니라 내면에 깃든 진리를 불러일으키는 것임을 기억해야 한다"라고 말합니다. 저도 늘 가르칠 때 이미 제자가 가지고 있는 그 안의 것, 그는 모르고 선생인 제 눈에 보이는 그 보석을 이끌어 내 빛나게 하려 무던히 노력합니다. 그리하여 스스로 판관이 되어 규정해놓은 수동성을 능동성으로 일깨워줄 때 말로 표현할 수 없는 기쁨을 함께 나누게 되는 것이지요. 오늘도 어디선가 교육의 힘을 애써 전하는 이 땅의 선생님들과 부족한 저를 선생이라 불러주는 아름다운 꽃 같은 제자들에게 이 편지를 드립니다.

추신; 어느 날 썼던 이 글대로 살 수 없음이 너무나도 아쉽지만, 사부님이 일찍 세상을 떠난 스승님을 생각하며 자문자답하신 것처럼, 저도 스스로 묻고 대답하며 다시 뵐 날까지 그렇게 살겠습니다. 이렇게 또 한 해가 갔습니다. 저의 구본형, 부지깽이 스승님 생각에 흐르는 눈물을 참지 못하며. 2017년, 5월. 스승의 날을 기립니다.

7. 읽고 쓰는 기록, 나아가 성찰의 힘

나는 어려서부터 읽고 쓰는 일을 좋아했다. 그러나 책을 어떻게 읽어야 삶의 물길을 틀 수 있는가를 그는 몸소 보여줬다. 또 기록의 힘이 얼마나 힘이 센지 제자들로 하여금 알게 했다.

책을 쓰고 나니 하는 말이 금과옥조

나는 오랫동안 직장인이었다. 되돌아보니 그동안 나도 젊은 관중처럼 이래저래 옹색한 찌질이였던 때가 있었다. 능력을 인정받지도 못하고 동료에게 별로 인기도 없었고 스스로도 위축되어 나도 나를 잘 대해 주지 못했던 긴 세월을 보냈다.

스스로 무능하다고 생각지는 않았지만 일이 잘 풀리지도 않고 인정도 받지 못하는 10여 년의 세월은 고통스러웠다. 그러나 나는 내가 맡고 있었던 변화경영에 있어서만은 최고의 전문가가 되고 싶었기 때문에 열심히 공부했다. 나는 주어진 자리에서 스스로 비전을 가지고 일했다. 그리고 내가 알게 된 나만의 직업적 깨달음에 대하여 책을 한 권 쓰게 되었다. 그 책은 대단히 유명해졌고 나도 변화경영 분야의 전문가로 브랜드 파워를 가지게 되었다. 그 후 어느 날 한 세미나에서 동료 직원 하나가 나에 대하여 한 말이 잊히지 않는다. "전에는 하는 말이 탐탁지 않더니 책을 쓰고 난 후에 하는 말은 모두 다 금과옥조의 명언"이라는 것이다. 세미나실은 웃음바다가 되었고 나도 따라 웃었다. 사람의 일이 대개 이렇다.

- 구본형의 '금요편지' 중에서

소크라테스는 저술보다 강연에 힘썼다. 철학자들은 그를 멘토로 여겼던 플라톤이 과연 소크라테스의 말을 제대로 전했던 가라는 의구심을 가끔 갖게 된다. 소크라테스의 사상과 플라톤의 사상 중 어떤 것이 더 반영됐을까라는. 이것은 바로 기록의 힘을 보여주는 큰 예다. 구본형변화영연구소뿐만 아니라 함께성장인문학연구원에서 책과 글을 잘 접하지 않던 이들이 쓰고 읽으며 어떻게 삶이 변화하는가를 목도해 왔다. 그러므로 나는 오래도록 그에게 배운 대로 그 자리를 지키며 서 있을 것이다.

나는 이렇게 많은 것을 그에게 영향 받았고 깨우쳤다. 그럼에도 아직도 날마다 배울 수밖에 없는 일상을 지난다.

에필로그

이제 그동안 써 왔던 어떤 글보다 꾸리기 어려웠던 이 글의 마지막 장을 써야 할 시간이다. 마무리가 쉽지 않아 오래 서성여야 했던 글, 아래의 글로 그를 기억하는 시간을 갈무리하고자 한다.

그가 마지막으로 참석했던 2013년 변화경영연구소 신년회에서 사부는 내게 노래를 청했다. 이름을 불러 청해 주실 때 감사히 생각하고 곱게 앞으로 나갈 걸, 이제 나이가 들었다고 후배들 앞에서 노래 부르는 게 민망해져 다른 이가 들을 만큼 궁시렁거리며 나가서는 사부님의 애창곡 '사랑밖엔 난 몰라'를 불렀다. 노래가 끝나고 자리로 돌아오자 "좋구나"라고 답례해주신 사부님께 죄송해진 나는 "편찮으신 건 어떠세요?"라고 물었다. 사부는 "밤에 자다 아파서 깨면 아내가 몹시 힘들어 보여서, 그게 참 힘든데 그래도 견딜 만하다"라고 하셨다. 평소 목소리가 아니었던 사부의 그 말씀이 왠지 먼 데서처럼 아련히 들렸다. 몸이 불편해 댁에 일찍 돌아가시는 길, 계단을 내려가기 전, 첫 만남 때 동기들과 사부와의 허그를 쑥스러워하던 내가 사부를 불렀고, 안아드렸다. 그것이 이생에서의 마지막 포옹이었다는 것을 그때 내가 어찌 알 수 있었겠는가.

사부님을 스승으로 맞았던 연구원 시절, 나는 매일 아침 개인공간에 사부님의 기사를 스크랩했다. 사부님 부고가 나고 기사를 검색하니 모조리 '폐암'이라 떴다. 애도하는 댓글도 있었지만 '자기계발가가 흡연을 했나, 폐암이라니'라는 댓글들이 달려 사부를 잃은 상처에 소금을 뿌려댔다. 한동안은 스승의 사인이 잘못 전달되는 게 억울해 그런 댓글에 갑상선암이 전이된 거라는 댓글을 달기에 바빴다. 지금도 스승이 그리울 때 나는 구본형을 검색한다.

병환이 나기 전 사부님은 사모님과 함께 60세 이후의 삶, 10년을 어떻게 연구하며 살아가실 지를 모색하며 흥미롭고 가치 있게 쓸 시간에 대해 자주 말씀하셨다. 오롯이 쓰고 가셨어야 할, 끝내 다 쓰지 못한, 못내 아쉬운 시간 속의 그 모습.

그 사부의 시간이 내게도 당도할 거다. 칸트의 시계처럼 살지 못한 하루를 만나면, 스승의 말이 떠오른다.

"너 금방 쉰 되고, 금방 환갑 되느니."

온몸으로 자신의 가치를 증명하고, 어떤 삶이 좋은가를 연구하셨던, 아직도 귀에 들리는 "좋다. 좋으냐?"라던 질문에 부족한 제자지만 대답을 드려야 한다.

"네. 좋아요. 좋습니다. 사부님도 그곳에서 좋으신 거지요."

그 말씀을 이어 덕을 실천하는 것이 곧 좋은 삶이고 그것이 곧 스스로와 세상에게 너그러워지면서도 삶을 탐구할 수 있는, 그것이 곧 행복이라는 걸 내 제자들과 함께 온몸으로 전하며, 아직도 다다르지 못한 바다를 향해 걷고, 배우며 마침내 내 스승을 만나러 갈 거다. 그리하여 생이 끝나는 날, '구본형 바오로, 내 생에 한 사람의 멘토였다'라 고 쓰게 되리라.

이제 늘 그리운 사람이 되어버린, 지나온 내 10여 년과 희노애락을 함께 걸어온 구본형에게 쓴 긴 편지, 이렇게 서툰 존경과 온통 아쉬운 편지를 마친다. 그러나 나는 이 편지에 윤동주처럼, '그러면 안녕'이라고 쓰지 않으련다. 사부님이 생존해 계실 때도, 돌아가시고 난 후에도 나는 그에게 많은 편지를 썼기에 이 글은 꾹꾹 눌러 담았던 그 편지들을 펼친 거와 다름없다. 늘 그래왔듯이 원고를 송고하자마자 스승에게 전하고 싶은 말은 다시 마음 안에 차오를 거고, 그에게 보내는 편지는 계속 쓰여질 거다. 무엇보다 나는 현자, 아우구스티누스의 시간의 현재성을 알기에 그를 기억하는 한 스승은 지금, 여기 오래도록 함께이다. **여전히 부족한 제자이기에 스승께 누가 되지 않도록 여름날, 쌀독에 뉘를 고르는 마음으로 오늘을 살아보리라.**

이런 마음이 어찌 나뿐이겠는가. 19권의 책을 통해, 강연을 통해, 다양한 방법으로 그를 만났던 많은 이들이 오래, 묵향처럼 그윽한 그의 책들과 함께할 거고 나 또한 그에게 진 빚을 갚으려 내 앞과 옆에 선 그대에게 감사의 순환을 반복하리라. '익숙한 것과의 결별 그 후'를 서술하는 마음으로 12명의 제자들이 마음을 모은 이 책, 내 첫 책을 헌정했듯 스승 구본형과 그를 기억하는 분들께 헌정한다.

—

정예서

구본형변화경영연구소 연구원

인사동에 함께성장인문학연구원을 설립, 지난 10여 년간 '치유와 코칭 백일쓰기' '인문의 숲' '1인 1권 책쓰기' '신사와 숙녀의 품격' '나를 세우는 네 가지 기둥'을 진행하고 있다. 심리학, 문학, 철학 등의 인문학을 통한 공부가 생의 나침반은 물론 행복의 덕에 이른다는 걸 가르치며 또 여전, 배우고 있다. 지은 책으로는 『유쾌한 가족 레시피』가 있으며, 『스타벅스에서 철학 한 잔』(2019년 2월, 공저) 출판을 앞두고 있다.